初中语文审美教育理论与实践

CHUZHONG YUWEN
SHENMEI JIAOYU LILUN YU SHIJIAN

梁晓萍/主编

中国社会科学出版社

图书在版编目（CIP）数据

初中语文审美教育理论与实践／梁晓萍主编．—北京：中国社会科学出版社，2009．6

ISBN 978－7－5004－7985－7

Ⅰ．初…　Ⅱ．梁…　Ⅲ．语文课－美育－教学研究－初中　Ⅳ．G633．302

中国版本图书馆 CIP 数据核字（2009）第 111819 号

出版策划　任　明
特邀编辑　李晓丽
责任校对　曲　宁
技术编辑　李　建

出版发行　中国社会科学出版社
社　　址　北京鼓楼西大街甲 158 号　　邮　编　100720
电　　话　010－84029450（邮购）
网　　址　http：//www．csspw．cn
经　　销　新华书店
印　　刷　北京奥隆印刷厂　　装　订　广增装订厂
版　　次　2009 年 6 月第 1 版　　印　次　2009 年 6 月第 1 次印刷
开　　本　880×1230　1/32
印　　张　9．75　　插　页　2
字　　数　261 千字
定　　价　28．00 元

目　录

第一编 绪论

审美活动是人类最基本的实践活动之一，它源于人类对美的渴望与追求；审美教育作为审美活动在教育领域的延伸及其与教育活动的结合，同样是人类的实践活动的重要方面；初中语文审美教育作为审美教育的重要板块，对于“全面发展的人”的培养有着不可忽视的作用，因此对其进行理论与实践两方面的研究有着很重要的意义。

关于审美教育的内涵，历来的研究工作者给出了不少答案：

> 美育，又称审美教育或美感教育，是一门人类美化自身的学科，是人类认识世界并按照美的规律改造世界、改造自身的重要手段。它一般包括美感教育、美学知识教育和学科美育等几个方面。美感教育指运用美的规律，通过审美实践的训练，以强化人的感知、想象、情感、理解等心理能力，健全人的审美心理结构，培养敏锐的审美能力和创造力；美学知识教育主要是开展美学原理等方面的教育，以提高人们的审美趣味和审美素养，帮助人们树立正确的审美观念和审美理想；学科美育主要是指在教学活动中把各学科教育中枯燥的理论化为美好的形象，把机械的死记硬背化为生动的想象，将教师单方面的灌输变为师生间平等的相互交流。①

审美教育学作为美学与教育学相互渗透的结果，作为美学

① 蔡元培：《蔡元培美学文选》，北京大学出版社1983年版，第174页。

与教育学在审美教育实践中的落实，乃是一门交叉性的应用学科。①

美育，又称审美教育或美感教育，它是通过艺术美、自然美和社会美而进行的一项教育活动，旨在培养和提高人们感受美、鉴赏美和创造美的能力，树立和发展人们正确的审美观点、健康的审美情趣和高尚的审美理想，进而影响人的思想情感、聪明才智和整个精神面貌。②

那么，什么是审美教育呢？简言之，就是培养美感，提高对于美的欣赏能力和创造能力的教育。在社会主义教育制度中，它的目的和任务在于提高人们对自然美、社会美、艺术美的感受、鉴赏和创造能力，培养人们健康的审美观念和趣味，帮助人们形成高尚的精神品格和崇高的道德风尚。③

审美教育是以艺术和各种美的形态作为具体的媒介手段，通过展示审美对象丰富的价值意味，直接作用于受教者的情感世界，从而潜移默化地塑造和优化人的心理结构、铸造完美人性的一种有组织、有目的的定向教育方式。④

……

联系上面的论述再加上以往人类的审美教育史，我们发现，在对审美教育的内涵的理解上大致有以下几种观点：审美教育从属于德育、智育，即或为人格教育，或为智育教育，审美教育是艺术教育，审美教育是情感教育，审美教育是审美能力的教育。这些各执一词的说法是分别从不同角度而切入的具体而微的合理解释呢，还是分别都只是将其中一部分特质揭示出来的不完全定义呢？抑或某一种定义就是一种权威而不可撼动了呢？

---

① 杨恩寰主编：《审美教育学》，辽宁大学出版社 1987 年版，第 6 页。
② 安徽师大美学研究室编著：《审美教育》，光明日报出版社 1987 年版，第 1 页。
③ 傅仁波：《军人与审美教育》，黄山书社 1988 年版，第 104 页。
④ 朱立元主编：《美学》，高等教育出版社 2002 年版，第 356 页。

下面就让我们先对几种有代表性的观点进行辩驳。

一、人格教育说之辩驳

人格，源于拉丁语 personz，含有个性、性格、品格的意思。关于人格概念，西方的人格心理学有各种各样的解说，大多是从心理学的角度去解说的，着重于面具性的含义，认为人格是人在社会场合中的表演，它可以是内外一致的，也可以是言行分离的。

在中国古代没有人格这个名词，但与此相关的“格”的概念早已有之，往往从伦理学的观点看人格，将之视为人的品格。可见，所谓人格美，往往就是指人的思想品格、道德情操的美，它特别富于自我修养的自觉性，它既含有情感，又更富于理智，举凡忠诚老实、正直无私、襟怀坦荡、谦虚谨慎、光明磊落、舍己为人、仗义抒怀、廉洁奉公、不畏权势、热爱祖国、追求真理等都是人格美。

从心理学的观点看，人格是指人的性格、气质。

从美育的观点看，人格同品格、性格、气质的内涵具有密切的交叉关系。人格，体现了人的本质，人的价值；相应地，也即人的思想意志、道德情感、行为态度、性格气质、品格节操均可从人格中显现出来。

这种观点在当代社会可谓不足为人道，实际上早已为现代理论人所抛弃，然而我们却不敢说现实生活中它已了无痕迹，它的顽强由于部分人的青睐而变得更加坚定。为了梳理思路和引以为鉴，我们有必要对它进行一番辩驳。

1. 将审美教育看作是人格教育首先便将审美的目的当作是对人格的塑造，而人格的道德特征，决定了这样的美育一定定位于道德境界的追求方面，且不说道德是什么必然会打上时代与执政者的烙印，只这样的界定本身就势必会将美育的丰富内涵局促化，将其多彩的内容狭窄化，用道德吞没审美，将美育纳入德育的轨道，其结果很可能是漠视美育甚至将美育取消。中国古代的美育在相当长的一段时间内均困惑于这种羁绊，将美育烙上深深的御用色彩，孔孟、《乐记》、董仲舒、王士祯等，莫不如此。美的境界尽管与人格精神在本体论上得到了统一，这一点，在孔、颜人格身上看得很清楚，但美育却不免有着形同虚设的苦恼。中国传统的文论，一直发展到明清时期才具有了启蒙的味道，王夫之对孔子的“兴观群怨”四者之间的关系加以研究，从而提出用情来解读作品的观点，认为诗教即为情感教育，但他也同时认为，诗教在于传达其中的天理人伦，其情不过是一种感动人心的途径。可见，在王夫之，实际上更注重的是诗的教化作用，而不是诗本身。

2. 美育以文学艺术为自己的手段，其结果是要培养完美的心理结构和提升个体的人生境界，而人格教育则主要是进行道德塑造，为社会的统治者培养所需的类型人才。将审美教育当作人格教育的观点持有者对待文艺一般有两种做法：一种如柏拉图般将文艺拒之门外，将文学艺术家用蔑视的态度和强劲的口吻驱逐出“理想国”；一种则是将文艺彻底纳入伦理的轨道，只排斥非道德的文艺，如儒家的文以明道、文以载道等，试图给自由的审美活动制作一个笼子，将之从无垠的天际逮住而置于这样狭隘的空间中。这样，手段与目的之间就出现了矛盾，而这种方式与效果的互相背离势必会令人陷入尴尬的境地。

3. 假如我们承认美育是一种人格教育，那么，我们是否可以这样说，只要个体接受过严密的审美教育，他就一定会有理想的人格？但事实并非如此，人格与对美的感受、审美趣味及人生境界完全是两回事，人格高的人也未必都有很高的审美能力与审美情趣；而有的人艺术造诣颇高，但其人格还不如一个普通的人，如蔡京、秦桧、严嵩一类巨奸大蠹，他们的作品虽然艺术性很高，但是由于人格污浊不堪，臭名远扬，其作品的审美价值很难为人们所接受。“可以饰伪”的“所言之物”[①] 必定令人不敢苟同。有人说，对这

① 详见钱锺书《谈艺录》，中华书局 1984 年版，第 162—163 页。

个问题也不宜太拘泥，因为作品的审美价值毕竟与教育价值是相对分离的，历史上有一些文艺家的作品，艺术性很高，但是作者的人品不好或者有缺陷，如李后主一类人物，也不能说没有审美价值，因此对这个问题应当辩证地来看。我们认为，如果过分看重人格与作品的一致，就会轻易地抹杀作品的价值所在。况且李后主与秦桧毕竟不同，而且当你在说一幅画美时，你已经是在进行审美活动而不属于美育本身了。倘若美育的结果如是，我想，所有的美育者都会因之而捶胸顿足，后悔不已的。

为什么会出现这样的断裂，究其原因，就在于审美教育是一种境界教育，它与人格教育有关，但绝不可等同。

4. 以塑造人格为主要目的的德育教育不可能取代美育教育。美育与德育正如审美与道德实践，是两个各自可以独立的范畴。固然，有时候美是道德的象征，甚至是道德的手段和工具，但是在更多的时候，文艺的目的就是文艺本身，审美本身就是目的，不仅如此，既然审美与道德是两个独立的范畴，那么，这两个范畴就有发生矛盾的时候。从文艺史上看，浪漫主义和现代主义的文艺许多都是以反道德、反文明的面目出现的。敢问，在审美与道德矛盾和背离的时候，怎样使审美从属于道德、使美育从属于德育呢？另外，使美育从属于道德，把美育仅仅看成是人格教育在实践当中也是有害的。譬如有人说："进行怎样性质的美育首先看决定于怎样性质的德育。"如此，资产阶级思想的东西则不能在美育范畴之内，莫扎特、司汤达、托尔斯泰等资产阶级社会的作家是否就真的无颜见我们了呢？现代社会中那些对 19 世纪西方经典作品的孜孜以求者是否就不是在审美呢？果真如此，那么，一个听不懂莫扎特，看不懂司汤达与托尔斯泰的人还能称得上是一个全面发展的自由的人吗？果真如此，美育还剩下了什么呢？

由此可见，尽管审美教育是人格教育的观点有着深厚的历史渊源，古希腊的史诗教育和音乐教育与中国先秦的诗教和乐教，都可以看作是一种以文艺为手段的人格教育，但由于其只重视结果而忽略了过程，只重视目的而淡漠了手段，所以我们认为，人格教育主要还是一种道德教育或者广义地说是一种“完人”教育，它与审美教育相关，但并不能等同。

二、驳情感教育说

将审美教育界定为情感教育是基于近代的知性思维方式，即将世界分为感性与理性、主体与客体、思维与存在，而将人的心理结构则分为知、情、意三部分，情感教育是对应于情的一种教育。20世纪初叶的中国学者也接受了这种分类方式并把它运用到美育研究中，如王国维、蔡元培、朱光潜等人的美育观就建立在这种分类理论之上。应当承认，在特定的历史条件下，呼唤情感的解放，把美育归结为情感教育有其积极的意义。正如有的学者所说：“在人类历史上，人的自觉意识表现在文学艺术当中的典型形态就是审美的自觉，就是要求文学艺术的独立，这种独立的要求看起来似乎是要文学艺术远离社会现实，其实正是要求文学艺术回归到人的本位上来。这种人本主义思想集中体现于对‘情’的高度肯定和热情拥抱，因为在旧的价值观体系笼罩下，惟有发乎本性的‘情’最能表征人性的需要，最能体现摆脱了各种现实羁绊的人性之真和个性之域。在旧道德、旧政治的框架里，‘情’是最无用的，而新美学、新文学恰恰要用这个‘情’把人从道德或政治的工具、附庸地位解放出来，这其实就是所谓‘无用之用’、‘无所为而为’的深层意义。”①

1. 我们认为，将情感对应审美是没错的，但问题是审美教育是不是就等同于情感教育？审美与情感之间能不能划等号？韦勒克以虚构性、创造性、想象性为文学的突出特征和本质，从而忽略了情感。但是，他对“情感本身还不是审美”的论述，却是有道理的。“要把科学语言与文学语言区别开来还比较容易；然而，仅仅

① 杜卫：《美育论》，教育科学出版社2000年版，第49页。

将它们当作是‘思想’与‘情感’或‘感觉’之间的不同，还是不够的。文学必定包含思想，而感情的语言也决非文学所仅有，这只要听听一对情人的谈话或一场普通的吵嘴就可以明白。”① 生活中的啼哭并不就是一首诗，现实中欣喜和大笑也不一定都具有审美价值，将现实中的情感与审美混同显然是幼稚可笑的。譬如，如果我们不以古希腊的标准来使用“悲剧”这一概念，而是从一般意义上来使用这个概念，那么，生活现实中也许经常会有悲剧发生。但是，对于现实生活中的一些悲剧，如某少年丧失了父亲或母亲，孤苦无依；某老人老来丧失了心爱的儿子，经受白发人送黑发人之苦，等等，人们就能对此持一种审美观照的态度？显然，人们对于现实中的悲剧可能同对于艺术中的悲剧一样，充满了感情，但这是两种不同的感情：对于现实中的悲剧持的是道德情感，而对于艺术中的悲剧则持的是审美情感。一个人，若是对现实中的悲剧和灾难也持一种旁观者式的纯然观照的态度，是一定要受到“道德律令”的谴责的。因此，人们并不希望现实生活中发生悲剧，却希望艺术家以更多的悲剧创作来满足自己的审美需要。同样道理，人们希望自己周围的人尽是好人，而一旦在艺术中尽是高大全式的好人，便会感到索然无味。

2. 假如将审美教育当作是情感教育，那么，又如何解释许多美学家排斥艺术中的情感的理论主张？在古代中国，庄子的哲学是最富有美学色彩的了，对后代的中国文人和艺术家的审美方式也产生了巨大的影响，但是庄子却激烈地排斥情感。我们又该怎么解释被一些学者看成是最美的艺术品——自然山水诗画，反而是不以情感为重甚至是排斥情感的作品？“我以为感情正烈的时候，不宜做诗，否则锋芒太露，能将‘诗美’杀掉。”鲁迅也如是说。可见，情感并不是审美教育的全部。

---

① ［美］韦勒克、沃伦著，刘象愚等译：《文学理论》，生活·读书·新知三联书店 1984 年版，第 10 页。

3. 曾繁仁在《审美教育新论》中指出，“审美教育作为‘情感教育’中的‘情感’不是一般意义上的情感，而是‘审美情感’。一般生活中的情感活动具有浓重的功利色彩，而审美情感则不为功利的锁链所束缚。虽然在审美情感的深层也暗含着特定的功利性，但就表面上看，审美情感往往是以非功利主义的面目出现的。”[①] 我们认为，当一个人以非功利的目光审视审美对象时，他的确与对象之间发生着审美情感关系，不过，这时的教育不仅仅只对他的情感起作用，还对他的认知、意志等发生作用，准确地说，他已进入了一种特殊的人生境界，在这种境界中，他享受着文艺带给他的美、真、善，使自己得到了一种全面的精神上的洗礼和情感上的重塑。而事实上，一个人倘若只沉浸在一种浓郁的情感中而没有理性成分的话，所谓的审美教育是不可能完成的。

4. 再者，倘若将审美教育界定为一种情感教育，如何理解德智体育当中也实际存在着的情感成分，难道仅凭情感成分的存在和比例的较多就可证明审美教育是一种情感教育吗？其他的因素譬如“理性”又将如何处置？

因此，把美育界定为情感教育只是把握了美育的中介形式及其直接效应，而忽略了审美教育的整体价值目标，就实际的审美效应而言，它也并不单纯地仅仅表现为情感的满足。正如有的美学家所说：“审美快乐不仅多来自视、听等高级感官的感受，而且还要从这种感受一直贯穿到心理结构的各个不同层次（如情感、想象、理解），这种贯通性，会使整个意识活跃起来，多种心理因素发生自由的相互作用，产生出一种既轻松自由，又深沉博大的快乐体验。”[②] 很明显，审美愉快并不等于情感的激动，而审美情感之所以不同于日常生活中的一般情感，就在于它既渗透着认识、评价等

① 曾繁仁，高旭：《审美教育新论》，北京大学出版社 1997 年版，第 100—101 页。

② 滕守尧：《审美心理描述》，中国社会科学出版社 1985 年版，第 305—306 页。

理性因素，又溶解于想象力与理解力的和谐运动中，正是这种整体的心理过程才表现为一种审美愉快。因此，把情感从整体的审美心理结构中剥离出来，作为审美教育所追求的目标对象，显然是失之偏颇的。

三、艺术教育说之再析

将审美教育仅当作人格教育和情感教育都有偏颇之处，同样，将审美教育仅当作艺术教育也似不妥。

1. 将审美教育当作艺术教育是混淆了目的与手段之间的内涵，将手段当作目的来对待了。艺术是审美教育的一种手段，是媒介与凭借，而不是审美教育本身，艺术的功能在于向世人展示其中的美，让人们在获得感官上的美感后从中得到心灵的振动，继而进入一种美妙无比的境界。

2. 将审美教育等同于艺术教育未免夸大了艺术在审美教育中的地位与作用，其结果必然是“一叶障目，不见泰山”，因为艺术并不是审美教育唯一的手段，除了艺术，社会、自然、科学等当中均有美的成分，我们绝不可以因见了林妹妹而忽视了其他的姐妹。

3. 这种观点遮蔽了审美教育更深刻的目的和更高远的价值追求。实际上，审美教育不仅仅是培养人们的感受力和艺术鉴赏力，它的目的也不只是造就几个艺术家和鉴赏家，它是为全社会乃至全人类服务的一种教育活动，如果我们不能站得更高、看得更远，那么势必会曲解审美教育的意义，甚至最终会把审美教育视为一种技艺和手段而取消了它独立存在的可能。

总之，将审美教育简单等同于艺术教育是一种误解，这种观点倘若广泛推行，其结果则是手段高于一切，目的却不见了，人们的艺术感受力和艺术鉴赏力可能提高了，但个体的境界如何却不得而知。近年来中央电视台青年歌手大赛知识题目的增加显然是看到了这一危险的信号。据笔者获悉，近年有的学校艺术系招生时，在专业拿到合格证的前提下，文化分数成了一个重要的杠杆，而不像以往，文化成绩只要二三百分，专业作为最最重要的标准。我们认为，这样的做法是符合美育的真正内涵的，艺术只是手段，提高人的境界和“全面发展”才是审美教育的最终目的。

四、审美能力培养说之辩驳

还有人认为，审美教育就是审美能力的培养，除此之外，别无其他。这也是一种有害的观点，我们之所以反对将审美能力的培养与美育划等号，主要基于以下两个方面的原因。首先，美育是个大概念，其中包括审美能力的培养，因而审美教育与审美能力的培养不能构成对等互换的概念，因为既然是包含与被包含的种属关系就不能用等号相连，就像人民不等于“我”，青年不等于“他”一样。

其次，这一看法潜藏着片面地发展人的审美能力的危机。将审美教育仅仅看作是审美能力的培养，将审美能力抬高到至高无上的位置上，也就使得“一叶障目，不见泰山”的结局容易出现。我们可以试想，有了听音乐的耳朵与看绘画的眼睛是否就一定完成了美育的任务了呢？无数事实已经得出了不争的结论：审美能力的具备与否不是衡量审美教育的唯一标准。秦桧具有审美能力，但他的人格不敢苟同；法西斯的一些士兵具有审美能力，但他们虐待战俘的行径令人作呕；当代中国人在培养音乐耳朵与绘画眼睛的征途中不也付出了失去儿童自由的惨重代价吗？顾城是一个懂得审美的人吧，他一直在童话世界中寻找着自己的人生，他的眼睛是为寻找“光明”而存在的。但他却因不能融入这个普通的、平凡的、复杂的世界，杀了人。你能说他的人格就是高尚的吗？你能说审美教育在他身上成功了吗？

审美不一定能拯救一个人的灵魂，人格也不一定在审美教育中得以提升，但一个人的成长，离开审美又是难以为继的。一个13岁的小女孩，由曾是清华肄业的父亲在家里辅导完成其中小学课程，然后考上华中科技大学，但当记者采访她时，她却说出了令举座皆惊的话语："我恨我的父亲。"为什么？为什么会有如此令人伤感的结果。原来她认为，在她成长的路上，她没有发现一般人所发现的童年的美。她觉得自己的童年是一个不完整的童年，是一段可贵的权利被剥夺了的残酷的岁月。

从某种意义上说，教育不是使人变得如何出众，而是让他更像一个人，更能像普通人一样生活。审美教育则是使人的生活变得更有意义。

除上述几种具有代表性的观点外，也有的将审美教育当作是美学教育，这显然是想将审美教育纳入智育的轨道，认为审美教育仅仅是学习一些美学现象和美学原理及规律，这样，就将审美消解在知识的传递当中，继而也实际上取消了审美教育的独立地位。

我们要在分析和借鉴中外历史上审美教育理论的基础上来建构我们自己的美育理论，故而不可以局限于以往对审美教育的认识。审美教育显然不应该仅仅是人格教育，那是在社会尚处于马克思的社会发展三阶段论中所指的第一阶段时的必然产物，它更多关注的是培养出符合统治阶级所需要的人，而不是自由而全面发展的人；它也不仅仅是艺术教育，因为除了文学艺术，其他的领域中也有美的成分，也可作为审美教育的凭借；当然，审美教育也不应当仅仅是情感教育，情感从来就没有单独地被影响过，审美教育对情感的作用总是与对智、意的作用紧密相连。我们认为，在其现实性上，审美教育是一种境界教育，它是以"人的全面发展"作为自己的最终目标，以完善人性和提升人的境界为奋斗方向，以人的生存需要为存在基础。作为一种境界教育，它的内涵并不狭窄，而是相当宽泛的，它应当包括人格境界在内的所有的人生境界。

境界不是空中之物，它总是与情感紧密地联系在一起，"世总关情，情生诗歌，而行于神"（汤显祖《耳伯麻姑游诗序》），这里的"神"便是一种精神境界，一种生存状态，而不只是人生态度。

五、审美教育的内涵

在分析审美教育的内涵时务必要注意以下原则："一是手段与效果一致的原则；二是直接效果和间接效果兼顾的原则；三是独特性原则"，并且只有把这几个方面有机地统一起来作整体分析，才能较为全面地而不是片面地、完整地而不是局部地把握住审美教育独有的内涵。①

首先，必须从艺术——审美教育的主要凭借和美——审美教育的核心依凭两方面的根本性质入手，并结合艺术和审美在主体自我完善的人生实践中的独特作用来确定审美教育的内涵。审美教育不同于一般的文艺鉴赏课或美学理论课，知识的获取不是其目的，使接受主体达到悦耳悦目、悦心悦意、悦神悦志，充分有效地实现对象的审美价值并最大限度地发挥其审美的教育作用才是其指归，不能理解这一点，就有可能让手段吞噬掉目的；然而作为特殊的教育手段的艺术和美并不是纯粹被动的存在，它们尽管要服从于审美教育的目的，但又必然反过来制约审美教育的目的。因此，我们一定要处理好审美与教育这二者之间的关系，既不能以审美遮蔽教育，把审美教育变成一种与教育无关的绝对消遣，又不能置艺术和美自身的审美特性于度外，从而导致审美教育主旨的丧失。只有将审美与教育有机地统一起来，确定审美教育独特内涵才有可能。

其次，寻绎审美教育这一概念的内涵，"还应遵循直接效果与间接效果兼顾的原则"。"所谓直接效果，主要是指通过审美教育，在个体身上所产生的陶情怡性、意志感发、心灵愉悦等直接的成果效应。所谓间接效果，则是指通过审美教育直接效果的不断积累，从而导致个体心理结构的重大变化以至形成完美人性的终极性的成果效应。""当然所谓完美的人性，并没有一个绝对的尺度，任何人都不可能达到人格修养的终点，所谓完美的人性只是说随着修养

① 朱立元：《美学》，高等教育出版社2001年版，第353页。

的深化使人性与人格尽可能地趋向于完整和丰富而已。与此相关，所谓终极性的成果效应，也不能理解为有一个绝对值，这只是就其对人性生成的根本性影响而言。"① 同时兼顾直接效果与间接效果两个方面是我们理解审美教育内涵的另一原则，对任何一个方面的舍弃都可能发生理解上的偏差。

而所谓独特性，实际上是指与智育、德育、体育等其他教育形式相比而言，审美教育具有独特的本质属性，而这一本质属性也应当是确定审美教育内涵的根本依据。与其他的教育形式相比，审美教育与以传授科学文化知识、培养人的求真能力为目的的智育，以锤炼人的道德品质、培养人的求善意志为指归的德育，以及以强化人的体能，培养人的健壮体魄为宗旨的体育都明显不同，其独特性就在于，"它通过对人内在情感的直接感染，调动起人的各种心理能力并使之和谐运动，从而潜移默化地实现对人的塑造，以不断提升人的精神境界"②。

通过分析，我们可以看出，"什么是审美教育"显然不是也不能由人主观臆定，而是由其所使用的媒介手段、所达到的直接的和间接的效果，以及所存在的指归而决定的。

审美教育就是以艺术和各种形态的美等具体的媒介为教育手段，通过对审美对象的价值揭示，直接作用于人的情感，从而潜移默化地作用于人的心灵，以达到塑造完美的心理结构，使个体处于一种理想的生存状态和达到理想的人生境界的一种有组织、有目的的定向教育。③

审美教育不是情感教育，不是德育、智育教育，也有别于审美能力教育，它实际上是一种境界教育。境，本指疆界，土地的界限，所以有境、界连用之双音词境界，后通常指事物所达到的程度

① 朱立元：《美学》，高等教育出版社 2001 年版，第 354 页。

② 同上书，第 355 页。

③ 此处的观点借鉴了朱立元主编的《美学》一书的观点，详见第 354 页。

或表现的情况。庄子的文章中，已经不止一次地将“境”用于精神世界，如《逍遥游》中的“辨乎荣辱之境”；至于《文心雕龙》，如《诠赋》：“与诗画境”[①]，指界线。《论说》：“般若之绝境”[②]，为佛家义。《隐秀》：“嗣宗之《咏怀》，境玄思澹，而独得乎优闲”[③]，这里的境已是诗学意义上的概念了。意境连用并直接运用于文学理论上的，一般认为是王昌龄：“诗有三境。一曰物境。二曰情境。三曰意境。”清代王国维，以“境界”代“意境”。由“境”本身的发展演变来看，“它经历了一个由疆界到一般人的精神境界、到作家的精神世界，最后到作品中所蕴含的艺术境界的发展过程”[④]。现代意义上的境界指人的行为、观念和精神的某种状态及其所处的某种层次，它是人的心灵的一种存在状态。这也正是我们对境界一词的理解和认识。

我们将审美教育界定为境界教育，这其中必然有一个终极指向或终极要求的问题，它渴望将审美教育接受者的精神提升到一个理想的高度，使个体能够有一个完美的心理结构和心灵特征，即他会因美育而具有理想的审美的能力、审美的情趣以及自觉的创美的追求。

暂且的界定是完成了，但我们一直认为，界定永远不是永恒的，它只能是对于过去此方面理解的一个总结，任何一种绝对都是不堪一击的，我们也不愿意将此当成自己沾沾自喜的资本。但我们也认为，尽管本质主义思维方式已严重地束缚了任何一门学科研究的自我反思能力与知识创新能力，使学科的自我更新难于上青天，并且遭到了前所未有的解构，然而学科概念依然是学科建设的一个关键，是学科研究深度的一个标志，它对于理论系统构成及实践指

① 刘勰著，周振甫注：《文心雕龙注释》，人民文学出版社 1981 年版，第 80 页。

② 同上书，第 201 页。

③ 同上书，第 432 页。

④ 傅道彬：《文学是什么》，北京大学出版社 2002 年版，第 184 页。

导都有着重要的意义和价值，也就是说，对美育概念理解的不同必然相应地会导致美育发展的不同。何况每个人对于一种事物、一种现象，总得有一个看法，有一个方式，写文章也总得有一个框架，故我们又尊重自己的选择与判断。

对于审美教育的探讨，自从席勒提出这一概念与观念之后，不同国度的人都在做着自己的研究工作，可以说定位与界定本身都是让研究者争论不休的话题，而对于审美教育的界定，随着时代的变化，即如在同一个国度也会有不同的理解，由此可见，到目前为止，还没有一个一以贯之的共识，也就是说，任何一种界定也只是对审美教育的一种说法，或一种表述，只是在数种审美教育界定里多了一种相异或相近的表达，所以我们所提出的界定也只是我们思考的一种记录，也许，随着时间的推移，即如我们自己也会有别一种选择，但这不是背叛，而是一种与时俱进的创新。

六、审美教育的意义及初中语文美育的现状

审美教育在人类文明的发展过程中具有着不可估量和不可替代的作用，原始艺术遗迹与现存原始部落的各种艺术活动向我们不止一次地证明：与早期人类相伴生的原始艺术活动，实际上就是最早的美育活动。真正的艺术尽管是在褪尽其实用功能之后才为人所注意，然而不可否认的是，原始艺术虽不乏实用和游戏的功能，但其中所体现出来的审美追求却正是人类之所以从普通动物中脱颖而出的一个明证。“什么现象标志着野蛮人达到了人性呢？不论我们对历史追溯到多么遥远，在摆脱了动物状态奴役的一切民族中，只有当人是完全意义上的人的时候，他才会进行带有游戏的爱好。”①席勒的话意味着：人只有当自己意识到自己的类别时，才真正开始进行审美活动，“当人只是感觉自然的时候，他就是自然的奴隶；

① ［德］席勒：《审美教育书简》第26封信，中国文联出版公司1984年版，第133页。

一旦他思考自然，他就成为自然的立法者”[①]。当人面对自然而不把它仅仅当作是支配者，而是将其当作人的对照对象时，人的感觉方式就无疑进行了一场最有意义的革命，从此，游戏从单纯的物质游戏而变为审美游戏，“过剩的生命力”上升为一种只有人才有的想象力，自由的风筝与功利的需要斩断了联系，于是，无规则的跳跃变成了舞蹈，无节奏的声音变成了音乐，无定形的手势变成了和谐而美丽的动作：美育催发着人类文明向现代人走来。

进入文明社会以来，美育在社会生活中的作用越来越明显，并且与教育的关系越来越紧密。古希腊人已经将美育与德、智、体三育放置于同样重要的位置，而亚里士多德更以音乐为例重点阐述了美育的重要作用。亚里士多德认为，音乐教育本质上是“操持闲暇的理性活动”[②]，闲暇与繁忙对于人类来说都是重要的，但是，闲暇比繁忙更包含着一种“内在的愉悦与快乐和人生的幸福境界”[③]，而美育的目的也是为了引导人们达到终极的善和幸福，并且是持久的、内在的。

在社会历史变革时期，美育往往会承载着更大的使命而引起人们的关注，其中许多著名的人物直到现在依然令人记忆犹新：伴随着雅典共和国时期（阶级斗争的告一段落）、跳出黑暗的文艺复兴时代、文艺革新运动到来的 18 世纪、19 世纪这些时代与世纪的，是重视音乐和悲剧审美功能的亚里士多德、画出《蒙娜丽莎》会心一笑的达·芬奇、主张自然教育的卢梭、首次提出美育的席勒。“随着资本主义大工业的发展，教育中片面强调智育，许多教育家鉴于智育的过度发展，导致艺术趣味的日益退化，所以大声疾呼艺术教育的复兴”,[④] 美育之于人类文明的作用由此可见一斑。

---

① 张玉能：《美学教程》，华中师范大学出版社 2002 年版，第 220 页。

② ［古希腊］亚里士多德：《政治学》，商务印书馆 1981 年版，第 411 页。

③ 同上书，第 410 页。

④ 朱狄：《美学问题》，陕西人民出版社 1982 年版，第 250 页。

中国自1904年王国维使用了“美育”这一术语至今，已有100年的历史了，期间，中国美育经历了确立、兴盛、衰落和蓬勃的艰难过程。让人痛心的几近停滞的十年过后，“人们又开始用自己的头脑独立地分析和思考问题，各个领域出现了空前活跃的局面”，[①] 美育重新回归到自己的正常发展轨道上来。1979年5月10日，教育部副部长张承先在回答《人民音乐》记者采访时说：“音乐，还有美术是进行美育的重要手段。美育是培养学生德、智、体全面发展的重要组成部分……”这是美育复兴的前奏。从20世纪80年代开始，中国的审美教育开始逐渐复苏和勃兴。80年代中、后期，美育研究达到高潮，并得到了领导层的认可。1986年的《中华人民共和国义务教育法》（中华人民共和国第一个教育法）一文指出：在中小学教育中，应当贯彻德、智、体、美全面发展的方针，适当进行劳动教育。1989年国家教委艺术教育委员会指导、制定的《1989—2000年全国学校艺术教育总体规范》重申：“我国学校教育的根本任务是坚持为社会主义建设服务的方向，培养德、智、体、美、劳各育全面发展，有道德、有文化、有纪律的一代新人，提高全民族素质，这样就把美育纳入了全面素质的范畴。”

然而自从考试地位的上升，中国的中学教育又步入了“应试教育”的误区，美育再度被忽视。为此，1993年《中国教育改革和发展纲要》指出：“美育对于培养学生健康的审美观念和审美能力，陶冶高尚的道德情操，培养全面发展的人才，具有重要的作用。”1997年李岚青在《中国教育报》上发表的《加强美育工作，提高学生素质》一文指出：美育有着独特的功能和作用，这是其他教育无法代替的。1998年，教育部颁发的《面向21世纪教育振兴行动计划》说：“美育不仅能培养学生高尚情操，还能激发学生学习活力，促进智力的开发，培养学生创新能力。”1999年召开第

---

① 周鸿：《中华人民共和国国史通鉴》（第四卷），红旗出版社1993年版，第8页。

六届教育工作会议后，党中央、国务院发布了《关于深化教育改革全面推进素质教育的决定》的文件，认为教育是“促进全体学生全面而主动的发展”的活动，其实质就是久已倡导的“全面育人观”，这与美育要求人“全面和谐的发展”和“境界的提高”有异曲同工之妙，而且，将美育列入教育方针，认为“美育不仅能陶冶情操、提高素养，而且有助于开发智力，对于促进学生全面发展有着不可替代的作用”，较之于使学生“德、智、体等全面发展”，这份文件中多了一个字“美”，也就是使学生“德、智、体、美等全面发展”，这不仅仅是一个字的问题，而是一种观念，一种让人振奋的意识的进步，一种教育理念的更新。

然而，中学语文教学中的审美教育现状还是令人堪忧。那么，当下初中语文美育的症结何在？这种症状有着怎样的表现？我们曾走访了一些有经验的教师，并对120多位中学语文教师做过一次专项调查，得出了下面一些粗浅的看法：

（一）忽视情感教育，仅将文本作理性而生硬的肢解

情感教育源远流长，无论是柏拉图的心灵教育，还是亚里士多德的审美教育，都为后世的情感教育提供了可贵的资源，无论是先秦的孔子，还是近代的蔡元培，都给我们留下了难得的情感教育的财产。而情感教育的作用是毋庸置疑的，站在学校教育和素质教育的制高点上，我们认为，中学语文中的情感教育又是必需的。

从学校对于初中生课程的设置来看，由于数理化是以传播自然科学的知识为己任，注重对中学生理性的培养，而政治、历史课虽与情感紧密相连，但其作用仍以培养理性思维为主，而音乐、美术、体育诸课，尽管是进行情感教育最好的阵地，但由于客观上的不受重视，其效果可想而知；只有语文堪担主角。

然而，在理性逐渐占据统治地位以来，情感教育却被我们忽视了，时隔20年，我们明显感觉到了中学生语文教育中情感教育的缺失。学生背熟了生字、生词，也背熟了教师给定的标准答案（譬如对于一首诗歌的翻译，学生可以倒背如流），但当遇到真正

的美文时，学生却不知该如何理解；当遇到活生生的事例时却显得非常拘谨，这不能不说是中学语文美育的失败。

（二）不注重审美趣味的培养，仅将语文当成了教学的阵地

审美趣味是人在审美活动中表现出来的心理定势，它以喜爱或不喜爱的情感评价方式，决定对事物的取舍。中学生是可塑性很强的一族，故也是深受情感支配的一族，他们甚至会以自己的喜爱与否来选择自己的老师，更别说是对于接受内容的选择，所以，将其审美趣味引向正确的方向是语文美育义不容辞的责任。然而在实际的教学中，让人缓不过气来的一次又一次考试，学校评价体系的简单化，家长择校的单纯化等因素均使得中学语文教师有苦难言，继而随波逐流，而中学生们则由于长期处于被动地位，其审美趣味并没有得到应有的重视：家长认为为自己的孩子提供一个所谓的“好环境”（以升学率的高低为标准）既尽到了自己为人父母的义务，教师也认为能让学生考取重点高中方为重中之重（结果比过程更重要），在这种思想的指导下，学生的审美趣味哪里还能受到应有的重视？

（三）不注重审美心理的把握，过低或者过高地估计对象本身

中学生不同于儿童，也不同于大学生，他们有着自己独特的审美心理，有着属于他们自己的思维方式，倘若教师不理解这一点，将其当成自己的同龄人或是当成还不懂事的孩童，都不利于语文的审美教育。教学中，一些教师常常以己之心度学生之意，认为学生早该对所讲之文有所掌握，但学生却总在提问时支支吾吾，教师便心生不满，殊不知“他还不能够明白”，超越其理解能力的美育是使其挟泰山以超北海——不能而非不为；而另一些教师则明显地将初中生当成了稚嫩无比的孩童，用童话的方式进行着审美教育，学生会因为“小看”自己而不主动配合教师。这两种情况都不利于语文审美教育的实施。

（四）不注重审美能力的培养，而过分强调知识的灌输

审美能力的培养是一个长期而又艰巨的任务，在初中这一打基

础的阶段，语文美育应当从审美感知、审美想象、审美情感、审美理解诸方面来培养中学生的审美能力，只有能力提高了，一切问题方可迎刃而解。然而在当下的初中语文美育中，却存在着不可忽视的弊端：注重掌握知识的能力的培养，却不注重审美能力的培养，其实，两者并不互相矛盾，但许多教育工作者认为：学生的学习时间是一定的，不可能兼顾一切，注重了美育的进行，知识就难以很好地掌握，后果便是学生难以升学，学校和家长都不会接受这样的结果。

追根溯源，中学语文美育难以实施的根源就在于对于知识的片面重视和中学升学率的现实逼迫。

蔡元培在70年前就提出教学美育的要求，认为凡是学校所有的课程，都没有与美育无关的。但是，相当长的一段时间，在单纯重视学生应试能力培养的教育中，美育被淹没在程式化教学和追求升学率的努力之中。以考试为目的的程式化教学与学生潜在的必需的美感体验严重背离，就是语文这一与美育息息相关的人文学科也远离美育，使充满语言之趣、文学之美、人性之光的语文教学成了机械僵化的技艺之学、应试之练。语文教学偏重于知识的系统性和完整性，偏重于语文知识与技能的技术性训练，忽视语文的思想情感教育作用和美感作用，忽视学生健康高尚的审美情趣的熏陶，忽视学生健康个性、健全人格的培养。而失去审美教育的语文课堂，枯燥乏味，沉闷的局面的出现，学生厌学情绪的滋生，诸多的负面影响的产生便也不难理解了。让我们再继续查询一下现实的缘由：

在教材编写方面，过多地注意了语文的政治教育作用，而忽视了语文的文化性、人文性的美感熏陶作用。语文课程标准对语文课程的性质及地位定位为：语文是最重要的交际工具，是人类文化的重要组成部分，并强调“工具性与人文性的统一，是语文课程的基本特点”。但长期以来，语文的工具性得到了强有力的支持，人文性却遭到了不置可否的冷落。

在语文教学内容上，往往过多地注意语文知识的传授和对课文内容的分析讲解，忽视了课文中语言美、人情美、意境美、人格美的感受与领悟。

在语文教学方法上，过多地注意了教法和学法，而忽视情感熏陶对学生潜移默化的作用。语文审美教育是文化型的形象化的情感教育。而我们的教师却要平淡寡味去分析语法结构，分析段落大意，归纳主题，走向“分析句子思想”的死胡同，把文章内容撕得支离破碎后再交给学生。不让学生诵读、感悟，进而引导他们去求真求善，把活生生的审美材料给糟蹋了。其实，语文教育是集“工具性”、“思想品德”、“人文精神”、知识教育、技能教育、思维能力教育于一体，血肉相连，如同人一样是一个生命的整体，决不能分解开来讲。

在语文教学实践中，注重知识能力的教育，而忽视了学生语文综合素质的全面发展。

应试教育的测评模式也是使学生普遍对语文学科缺乏兴趣的一个重要原因。试卷结构模块化，答题符号字母化（ABCDEF），不同的躯壳里却装着同样东西，学生的思维越来越僵化，个性越来越难以找寻，人失去了最为宝贵的东西——灵性。而评价教师也只看教师所教班级学习成绩怎么样，忽视教师自身语文素养的提高及人格修养。

凡此种种，难免不生出一些怪胎。

那么，我们该怎么办？坐以待毙不是我们的选择，忍气吞声也不是我们所愿，唯有正视现实而力争改变现实才是真正的所为。为此，我们认为，中学语文美育应当从以下方面进行有力的探求。

首先，在中学语文内容的选择上，尽可能做到丰富多彩。表现强烈的爱国主义精神、崇高的民族气节，歌颂美好的河山、美丽的家乡，讴歌亲情、友情、爱情的要选；鞭挞阴暗的黑洞、增强必要的憎恶之情的也要选。因为，审美与“审丑”均是一个人一生必要的本领。不仅如此，各种风格的作品，各种审美形态，各个时代的作品都应当让学生接触。这样，人格就会向着健全、丰富的方向发展。

现行的中学语文教材已在内容的选择方面作了切实可行的探索，不过我们想指出的是，教材仅为中学语文美育提供了一种范本，实际上，更多的美育内容需要教师与学生主动地去寻找，教师一定要起到良好的引导作用，引导学生学会感受课堂以外的诸多美的因素，美的现象，让大语文观念深入学生之心。

其次，从教学方法上来讲，则应当遵循主导兼自主的原则，即兼顾教师的主导作用与学生的主体作用，不可以让课堂变成了“学生一片鸦雀无声，个个战战兢兢”的教师权威的展示场，学生唯有在愉快的学习中方可得到最好的美育熏陶。而教师的作用就是如优秀的主持人一般进行艺术地引导，让学生步入美妙无比的文学殿堂，享受最为美妙的华彩乐章。

具体的教学方法上，教师要力求做到生动而不呆板、丰富而不落俗套，传统的讲授式、讨论式可以用，现代的游戏式、接力式、表演式等也可以用，譬如有教师运用对联总结的方式让学生对所学内容进行总结，效果很是不错：“四面湖山归眼底，万家忧乐到心头。赏析：这是湖南岳阳楼的对联。上联概括地写岳阳楼的自然景观，登高望远，尽收眼底。下联暗引范仲淹《岳阳楼记》中‘先天下之忧而忧，后天下之乐而乐’的名句，由眼观的湖山联想到百姓的忧乐，切景切事，抒发爱国情怀。”“青山有幸埋忠骨，白铁无辜铸佞臣。赏析：这是在杭州西湖畔、栖霞山麓岳飞墓阙后面的对联，正对着岳墓。上联表达对民族忠魂的尊敬爱戴之情。下联写用白铁铸成的奸臣跪像。当年秦桧等人谋划杀害忠臣，为后人唾骂理所当然，但用来铸像的白铁是无辜的，表达对民族败类的憎恶和唾弃。”① 还有教师指导学生编演了一出《变色龙》，学生不仅对课文理解深刻，而且记忆犹新，还有个别学生因之对表演产生了兴

---

① 摘自《初中语文课文楹联（对联）赏析》，白桦林初中语文吧，对联文化，2005-10-5。

趣，岂不是一举多得吗？这样的教法比起那种“教师念标准答案，学生死背答案”的做法显然自主了许多，也有效了许多。当然，选择教学方法的目的是为了更有效地进行中学语文美育，那种单纯地为了展示方法的“花拳绣腿”则应当受到应有的冷漠。

具体到中学语文美育的实施，我们应当从审美趣味的培养、审美情感的养成、审美心理的建构以及审美能力的提高诸方面进行，后面将有专章加以阐释，故此不再赘述。“美——是道德的纯洁、精神丰富和体魄健全的强大源泉。”教育家苏霍姆林斯基在论述美育时如是说。以美育为核心构建中学语文教育，语文课才能走出高耗低效的困境，解开应试教育的羁绊，走上优质高效的语文教育之路。

日新月异的传播媒介和日益丰富的生活实践为我们提供了丰富而可感的审美材料，然而，信息爆炸也给中学语文审美教育带来了诸多不便，对于充满了好奇而善变的中学生来说，斑驳异常、五彩缤纷却良莠不齐且眼花缭乱的生活往往令他们难以自持，但同时也往往产生审美疲劳，甚至审美颓废。这是一种非常可怕的现象，对于匆匆而过的“各种美丽”，中学生的好奇心得到了极大的满足，然而，因之而丢失的却是深度的审美体验和创造美的可贵冲动。因此，中学语文审美教育务必要带着时代的使命，为中学生的发展作出自己应有的贡献。而要很好地实施中学语文美育，必须充分地利用中学语文美育的诸种资源。

中学语文美育有哪些资源呢？

首先是中学语文教材。中学语文教材从其构成看，它不是一以贯之的论著，也不是专为实用的说明书，而是由一篇篇风格各异，内容丰富的作品连缀而成的“人间喜剧”，尽管也有单元归纳，但丰富多彩是其最大的特点。六年中，中学生通过必读教材而接触的作品就近300篇，涉及各种文体——诗歌、散文、戏剧、小说；关涉各种修辞——比喻、拟人、通感、排比、夸张等；涉猎各种知识——有关作家、作品、时代、社会等；接触各种风格——简约与繁丰、刚健与柔婉、平淡与绚烂、谨严与疏放。如果教师能抓住这有利的资源进行审美教育，学生一定会获益匪浅。但对于审美教育来说，作品还是一个不很具体的概念，作品只是一个整体，一个包融了各种要素的混合物。具体而言，在作品中，可作为审美教育凭借的有语言、节奏、结构形式、人物形象、自然图象、情感、意境等多种要素。

其次是教师及课堂。教师是审美教育得以实施的主体方面的凭借，教师的言、行、仪表等都会影响到审美教育的效果。有人对中学语文教师作了很形象的规定：能言善辩、能写会算、心明眼亮。而课堂显然是中学语文教学中审美教育的主要场地，课堂教学的成功与否同样地直接关系到审美教育的成效。在由教师起着主导作用的课堂上，仪表、语言、板书与课件是不可忽视的因素。

再次是课外美文（如歌词）、美乐、美画、美事、美景。中学语文审美教育的资源不仅仅局限于中学语文教材、可见的教师，还来源于浩如烟海的课外美文、美乐、美画、美事、美景等。这样的说法基于大语文观念。其一，语文不仅在课堂，更在课堂外。尤其是书籍出版与电子出版同时并存的当代社会，美的事物层出不穷，譬如网络，许多家长慨叹："孩子总是在玩游戏，不过电脑玩儿得很好。"这是一种非常复杂的心理，中学生因网络而走上自闭和自杀之路的已报道过多次，倘若学校与教师能够很好地引导学生去留心网络中的各种美的人、事，将美带到可塑性很强的中学生面前，我想，效果一定会渐趋理想。其二，各种学科是相互关联而非绝对孤立的。美的文章可以感人育人，美的文章倘若能与美的画面及美的音乐一起走进中学生的心灵，他们一定会在潜移默化中受到启迪。不仅如此，中学语文教师还可以利用历史、哲学、体育中的资源进行审美教育，唐王朝的大气、辩证法的高妙、伏明霞纵身一跳的美丽，都可以带进语文课堂，即使在众人看来与语文审美教育相去甚远的数理化中也有着可喜的美育资源，那流动的曲线，那迷人的万有引力，那充满立体感的原子结构，都足以成为语文美育的有益材料。蔡元培曾说："例如数学，仿佛是枯燥不过的了；但是美术上的比例、节奏，全是数的关系，截金术（即黄金分割——按）是最明显的例子。数学游戏，可以引起滑稽美感。几何的形式，是图案美术所应用的。理化似乎机械了；但是声学与音乐，光学与色彩，密切得很。雄强的美，全是力的表示。"① 那本就属于美的艺术的音乐与舞蹈，那安详静穆而灵气十足的千手观音，那略带感伤却不乏温情的校园民谣，不也同样可以成为语文美育的有力助手吗？语文美育就是要培养学生感受美、发现美、创造美的眼睛与思维，课外的美文（如歌词）、美乐、美画、美事、美景是其永远的选择。事实上，古希腊人早已为现代人做出了典范，诗歌、音乐、舞蹈、戏剧、体育竞技构成了他们社会生活和文化活动中极为重要的内容。步入21世纪且拥有了更多美的现代人为什么不珍惜自己的拥有呢？

多彩充足的生活体验也是中学语文美育的重要资源。中学语文美育不是在真空中，也不是一种绝缘体，在有效地利用好各种课本资源的情况下，还必须充分调动受教育者，即中学语文美育的主体——中学生的生活体验。在大多数家长或教师的眼里，中学生往往还只是一个个乳嗅未干的毛头孩子，但实际上，中学生已经具备了一定的体验生活的能力，反抗意识已初露端倪，渴望友情与平等是他们共同的追求，故教师应当理解他们的生活喜好，因势利导，从他们的生活体验出发，快乐着他们的快乐，悲伤着他们的悲伤，审美教育就会水到渠成，倘若处理不好，就会适得其反，事倍功半，审美教育就会成为一厢情愿的泡影，而教师只能饮尽自己酿就的苦酒。

美育资源的丰富只是为中学语文审美教育的成功提供了一种客观条件，但若没有中学生本身相应的接受能力，那么，再多的忙碌

① 蔡元培：《美育实施的方法》，《蔡元培美学文选》，北京大学出版社1983年版，第155页。

也只能是惘然与徒劳，因为对于不辩音律的耳朵而言，再美的音乐也只是一种实际上的不存在。

初中生早已脱离了镜像前自识的年龄，但镜像自恋的现象却并未结束，它甚至会伴随人的一生。初中生无论从身体和心理，无论从外表还是内心，都强烈地意识到了自我的存在，并开始对能够体现自己本质力量的外在事物表现出极大的兴趣，譬如女孩会关注老师的穿着、学校周围的环境、电视里的超级女生，男生会关注世界杯、关注金庸的武侠、关注游戏。不明真相的家长或老师或许会一味地指责他们：只懂得追求和享受，只懂得学习以外的东西，只懂得玩儿，殊不知，仔细分析，就会发现，他们的兴趣一方面在于引导，另一方面，他们实际的内心是想从对象的身上获取一种属于自己的力量，让自己也成为众人景仰的那种形象。这不是审美活动吗？

当然，这种鱼龙混杂、泥沙俱下的审美欲望需要教师作出最为有效的指导，譬如，我们可以将世界杯的那凌空一脚背后的汗水告诉学生，可以将超级女生的正负面影响讲给学生，这样，语文教学不是更为丰富和贴近学生的生活了吗？学生当然会渐渐懂得真美为何物。可见，学生强烈的接受欲望为中学语文美育提出诸多要求的同时，也为其实施提供了广泛的可能，给中学语文美育带来了无限的机遇。

不仅如此，初中生的接受能力远比我们想象的更强，在一次语文课上，一位教师让学生讲一首歌曲对其的影响，或讲自己心目中的一段美妙的歌词，一位初二的女生讲到：那是一个寂静的下午，她独自一人在家写着作业，突然街上响起了《你在他乡还好吗》的歌曲，她不禁心神摇荡，想到了刚刚转学而去的好朋友玲玲，想到在一起时的快乐情景，那句“你在他乡还好吗”竟让她泪流满面。真挚的友情，加上那个女生娓娓的讲述，全班都沉浸在一种别样的气氛之中，不仅如此，许多同学也因之开启了自己的心扉。我们在欣喜这样融融的课堂气氛的同时，也感叹初中生对美的领悟能力和接受能力，他们已经能够调动自身的体验去体味语文（歌词）之美。

还有一位初三的同学，在讲到看了电视剧《乔家大院》之后的感受时这样说：《乔家大院》让我们这些山西的中学生感到非常自豪，同时也很惭愧，因为前辈们是如此的讲诚信，但我们所生活的时代却有许多人丢失了这些可贵的品质，我们要重新捡拾起这一可贵的品质。站在批评的高度，我们发现，中学生已经能够做到不自觉地运用伦理道德批评的模式对电视剧进行及时的评析，而且讲得切中肯綮，真是出乎教师的意料之外，而这样的接受能力很显然为中学语文审美教育的实施提供了一种可能。

如此看来，中学语文美育有着相当丰富的包括客观和主观两方面的实施的依凭，不过实施的困难依然明晰可见。半个世纪以来，中学语文教育的审美教育走的是一条曲折之路。让我们回顾一下那些日子语文美育的实情：1950 年初，高中语文教材明显偏重思想而忽略语文教育；1952 年，《初级中学语文课本》的《编辑大意》：“无论哪一门功课都要完成思想政治教育的任务。”1958 年，教材选用的标准是：“政治论文、社论、应用文。”1966 年，党中央、国务院批转《关于 1966—1967 年学年度中学政治、语文、历史教材处理意见的请示报告》中指出：“以毛主席著作为基本教材，选读文化大革命的好文章和革命作品。”直到“文革”结束以前，语文教育基本作为政治的童养媳而存在，成为一种地地道道的工具，哪里还有自己的一点点东西；而作为受教育者的学生也不过是一架架没有主动权的机器，是国家意志的摆布物，人的价值、尊严和情感都泯灭在政治这棵“参天大树”之下。恢复高考之后，苍茫的语文美育原野上刮来了一阵清风，然而，出人意料地，语文又成了高考的奴隶，语文教育仍然对人的自我意识漠不关心，至于个性情感的养成，个体全面发展的需要等统统都被淡忘乃至被抛在九霄云外。人类文明的发展，一个重要的成就就是人性的发现与人的尊严的确立，恰如康德所言："你的行动，要把你自己人身中的人性，和其他人身中的人性，在任何时候都同样看作目的，永远不能看作手段。"[①] 每个人都不是他人的手段，而且也必须是这样，一个人的存在以实现自身为目的，并不是为了实现他人的权威、喜好、或者逞能。所以割裂了和人的关系的中学语文审美教育必然会走入一条死胡同。

可见，半个世纪以来，中学语文教育中的美育或者被取代，或者只不过是一种摆设，一间并不懂文学的主人的豪华书屋中的一个书架，装点一下门面而已。好不容易被提及却又遭受到高考的强有力的冲击，美育仍仅仅是一种手段，而不是目的，可以说，新中国成立以来，中学语文美育始终没能获得自己应有的地位。刘铁芳在《守望教育》中曾经对从20世纪90年代到2001年九年义务教育六年制小学教科书语文课本作过一次较为详尽的调查，发现新时期以来，其基本是一个套路，所以发出了"是语文课本，还是伦理读本"[②] 的质疑。

初中语文美育承载着基础教育的美育任务，由于其和"人"的关系极为密切，又是以愉悦和快感贯穿始终的，因而它的很好的实施不仅可以改变以往或只重视语言应用能力，或只重视德性教育，而忽视学习个体的不良倾向，而且还有助于人格养成、个性发展和人生境界的提高。既如此，那么，如何具体地实施呢？从哪些方面突破呢？

张玉能指出：美育大致可以划分为三个阶段："感美—立美—创美"[③]，即认为，婴儿期主要着重进行感美教育，培养小孩感受美的能力，使萌芽的审美趣味和美的观念得以确立，并引导简单的

---

① ［德］康德著，苗力田译：《道德形而上学原理》，上海人民出版社1986年版，第81页。

② 刘铁芳：《守望教育》，华东师范大学出版社2004年版，第216页。

③ 张玉能：《美学原理》，华中师范大学出版社2002年版，第231页。

创造美的活动；中学以后就着重进行创美的教育，使学生表现审美意识的冲动在创造美的活动中得到高级的表现。这是以人的一生为着眼点，侧重以个体为关注对象而生发的一种理论，具体到中学阶段则强调创美这一使命。而我们侧重从横向的角度理解，认为中学生语文美育的具体实施应当从审美能力、审美心理、审美趣味和审美情感四个方面展开，详细内容还会在后面展开，故在此从略。

最后，还很有必要谈一下新世纪中学语文美育的重点及本书的编排构想。

新课标下的中学语文的审美教育，创新是关键。黑格尔在讲到美的本质时曾作过一个生动比喻："一个小男孩把石头抛在河水里，以惊奇神色去看水中所现的圆圈，觉得这是一个作品。在这作品中看出他自己活动的结果。"这里以小孩扔石头比喻人的精神劳动（不是指物质的实践活动），水圈则是指这精神活动的外化，是一种自我复现，是一种观照与认识的对象。而这一小孩在轻轻荡起的水圈面前既快乐又欣喜的神态则明显地是一种对于自我创新的认可，他的对生活的兴趣也因此而悄然被激发。黑格尔说："就在这种自我复现中，把存在于自己内心世界里的东西，为自己也为旁人，化成观照和认识的对象。"中学语文教学何尝不是如此，学生只有在学习中看到了创新的成分，他才会发自内心地高兴。从这个意义上说，创新是中学语文审美教育的灵魂。然而关键是如何创新，即教师要对具体可操作性的办法进行不遗余力地探讨，比如中学语文写作教学就可从材料的创新、立意的创新、章法的创新、语言的创新等多方面进行探讨。

而培养学生创新精神的主阵地是课堂，那么，课堂上发生怎样的变化才能真正将学生创新精神的培养落到实处呢？郑金洲的话很有道理，他认为第一，创设智力上有挑战性的问题情境。第二，给学生以主动探究、自主学习的空间。第三，在课堂上创设一种具有丰富反应的、给学生以心理安全的教学气氛。第四，课堂上注意激发学生多方面的思维，使其智力活动多样化、丰富化。第五，打破单一的班级上课模式，使小组讨论、个别学习等成为教学组织形式的必要组成部分。第六，从知识与创新能力的关联出发，合理组织课程类型和形式。此外，还有多方面需要转变，如教学评价观、教学观、学生观、差生观，等等。①

创新教育对于中国的中学语文教育来说，不算是一个全新的课题，但也是一个比较崭新的课题，我们认为，创新是人类奋发向上不竭的动力，是审美教育永恒的源泉，只有创新，学生才会不只把语文当作是一门可有可无的、学不学无关分数大事的陪衬课，才会如柏拉图主动将“几何”请入柏拉图学园一样也将语文欣然纳入自己生命完善的体系之中。

本书将从审美能力、审美心理、审美趣味、审美情感四方面加以论述。有人或许会对这样的并列产生疑问：既然审美情感完全可以蕴藏在审美心理内部，甚至有时也可在审美能力范围内活动，为何要将这样的子概念与种概念加以并列，为何将包孕关系变为并列关系？是否犯了编书者的大忌？这样的诘问很是独到，而我们也早已考虑到这样的理解。但我们依然选择这样的编排是出于特殊的考虑：审美情感对于中学语文美育非常重要，一方面因为历史上不断地有人将美育直接当作情感教育，而使其产生了较为广泛的影响；另一方面，也由于在实际的中学语文美育中，情感教育也是不可忽略的重头戏，故而，我们将其特意指出，以示强调。

审美能力是学生感受、领会、评价人、事、物的美的能力，是中学语文美育的主要方面。在实际生活中，由于逻辑思维能力的飞跃性发展，初中生审美能力有停滞甚至衰退的发展趋向，罗丹“不是缺少美，而是缺少发现美的眼睛”的话语时时在我们耳畔响起，提醒我们培养学生“按照美的规律”去感受美、发现美并理解和评价美是多么不易。审美心理包括审美感知、审美情感、审

① 详见郑金洲《教育碎思》，华东师范大学出版社 2004 年版，第 107—111、125—130 页。

美想象、审美理解诸方面，其中，审美感知是起点，审美理解是方向，审美情感是动力，而审美想象是翅膀，任何一方都不可缺失，也不可偏废，使其达到自由和谐的状态是审美教育的责任。审美趣味是人在审美活动中表现出来的一种心理定势，它以喜爱与否的情感评价方式决定着对外在事物的取舍，对于审美趣味的培养也是中学语文审美教育的重要组成部分。

在具体的各部分，我们将本着实事求是和负责任的态度，通过问卷调查的方式对不同地区的中学生展开尽可能广泛而切合实际的调查，了解最前沿的动态，掌握第一手的资料，继而提出切实可行的方案和应对策略，以真正避免华而不实，从而做到操作性强。当然，再完美的构想也需实际的证明，再广泛的调查也会有被遗忘的角落，这是我们难以避开的缺陷，但也为我们树起了追赶的灯塔，无论如何，尽力是我们正在进行的选择。

还需说明的一点是，中学语文美育应当是一个比较大的范畴，这是由于“中学”本身就包括初中、高中两个部分，而我们以初中语文作为自己的关注对象。疑问也许便因此而生：为什么只选择初中语文美育？为什么不是高中语文美育或者中学语文美育？这是由于，首先，初中语文常常是语文教育改革的排头兵；其次，由于中国的义务教育结束在初中，即大部分中国学生均能接受初中教育，而高中语文则只有一定的比例，这就为美育研究及其实施提供了较为广阔的平台；再次，初中学生在身心方面的变化及需求也是我们作出这种选择的重要原因；最后，凡事都不可操之过急，但凡事也不可落后于真正的需求，初中生已经有了对于美的诸多感受趣味和能力，倘若美育滞后，岂不枉失时机！

本编主要参考文献

［1］［德］席勒：《审美教育书简》，转引自蒋孔阳《德国古典美学》，商务印书馆 1997 年版。

［2］蔡元培：《蔡元培美学文选》，北京大学出版社 1983 年版。

[3] 杨恩寰主编:《审美教育学》,辽宁大学出版社 1987 年版。

[4] 安徽师大美学研究室编著:《审美教育》,光明日报出版社 1987 年版。

[5] 傅仁波:《军人与审美教育》,黄山书社 1988 年版。

[6] 朱立元主编:《美学》,高等教育出版社 2002 年版。

[7] 杜卫:《美育论》,教育科学出版社 2000 年版。

[8] 傅道彬:《文学是什么》,北京大学出版社 2002 年版。

[9] 朱立元:《美学》,高等教育出版社 2001 年版。

[10] [法] 狄德罗:《狄多罗美学论文选》,人民文学出版社 1984 年版。

[11] [俄] 别林斯基:《别林斯基选集》第二卷,上海文艺出版社 1963 年版。

[12] [德] 康德:《判断力批判》,商务印书馆 1985 年版。

[13] 宗白华:《美学散步》,上海人民出版社 1981 年版。

[14] 王一川:《文学理论讲演录》,广西师范大学出版社 2004 年版。

[15] [德] 席勒:《审美教育书简》第 26 封信,中国文联出版公司 1984 年版。

[16] 张玉能:《美学教程》,华中师范大学出版社 2002 年版。

[17] [古希腊] 亚里士多德:《政治学》,商务印书馆 1981 年版。

[18] 朱狄:《美学问题》,陕西人民出版社 1982 年版。

[19] 周鸿:《中华人民共和国国史通鉴》第四卷,红旗出版社 1993 年版。

[20] 鲁迅:《摩罗诗力说》,《鲁迅全集》第一卷,人民文学出版社 1981 年版。

[21] [德] 康德:《道德形而上学原理》,商务印书馆 1986 年版。

[22] 刘铁芳:《守望教育》,华东师范大学出版社 2004 年版。

[23] 童庆炳、王丽:《不要错过历史机遇》,《中国语文教育忧思录》,教育科学出版社 1998 年版。

[24] 北京大学哲学系美学教研室编:《西方美学家论美和美感》,商务印书馆 1980 年版。

[25] [德] 黑格尔:《美学》第一卷,商务印书馆 1979 年版。

[26] 鲁迅:《我怎么做起小说来》,《鲁迅全集》第四卷,人民文学出版社 1981 年版。

[27] 钱锺书:《谈艺录》(补订本)，中华书局1984年版。

[28] 柏杨:《中国人史刚》(下)，中国友谊出版公司2001年版。

[29] [俄] 什克洛夫斯基等著，方珊等译:《俄国形式主义文论选》，生活·读书·新知三联书店1989年版。

[30] 郑金洲:《教育碎思》，华东师范大学出版社2004年版。

[31] 曾敏仁、高旭:《审美教育新论》，北京大学出版社1997年版。

第二编　审美能力

首先来看几个有关“语文”与“审美”的链接：

1986 年 12 月，国家教育委员会颁布新中国成立以来的第四部《全日制中学语文教学大纲》，第一次明确提出培养“健康高尚的审美观”的目标；

1996 年，国家教育委员会颁布《全日制普通高级中学语文教学大纲（供试验用）》，提出语文教学要“进一步培养学生高尚的审美情趣和一定的审美能力”；

2001 年 7 月，教育部印发《全日制义务教育语文课程标准》，提出“在语文学习过程中，要培养爱国主义感情，社会主义道德品质，逐步形成积极的人生态度和正确的价值观，提高文化品位和审美情趣”；

2003 年 3 月，教育部印发《普通高中语文课程标准》，提出高中语文课程“应使学生具有较强的语文应用能力和一定的审美能力”，“为终身学习和有个性发展奠定基础”。

我们欣喜地看到，美育逐渐走进语文教学的视野。相伴而生的是越来越多的关于语文审美教育的论述。然而，笔者认为，有关的理论论述虽然很多，但实用的成分很少，操作性不强；而审美教育的实践论述又显得单薄零散，缺乏理论的支撑。这样就造成中学语文审美教育理论与实践的脱节。

关于这一点，杜卫在他的《审美功利主义》中说，“我国当代美育研究却仍在重复前人的理论，很少有从事美育理论研究的学者走向学校，走进课堂，走入学生当中研究具体的美育教学问题。这是有待解决的一个大问题”。

如何在审美教育理论的指导下，结合具体的教育实践，“研究具体的美育教学问题”，这是当前语文美育研究的重要课题。本编正是从这个基点出发，寻找语文审美教育理论与实践的最佳结合点，以探求初中语文教学中审美能力培养的有效策略。

第一节　审美能力的特征及构成

审美能力是能力的特殊类型。从心理学上讲，能力是人们完成某项活动所必备的个性心理特征。要在不同的社会生活领域进行卓有成效的活动，不仅需要一般能力作基础，还需要有适应活动对象需要的特殊能力作保证。而审美能力则是审美主体在审美实践活动中综合运用感觉知觉、联想想象、情绪情感、理解评价等诸种心理能力的结果，它并不为人的某一特殊器官所专有，是人们对美的对象的观赏、感受、体验、想象与判断的能力综合体，是体现在审美活动中的一种特殊的实践能力。

审美能力直接决定了主体审美活动能否展开与展开的程度。从一般意义上说，人人都有审美能力，但能力的高低与强弱却因人而异。在美学上有一个典型例子，很能说明问题：观众在上海大剧院欣赏交响乐团演奏世界名曲，每每全神贯注，如痴如醉；未受过教育的农村妇女观看一块色彩绚烂的花布时眉开眼笑，欣喜不已。虽然两者都是审美欣赏活动，但所需要与体现的审美能力却有天壤之别。前者不仅需要相应的文化素养和艺术修养，而且还需要有与之相关的欣赏音乐的审美经验，否则难以体验到交响曲的巨大魅力；后者则可以不具备形式美的专门知识，也可以不经过专门的审美训练，就能对花布之美进行自己的观赏和判断。因此，同样是审美活动，审美主体获得的情感体验的深度与强度，是和审美能力密切相关的。承认这种差别，就是承认审美的客观实际。审美教育的重要任务之一，就是尽力缩小这种审美能力的差距，使每个现代人都能具备较强的审美能力，从而获得审美的精神享受。

审美能力是主体的审美心理结构与审美实践的共同产物。主要具有以下特征：

感觉知觉的敏锐性。美的对象是具体的感性形式。要对美的对象进行观赏、感受、体验和判断，审美主体首先就要有对美的感性形式的敏锐的感受能力。这种审美感知的敏锐性，除了与先天条件有关外，主要取决于后天的审美实践活动。积极地参与审美实践，个人的审美感知能力就会相应地得到提高。

联想想象的开放性。审美能力的标志之一，就是审美主体联想想象的能力自由而灵活，具有独特的开放性和鲜明的个性。所谓联想，就是由此及彼的心理过程，人们在感知审美对象时总是能够勾想起与此相关的事物，或忆想起曾经感知过的事物，这样就能丰富审美的内涵，增强审美的力度，强化审美的体验。面对一个审美对象而能浮想联翩，表明主体的记忆表象、知识经验丰富，反应敏捷。所谓审美想象，是一种再造想象，就是审美主体在情感的驱动下，将感知表象进行创造性的改造和变形（根据别人所提供的形象性描述符号，如语言、文字、图案等），在自己的头脑中重新构造出来未曾感知过的新的形象。再造想象能力越强，对美的感受就越深刻。

情感体验的强烈性。审美情感是一种“净化”的情感，它超越了狭隘的个人功利性，具有较高的层次，是日常生活情感的升华，是精神性的愉悦感受。与物质享受不同，审美的情感体验不仅需要感知和想象，而且还要对审美想象中的审美形象“切己体察”，感同身受，因而是一种强烈的情感体验。而是否具有对审美对象的情感体验能力，是衡量审美能力的重要标志之一。同样一部作品，有人看了激动不已，如痴如醉；有人看了无动于衷，不过尔尔。个中原因极其复杂，但审美主体是否具有强烈的情感体验能力却至关重要。过于理智或者感情淡薄者，往往对审美主体缺乏兴趣，即使进入审美活动，也难以获得审美的情感体验。审美主体只有投入到作品所展现的艺术情境中，与作品情感交汇在一起，才能真正获得审美的情感体验与精神的愉悦享受。而任何审美活动，都是主体对美的对象的观赏、感受、体验与判断，所以审美情感体验的强弱程度，也是衡量个体审美能力的重要尺度。

审美能力是以审美心理为基础的，由多种要素组成的综合结构。主要包括审美感知力、审美想象力、审美情感力和审美理解力。

审美感知是审美活动的基础，没有相应的审美感知能力，就不能把握完整的审美形象。它包括审美感觉力和审美知觉力。

审美感觉力是与审美需要相应的感官能力，是主体与对象发生审美关系的第一个条件。没有感觉力，就不会接受外界的任何刺激，也就不会有审美活动的发生。正如帕克所说："感觉是我们进入审美经验的门户，而且，它又是整个结构所依靠的基础。"① 它主要是指视觉与听觉的审美能力，是马克思所说的"有音乐感的耳朵，能感受形式美的眼睛"。审美感官本质是"享受"的器官，审美感觉是人所特有的获得精神享受的感觉，审美感觉力主要是指对色彩、音响、形体等形式因素的敏锐的识别力，是人们借以获得审美享受的最基本的审美能力。

审美知觉具有一般知觉的共同性，又有自身的特殊性，是一种能够揭示事物的表现性的特殊知觉。审美知觉不与认识和实践目的相联系，只与情感要求和目的相联系。审美知觉力是主体按照审美需要对客体进行加工处理或完形，主动建构审美对象的能力，也可以说是一种把感觉材料加工组合成整体性表象或经验的能力。它具有两个显著特征，即创造性和表现性。其创造性体现在所建构的整体形式超越了个别事物原初的状态，具有某种概括的意义。并且在主体内在的审美图式支配下，将客体建构为具有内在统一性的形式结构，使之成为与主体内在的审美图式契合一致的知觉形式。而正

① 帕克：《美学原理》，商务印书馆1965年版，第50页。

是在内在审美图式规范知觉形式的过程中形成了其表现性。

审美想象力是一种再造想象，能把审美对象或审美符号变成审美主体头脑中的直观的感性形象。审美想象力的强弱，是衡量主体审美能力的重要尺度。审美过程中想象活动的发生依赖于一定的审美经验积累，需要一定的知觉唤起和情感激励。而感知的主要任务就是积累，贮存尽可能丰富的记忆表象。记忆表象乃是想象的“燃料”，是审美想象的“空气”。有了丰富的记忆表象做燃料，审美想象就像鸟儿有了双翅，有了空气，就能展翅高翔。

审美想象力的强弱主要体现在两个方面：一是内心视觉力。因为语言文字是一种符号，要通过符号提示人物命运，展现社会生活。没有相应的审美想象能力，就无法在头脑中展现出栩栩如生的艺术形象，就不能进入真正的审美境界。二是逻辑推想力。审美想象虽然受情感的影响，服从情感的要求，但也不是完全随意的。它既要合情，也要合理，要符合生活逻辑，符合虚构中的真实。也就是说，合乎逻辑的推测、推想是审美想象力的重要内涵。内心视觉力能显示想象之“真”，逻辑推想能显示想象之“新”。“真”是审美想象的基础，“新”是审美想象的灵魂。

审美想象在审美活动中起着极为重要的作用。如果说，审美感知把我们引领到了一个个体的审美世界，那么，审美想象就使我们真正进入这个世界，畅游这个世界的每个角落，领略这个世界的万种风情，获得巨大的审美愉悦。审美想象力是人的审美能力的一个重要组成部分，想象力的水平决定着主体的审美世界的范围、特点，决定着主体能获得的审美愉悦的程度。

审美情感力有两个基本意义：其一是一种心理动力；其二是一种体验能力。审美心理动力是审美创造与审美表现的动机与内驱力，是个体审美需要、审美期待的能动形式。是一种心理能，表现出一种情绪冲动，以驱使审美活动的展开。因此可以说，审美情感力是主体方面的创造源泉，它作为一种感性和理性交融的情绪冲动，是审美经验过程的内部动因。同时，情感力作为一种特殊的心理能力，又是对人的自我生存状态感受与评价能力，属于自我意识的一部分。它不同于认识能力，体验的对象不是外在的事物，而是人与事物之间的关系，是对处于这种关系之中的事物和自身的感受、评价，与个体内在的需要、愿望和期待有直接联系。

审美情感力是审美能力结构中的核心因素，对于审美感知、审美想象和审美理解均起着决定性的作用。它作为中介，与审美感知力、理解力、想象力相结合，支配着整个审美过程。情感力的高低与强弱直接决定了审美能力的水平。

审美理解力是审美能力的生命线。没有理解的审美，不能说是真正的审美。理解本是指形成概念和运用概念来把握事物的内涵和意义，即认识事物的本质，是认识过程的最终结果。审美活动尽管并不是一种认识活动，但也自始至终贯穿理解，只不过有着与认识活动中的理解不同的特点。审美理解力是在长期生活实践的基础上形成的一种高级感受能力，是一种以“感觉”的方式进行的理解。这种感觉渗透着全部的生活实践经验和理性内容，渗透着情感的要求，是一种情感性的理解，这体现出审美理解力与一般认识中的理解力的不同。

审美理解力不仅是对审美对象表层的直接理解，不仅在于“懂”，而且还在于能透过形象把握更深的内涵，理解对象形式中的“意味”。这种深层的审美理解力，同样不用判断、推理过程，而是一种直接领悟力，类似于我国佛教禅学的“悟”。

审美理解力是审美主体必不可少的一种能力。因为有了理解，审美感知才能建立、组织起一个独立的审美对象；有了理解，审美想象才能扩展、丰富、完善，建构起一个真正的审美世界，更重要的是，审美理解是使我们的审美活动从表层进入深层，获得最高的审美体验的唯一途径。或者说，审美理解是寻找最高的“美”的唯一途径。

第二节　审美能力培养的意义

刘晓枫先生在《人类困境中的审美精神》的序言里写到："从某种意义上说，'美学'不是一门学问（甚至不是一门学科），而是身临现代型社会困境时的一种生存态度。审美不是一种维护、保养、驱动的力量，而是一种超越了宗教的拯救力量，是人生命的'第三只眼睛'。人只有张开这'第三只眼'，以审美的方式存在于世，才有可能在审美的尽头感知到依偎着人心的真实与自然的美。因为，只有美，能够引导人们在冰冷的资讯时代触摸到人性的缕缕温热；只有美，能够使人们超过交换关系和交换价值的罗网，从一个个物质的必然王国跃入精神的自由国度；只有美，能够引领人们的目光一次次越过窗外钢筋水泥的灰色楼阵，找到上面那片飘着白云的湛蓝的天和那永远激动人心灵的回忆、希望与爱恋。也就是说，人通过审美而得以寻求到永远撑托生命的支柱。"

审美能力是做人的一种高尚生活能力。蔚蓝的天空，灿烂的朝阳，葱郁的森林，浩瀚的大海，峻峭的山峰，柔美的溪水……大自然中，美无处不在。清人叶燮在《集唐诗序》中说得好："凡物之美者，盈天地间皆是也，然必待人之神明才慧而见。"大自然中充盈着美，但能否发现美、创造美，这取决于主体是否具有审美能力。只有具备审美能力，这美景、美物才能成为他的审美对象。

古代诗人邵雍在《和张子望洛城观花》一诗中写到："造化从来不负人，万般红紫见天真。满城车马空缭乱，未必逢春便得春。"逢春之时不能"得春"，除了缺乏审美的兴致之外，还由于缺乏审美的能力。"得春"的多和少、深和浅，取决于个人的审美能力。对于同一个审美对象，不同人的审美能力的差异决定了对它的感受深浅大不一样。苏轼有首诗写到："西湖天下景，游者无贤愚。深浅随所得，谁能识其全。"（《怀西湖寄晁美叔同年》）西湖的美虽然谁都可以欣赏，然而各人欣赏所得却大有差异，这也即所谓的“人不善赏花，只爱花之貌；人或善赏花，只要花之妙。花妙在颜色，颜色人可效；花妙在精神，精神人莫造”（邵雍《善赏花吟》）。可见，审美主体的审美能力差异带来审美感受深浅的不同。浅者只能悦目快耳，稍深一点的上升为悦情悦意，再深一点的与对象产生心灵感应，领悟对象的生命情致与深层蕴涵，凝思畅神。正如同赏花只赏其貌者与能解其精神之妙者一样，审美能力的作用是显而易见的。

卢梭认为：“有了审美能力，一个人的心灵就能在不知不觉中接受各种美的观念，并且最后接受同美的观念相联系的道德观念，因此美育可以促进道德的完善”①。杜卫也认为：“审美能力正是人积极地寻求情感解放和提升，并由此开创人生新境界的能力。”②的确，“美”关系着一个人怎样去建构自己的幸福生活，追寻人生的诗意境界，达到人格的和谐完满。

审美能力培养是时代和素质教育的要求。在当代社会文化环境大背景下，审美已成为世界各国教育界所共同关注的一个重大课题，达到这样的一个共识：人类应该有审美的生存，我们应该将我们的后代培养成审美的生存的一代新人。“这样的新人应该以审美的世界观作为生存的根本原则，摆脱传统的‘人类中心主义’和工具理性的束缚，以亲和系统、普遍共生的态度，同自然、社会、他人和人自身处于一种协调一致的审美状态，改变人的非美的生存状态，走向审美的生存。”“这一代新人应该做到科学与人文的和谐统一，理论观念与艺术精神的和谐统一，人与自然的和谐统一，身体健康与心理健康的和谐统一，这就是一种审美的生存。”③

培养这样的新人，正是当前素质教育提出的目标。因为素质教

① 卢梭：《爱弥儿——论教育》（下卷），商务印书馆 1978 年版，第 55 页。

② 杜卫：《美育论》，教育科学出版社 2000 年版，第 179 页。

③ 曾繁仁：《中西交流对话中的审美与艺术教育》，山东大学出版社 2003 年版，第 2 页。

育是把学生健康成长当作教育的重要价值取向，它不只是培养具有一定知识，能够从事劳动的人，而且要培养身心健康、个性丰满的“全人”，即具备良好的身体素质、道德素质、审美素质、心理素质和人文素质的人。可以说是一种具有开发性的心理教育、情感教育、意志道德教育和人的整体发展水准教育。归根结底，是一种世界观、人生观、审美观和价值观的教育。

要实现素质教育的最终目的，美育必不可少。提高对于美育的认识，有助于我们更加全面地把握素质教育的内涵和本质。由于审美素质是现代人的素质结构中基础性要素，它既具有相对独立性，又能够对道德、心理、人文等素质要求的提高产生积极影响，在世界观的培养、文化养成等方面发挥重要的作用，因而成为现代教育改革的必不可少的重要内容，并且对德、智、体等其他各育有渗透协调的作用。

审美能力培养是中学语文美育的重要方面。美有各种各样的形态。社会生活中处处都有美的存在，而能否感受美，体验美，能否鉴赏美，评价美，都是因人的审美能力而异的。欣赏任何一种美，人都要有与之相应的审美能力，否则美的东西即使摆在你面前，你也会熟视无睹，无动于衷。因此，培养和增强审美能力，则是审美教育的最现实的任务。

所谓审美能力，则是“主体在审美活动中进行审美判断和形成美的形象的心理能力，主要包括感知力，理解力，想象力”①。从其作用来看，它直接影响到审美趣味的养成和净化，促进着审美心理结构的塑造和完善，关系着审美情感的体验和生成；从其形成来看，审美能力从来不是天生的，而是后天习得的产物，是教育的产物。这就为审美能力的培养提供了一种可能。

叶圣陶认为审美能力的培养，这是“国文教学悬着的明晰的目标”之一。并且“这目标是非达到不可的”，“不仅对一部分学

① 胡家祥：《审美学》，北京大学出版社2000年版，第275页。

生而言，必须个个学生都受到了养成，培植，训练，才算达到了目标”①。语文新课程标准思想与之一脉相承，将塑造良好的精神品格，形成健康美好的情感和奋发向上的人生态度视为语文课程的基本任务和自身优势，在能力要求上又把审美教育当作语文课程的重要功能，特别提出把“关注学生情感的发展，让学生受到美的熏陶，培养自觉的审美意识和高尚的审美情趣，培养审美感知和审美创造的能力”② 作为课程重要理念之一。提出通过审美教育培养审美能力的精神，并在课程目标中得到强化。同时它特别强调：“培养学生高尚的道德情感和健康的审美情趣，形成正确的价值观和积极的人生态度，是语文教学的重要内容，不应把它们当作外在的附加任务。”③

语文课程性质为审美能力的培养提供了可能。语文课程标准对语文的定位是：“语文是最重要的交际工具，是人类文化的重要组成部分。工具性和人文性的统一是语文课程的基本特点。”明确揭示了语文的文化内涵。语文本身就是一种文化，有着丰富多彩的文化内容，反映人类社会的事、理、情、志，表现民族精神、民族情操和民族审美情趣。首先，语文教育是一种母语教育。汉字本身是一种充满美感的文字，是汉民族智慧的载体，承载着民族的气脉、血液，浸透着民族文化的精神。她绝不仅仅是一种符号和工具，她有思想，有灵魂，有精神，散发着生命的芬芳和文化的气息。走进一个个汉字，就如同走进一个个形象的世界，情感的世界，审美的世界。余光中曾这样描绘汉字的魅力：“汉字是我们这个民族美丽不灭的灵魂，是我们这个民族的生命百科全书。”而语文教材里由汉字组成的优秀的文学作品，则更是美丽的叠加，无不渗透着民族的情感、精神和审美意识。那一篇篇优美的文学作品是作者按照美

① 叶圣陶：《叶圣陶语文教学论集》，教育科学出版社 1980 年版，第 65 页。

② 《普通高中语文课程标准》（实验稿），人民教育出版社 2003 年版，第 2 页。

③ 《全日制义务教育语文课程标准》，北京师范大学出版社 2001 年版，第 16 页。

的规律来创造的，展现了形形色色的美的形态，无论语言、结构等形式还是形象、意境等内容都是美的载体，是一个相对完整的美的体系。叶圣陶说："文学作品可以使学生领会什么是美。花木山川的美、城市的美、道德品质的美、广大群众为伟大目标而斗争的美，都可以从文学作品中得到深切的体会。"[①] 可以说，"用审美的眼光来观察，语文课就是一个琳琅满目的美的世界；用审美的心灵来感受，语文课就是一个满足人的精神需要的无尽的宝藏"[②]。徜徉在这个美的世界，我们可以看到"大漠孤烟直，长河落日圆"的雄壮，"水光潋滟晴方好，山色空蒙雨亦奇"的娇柔；我们可以听到大海的咆哮，秋日的私语。这个宝藏让我们为小人物的遭际唏嘘，为英雄的豪迈人生振奋。那生动传神的妙笔，余音绕梁的韵致更是让我们流连忘返……这一切当然地为语文审美教育提供了天然的资源。

第三节 初中生审美能力及语文教学中审美能力培养的现状分析

为了了解初中生审美能力发展水平，同时了解初中语文教学中审美能力培养的现状，以便针对性地提出实践培养的策略，我们设计了一份调查问卷，包括52道选择题和13道开放性问题。对太原十二中、太原十六中和山西晋西机器厂子弟中学的159名学生进行了调查。这三所学校分别属于市重点中学、普通中学和厂矿中学。调查采用问卷的方式，由学生在不署名的情况下填写后，收回问卷，进行分项汇总。通过对调查问卷的分项汇总分析后，发现：

---

① 刘鎏之：《美育在语文教学中的实施》，《沈阳师范学院学报》1989年第2期，第118页。

② 王钦韶：《琳琅满目的美的世界——语文课美学现象分析》，教育科学出版社1989年版，第24页。

一、学生在审美能力方面主要存在的问题。

（一）对美的形态和内涵认识片面，理解模糊

学生往往把“美”看成是抽象的高深的现象，甚至不可捉摸，无可名状，给无处不在的“美”披上一层神秘的面纱，产生隔膜感，从而没有信心，也没有能力去发现美，领略美。自然界的花开花落、月圆月缺等自然美还好接受、理解，对于社会美、科学美、生活美以及文学艺术中表现的美似乎看不懂，摸不着，表达不出，从而导致他们对美的普遍性存在着怀疑。

（二）在审美感知方面，受复杂意识指向的影响，更多地关注对象的实用功利属性（即是否有用），面对美的对象，感觉麻木迟钝，甚至只是停留于日常化感觉的状态

面对色彩缤纷、生动迷人的大千世界，他们常常会熟视无睹，视而不见，无动于衷。大自然的四季变迁，日月轮转，涛走云飞，花开花谢，引不起他们的心灵涟漪。他们无暇感受生命更替、光阴流逝的美，他们很少有人会欣赏贝多芬、维纳斯、大卫，在追逐分数与名次的路途中，生活的真正意义被忽略了，在这曲折起伏、胜败交替中包含的生命哲理被忽略了。在他们的心目中，成绩才是最重要最有用的，能顺利升学似乎是唯一的生活享受。于是只关心分数，不及其他；只注意事物的实用性，否则以“不实用”为名加以否定，至少是漠视；甚至在人际关系、生活方式、生活质量等问题的评判上，以物质第一、功利至上为最高标准。

关于这一点，让我们不由得想起海伦·凯勒在《假如给我三天光明》中那饱含深情的描述：

> 你们有视觉的人，可以通过观察对方微妙的面部表情，肌肉的颤动，手势的摇摆，迅速领悟对方所表达的意思的实质，这该是多么容易，多么令人心满意足啊！但是，你们可曾想到用你们的视觉，抓住一个人面部的外表特征，来透视一个朋友或者熟人的内心吗？

> 我还想问你们：能准确的描绘出五位好朋友的面容吗？你们有些人能够，但是很多人不能够。有过一次实验，我询问那些丈夫们，关于他们妻子眼睛的颜色，他们常常显得困窘，供认他们不知道。顺便说一下，妻子们还总是经常抱怨丈夫不注意自己的新服装、新帽子的颜色，以及家内摆设的变化。
>
> 有视觉的人，他们的眼睛不久便习惯了周围事物的常规，他们实际上仅仅注意令人惊奇的壮观的事物。然而，即使他们观看最壮丽的奇观，眼睛都是懒洋洋的。法庭的记录每天都透露出"目击者"看得多么不准确。某一事情会被几个见证人以几种不同的方式"看见"。有的人比别人看得更多，但没有几个人看见他们视线以内一切事物。

海伦流露出的深深的忧虑给我们这些有视觉、听觉的人们以深刻的思考。

审美感知力的匮乏，直接造成审美体验的苍白，学生在写作文或进行其他创作时，常有人觉得无从下笔，"没词可写"，原因之一往往就在于此吧。

（三）注重认知结果，不关注审美体验过程

把感觉当作认知过程的一部分，从而忽略了审美体验过程中产生的鲜活的感觉印象，这在目前教育中表现明显。受功利思想的影响，知识灌输被当作唯一的任务，学生被"灌"得多，"悟"得少；听得多，做得少；记忆多，创新少。不少学生面对文学作品，无法形成直接的感觉印象，产生强烈的审美体验，却颇会夸夸其谈"时代背景、艺术特色、思想意义"云云。这不是真正的审美能力的提高，而是一种虚假的鉴赏力的表现，充其量是一种鹦鹉学舌而已。

（四）审美情感的干枯导致语言表现力的孱弱

在几道开放性的题目中，不少学生语言贫乏，这是与学生的精神世界的贫乏紧密相连的。特级教师韩军说过："如果有一个多彩的精神世界，一颗丰富敏感的心灵，那么，他的语汇肯定是缤纷的”。文章是心灵的产物。正确而深刻的认识，生动而缤纷的表达，必须靠丰富的情感去体现，学生语言表现力的孱弱反映出情感世界的荒芜。

（五）审美理解呈现表面性和浅层化特点

学生缺乏在形象直观之中领悟艺术作品深刻内涵的能力，对审美对象缺乏理性的价值判断，他们往往抛弃感知形象和情感体验来理解作品内容，或者只是一味沉溺于对教师和教参的趋同之中。不重视自身独特的感受和体验，对阅读内容缺乏有个性的反应，注重消极的接受和索取意义，追求标准答案，主动发现、建构意义能力较弱。对作品意蕴的分析有表面化、图解化倾向，热衷于指向作品的社会政治意义。

例如朱自清的散文《绿》，它描写了梅雨潭所特有的绿色之美，是那么醉人，奇异可爱。不少同学仅仅把它理解为“它歌颂了祖国山川自然的美，反映作者对大自然的热爱之情”，这其实是很空泛和表面化的。事实上，从审美的角度去理解，绿色之美蕴涵着深层意蕴。绿色在美学上是一种象征安定平静的色彩，作者尽情描写绿之奇异可爱，融入倾慕、欢愉、神往的激情，正表征着他对安定平静生活的渴望和追求，对当时军阀混战的黑暗，社会现实的不满和忧虑。这篇散文描写“绿”的形象真切自然，细腻柔美，字里行间无不蕴含着作者高洁的情趣，借自然抒发情怀，用山水诉说性情，在这人性的抒发和诉说中展现一个正直的诗人、学者和民主主义战士的精神境界。这正是《绿》中描写的绿色之美所体现的深层情趣、意蕴和值得我们认真发掘、体味的内在美点。

二、语文教学中审美能力培养方面主要存在的问题

（一）重理性轻感性

对感性层面关注太少，理性分析太多。似乎讲课中不从思想意义方面点题，就没有达到目标。例如《往事依依》一课，某老师确定的教学重点是“探寻作者成长的源头，从而使学生认识到要

多读书，读好书，明做人之理，做志趣高尚之人”。这就是从抽象理念出发，要求学生获得理性的启示，而不是从具体文本出发去体验作者的感情，体验作者在文本中展现的心灵世界，理解在表情达意时遣词造句的功夫。这看似很有思想教育价值的理性结论，更多的时候是外在于学生心灵，并不能内化为学生的灵魂和血肉。它不等于主体心灵，不等于作家的精神活动，不等于作家深广的情感世界，更不等于审美情感。

面对工业时代精神贫困化的社会病，要实现人性的完善，现代思想家们更强调人应该参与感性活动，因为感性活动更为自然，更诉诸直觉，个体可以密切介入。在审美活动中更是如此。现代认知心理学认为，在理智状态中认知事物多采取理性的逻辑的方式，但这理性的方式只体现了人与事物关系认识的唯一性，而忽略了世界向我们展现的更多可能性，也就是世界存在的丰富多彩。同样地，理性充斥的语文课堂丧失的正是飞扬的个性。

语文课程标准十分强调“感性”在阅读教学中的重要地位，在课程目标中多处提出：“要注重情感体验，引导学生感受形象，品味语言。”学生感性地揣摩课文，体验情感，感受形象，触摸语言，这是一切理解、探究的基础。逻辑的抽象是必要的，但必须以感性为基础，在主动积极的思维和情感活动中，加深理解和体验，有所感悟和思考，受到情感熏陶，获得思想启迪，享受审美乐趣。鉴赏文学作品是一种积极的审美活动，主体精神的投入，情感的活跃是根本的要求，不能重理性分析而少审美体验。审美活动目标是陶冶性情，涵养心灵，提升文化品位和审美情趣，作家赋予作品以丰富的人文精神和文化内涵，就可以大大拓展学生的精神领域，滋润他们的心灵世界，在情感熏陶中体验并提升人生境界，从而构建起健康个性和健全人格。

著名语言学家洪堡特在《语言与人类精神》中曾说过：“没有一种思维，即使是最纯的，能不借助于一般感性形式而进行，只有在这些感性形式中，我们才能理解和把握住思维。”鲁迅先生也曾在《摩罗诗力说》中谈到阅读中感性与理性的关系，认为没有感性作为基础的理性分析，就像“热带人未见冰前，为之语冰，虽喻以物理、生理二学，而不知水之能凝，冰之为冷如故”。让热带人了解冰的特性的最好的办法是“直示以冰，使之触之”。阅读文章，亦应重视感性，“人生诚理，直笼其辞句中，使闻其声音，灵府（心中）朗然，与人生即会”。

从鉴赏主体而言，学生阅读文学作品，既有“共同视阈”，也有个人的“期待视野”。“教师应鼓励学生用自己的情感、经验、眼光、角度去体验作品，要重视学生在阅读中的非理性特点，尤其是瞬间或偶然迸发出的‘灵光乍现’式的创造性思维火花。这就要尊重学生新鲜的阅读感受，尊重学生对作品的初始反应，珍爱学生富有个性的理解，有意识地激发学生的想象、联想能力和发散性思维，甚至允许学生突发奇想”。[①]

（二）重分析轻综合

审美主体对文本解读具有整体性特点。“从阅读的对象看，学生面对的文本，是一个内容与形式相统一的整体；从阅读的动力看，阅读文本是一种全身心的投入，学生的情感与理智在阅读过程中始终与文本融会交流，以至于产生碰撞或共鸣；从阅读的基础看，学生在阅读中必须会调动自己的全部知识积累、人生经验、思想认识，因而阅读是一种整体性的主体参与。”[②]

然而，在我们的语文阅读教学中，像医生解剖标本那样地分析课文的方法屡见不鲜。我们往往离开了学生对文本的整体感受，进而进行抽象的概括和分析，把一篇好端端的文章分析得支离破碎。学生得到的只是干巴巴的几条筋。这种“条分缕析”式阅读教学往往热衷于追求纯粹、明晰和确定的结论，但“企图以理论物理学家所要求的精密性和逻辑完备性来重现一切比较复杂的事件，这

① 方智范：《语文教育与文学素养》，广东教育出版社2005年版，第41页。
② 同上书，第31页。

不是人类智力所能及的。高度的纯粹性、明晰性要以完整性为代价”（爱因斯坦《探索的动机》——在普朗克60岁生日庆祝会上的讲话）。我们不妨把爱因斯坦这段话中的“比较复杂的事件”，看成是阅读文学作品。这位伟大的自然科学家对美的完整性的见解多么深刻！

重视课文的整体性，不是不要重点，恰恰相反，短短的45分钟一堂课，更应该突出重点，而不能句句分析，面面俱到。这就必须削枝强干，重点的把握要服从于教学的整体目标。

（三）重认知轻情感

情感是文学之根，不入情就不能把握作品的灵魂；情感是阅读活动的动力，不用情就不能深入作品的内核。可以说，文学阅读是一种爱的情感活动，读者不用情，就无法体验到文本中爱的情愫。

我们的语文教学，一直存在着重知识传授、轻情感体验的弊端。这种模式下，阅读教学的价值取向是不全面的，往往过分的凸显知识，把文本作为传授知识的工具，教学常常变成机械操作，程式运行，而学生也往往充当了知识的容器。在这种文本学习过程中，学生不可能投入情感，也就不可能升华情感、发展情感了。这种功利性的阅读教学，既忽视了文本的情感因素，也冷漠了学生的情感培养。没有情感体验，审美能力的提高就成了一句空话。

苏联教育家苏霍姆林斯基说过：“情感如同肥沃的土地，知识的种子就播在这个土壤上。”可见，没有情感这一方沃土，知识的种子就不会结出丰硕的果实。如果不用情，阅读活动就会陷入畸形状态。

（四）重结论轻过程

由于长期以来灌输式教学，以及片面追求升学率的教学功利思想的影响，语文美育在一定程度上存在着重审美结果的展示，轻审美愉悦过程体验的倾向，表现为阅读教学中普遍存在简化过程的现象。学生对课文的体验、亲历过程被教师的“讲”代替，不能让学生反复诵读，在诵读中揣摩、体味，而是过快地进入分析讲解；不能充分让学生咀嚼辞章，动用生活体验和调动想象、联想去再现、再造，就匆匆地给出结论。在阅读中，由于个体的差异，对课文的理解多有不同，由不同理解引起的思考讨论和切磋，是互相启发心智的大好契机，也是锻炼思维、提高言语能力的好机会，理应好好把握，引导学生深入讨论，却忙于给个答案了事。对一些情文并茂、立意深邃的课文，很有必要披文入境，入境染情，审美体味，这是“切己体察”、“涵泳”的内潜功夫，是阅读过程中的重要环节，但学生还未入“境”，便被拉了出来。

学生被动地认同，接受教师灌输的结果，这将使作为审美主体的学生丧失明净澄澈的审美心境与接受心境，丧失审美的需要，没有寻找发现美的激情，最终就只能是千人一景、众人同感了。

我们知道，学生是语文美育的主体，只有当审美主体与审美对象建立起一种对象关系，才能形成审美。因此，教师仅仅把结果展示给学生，是无法真正实现审美教育目标的。教师应努力营造审美情境，拨动学生的情绪，唤醒学生的审美意识，激发学生的审美情感，引导学生展开联想、想象，牵引学生自己去寻找美，发现美，欣赏美，创造美，获得审美的体验。也正是在这种审美体验的过程中，学生才能获得审美的愉悦。

第四节　审美能力培养目标及实施原则

苏联教育家苏霍姆林斯基曾说过这样一段精彩的话：“在每个孩子心中最隐秘的一角，都有一根独特的琴弦，拨动它就会发出特有的音响，要使孩子的心同我讲的话发生共鸣，我自身就需要同孩子的心弦对准音调。”[①] 和学生的心弦“对准音调”，就要了解学生

① 于漪：《语文教学谈艺论》，上海教育出版社 1997 年版，第 68 页。

身心发展的特点，并依此开展教学，实施教育。

一、初中生的审美心理特征及审美能力培养目标

初中生正处于从童年向成年转变的过渡时期。这一时期，他们在生理、心理上都经历着所谓“青年期的剧变”①。“剧变”的心理标志，是性的成熟。女孩12—16岁之间，男孩13—18岁之间正处在“青春期”，身体在迅速发育，处于性成熟过程。当他们一旦惊奇地发现自己的身高在陡然增长，第二特征突然出现，很快就会意识到，自己跟童年告别，成长为“边际公民”②。“剧变”的心理标志，则是个性的基本形成，随着知识视野的拓展，其心智发展水平也迅速提高，此时的初中生开始学会审视社会与自然，审视自己在社会中的位置，并逐渐认识到“我”之所以为“我”的真正内涵。其心理具有转换性、封闭性、易变性等特点。第一，转换性。中学生处在儿童期向青年期发展的过渡阶段，幼稚和依赖表现得比较明显。他们的个性仍不够稳定，独立性与自觉性不强，个体的情感、智力和道德等正在从幼稚向成熟转换。第二，封闭性。在上中学之前，学生的内在心理变化总是会通过外在动作、表情、语言流露出来，年龄越小，表现越明显。到了中学，由于他们认识能力、逻辑思维、智力活动的“内化”程度越来越高，加上情感和意志的发展，他们已具有自我控制的能力，不容易敞开自己的内心世界，具有一定的封闭性。第三，易变性。中学生的自尊心和自信心逐步增强，有表现自己的强烈愿望，希望得到他人的认同和尊重。他们的情绪容易波动，往往产生偏激。一方面他们渴望独立自主，不愿意受到别人的管束；另一方面他们的社会归属感模糊，还缺乏真正独立自主的能力，存在一定的依赖性。因此，心理学上把这一阶段称为“心理断乳期”。

---

① ［美］R. M. 利伯特等：《发展心理学》，人民教育出版社1984年版，第55页。

② 张春兴、杨国枢：《心理学》，台北三民书局1970年版，第10页。

初中生的审美心理特征，很大程度上反映其身心发展的特殊性。其个性审美心理与社会审美心理加速相互渗透，个人美感日益深化、形成。个体感知能力发展处于人的一生最为发达的阶段，情感能力和思维能力也大大加强并趋于精细。只是情感的封闭性特征及逻辑思维的迅速发展，在一定程度上阻碍他们审美想象的丰富性，尽管他们的审美想象的有意性逐渐增强，创造性成分也在逐渐增加，但个性化的特点还不明显。另一方面，初中生的审美投射能力随着年龄而增长，倾向于把对象感知为有情感意味和幻想色彩的事物，因而文学作品中感人的情节往往使他们心潮澎湃。由于思维能力的提高，初中生审美理解更加全面、深刻，能够较深入地领悟文学作品所蕴涵的社会意义、历史意义和人文意义。但是他们的直觉能力和表达兴趣并没有随着认知、情感、能力的提高而相应发展，相反，处于一种停滞不前甚至倒退的状态。

初中生正处于世界观、人生观和价值观形成的关键期。尽管他们的审美心理结构发展得并不完善，难免出现轻率盲从等审美偏差，但他们充满灵气，富于幻想，是进行审美教育，培养审美能力的最佳时期。语文教师要抓住这一关键期，用“美”去规范他们的理想，启迪他们的心灵，以美启真，以美扬善，从而擦亮学生心灵的光芒，打好学生精神的底色。

语文教学中培养学生审美能力，要依据初中生的年龄特征和身心特点，以达到提出的教学策略与学生“对准音调”。童庆炳教授说：“我认为这（帮助学生分辨美丑）仅仅是美育活动表层的任务。更深层次的美育是通过语文教学培养学生敏锐的感知力，丰富的情感力，独特的想象力和深刻的理解力。”[①] 童庆炳教授的这种观点，为我们描述了审美能力培养的美好愿景。

在审美感知力方面，强调“敏锐”。引导学生对美的诸因素能直接把握和领悟，既能对色彩、音韵、结构等形式因素有敏锐的感

① 王丽：《语文教育忧思录》，教育科学出版社 1998 年版，第 63 页。

知，以初步形成新鲜活泼的审美意象，更要求以丰富的想象力把那些静止的文字转变为鲜明可感的形象，还要借助汉语这一富含美的资源的语种，展开优美的抒情和生动的描述，感知结构、意境、风格的美，从而感知和捕捉生活的美，让美像春风细雨渗入学生的心田。

在审美情感力方面，强调“丰富”。引导学生以审美的情感去观照对象，在感知对象的同时，渗透和融合审美情感，随感性形象的不同而产生不同的情感体验，从而丰富学生的心灵，形成自己的审美感受。

在审美想象力方面，强调“独特”。引导学生能够借助于想象，将美的人、事、物还原，同时将前人积累下的审美经验和审美成果加以迁移，进行独具个性的想象，按自己的理想去创造美。

在审美理解力方面，强调“深刻”。引导学生能透过文字表面，挖掘文本深刻的内涵，理解作品所蕴涵的深沉意味，把握文本所在特定历史时期的时代精神，分辨作品中的精华和糟粕。新课程标准提出，要“形成良好的文化心态，学会尊重、理解作品所体现的不同时代、不同民族、不同流派风格的文化，理解作品表现出来的价值判断和审美取向，做出恰当的评价。”要区别不同作家的风格，能够对审美对象进行创造性阐释；要有对艺术的表现技巧的理解；对符号的使用意义和象征意义的理解；能够正确理解、把握意境美，并且能够把握语言文字的技巧美，同时对语文教学的方式、方法、过程、手段、媒介等所具有的美能够体认，对语文教师在教学中表现的特殊情调、意味、风格能够把握。

二、美育遵循的原则

作为一种教育活动，美育必须遵循教育的基本规律和原则。同时，由于美育与德育、智育、体育等其他教育活动相比有其特殊性。因此，我们必须提出适于美育特性和规律的教学原则，才能有针对性地指导美育活动的开展。

体验性原则。审美体验是主体完成对审美对象的领会和评价的主要途径，是引发审美快感，积累审美经验的主要手段。美育的过程就是要促发人的审美体验，形成主体与客体之间的审美关系。可以说，没有审美体验，就没有审美过程。因此，审美体验可以说是美育的首要原则。

美学家王朝闻说："对审美主体来说，客观存在的客体还不等于被意识到的客体，只有经过主体的体验等审美心态加以感受，自在的客体才能成为'我'所心领神会的对象。"① 可见，任何审美活动都是由审美主体和审美客体相互作用构成的。只有审美主体和审美客体形成一种对象性关系——审美关系，审美主体和审美客体相互作用，其结果在审美主体那里产生精神上的特殊体验——审美体验，主客体在想象中融为一体，物我两忘，这样的活动才是审美活动。审美过程包含着主体对审美客体的感知、想象、理解等心理成分，并且伴随着特殊的情绪、情感状态，因而它在本质上是一个体验过程。这一过程"包括一个客体、一个可以接纳的主体以及结果所产生的两者间主要的美感接触，一个特殊的对象和一个特殊的人相遇，因此愉悦的情感便产生了。"② 阅读文学作品，就是体验作家的体验。这里，体验是一种手段，也是一种过程，更是一种收获。阅读教学的过程当然地也就是体验的过程，就是在教师的引导下，学生在阅读中进行审美体验，与作家进行心灵沟通的过程，是学生融入审美对象中，用心去感受，用心去体悟的一种精神活动。正是在这种生命的律动中，学生才能感受与把握美，才能生成情感、精神和智慧，这里，情感是体验的冲动，精神是体验的觉醒，智慧是体验的发展。

阅读中的审美感受是一种体验性感受。它有别于一般的认知性感受，后者侧重注意对象本身的信息，而前者则是审美主体的一种

① 王朝闻：《审美心态》，中国青年出版社 1989 年版，第 466 页。

② ［德］德索：《美学与艺术理论》，中国社会科学出版社 1987 年版，第 19 页。

具有生命意义的体验。这些丰富而独特的体验律动着一种生命的意识，是一般认知感受所没有的。所以教师要创设一定教学情境，引导学生充分调动已有的生活经验和知识，获得独特的情感体验，在情感体验中加深感知理解，促发想象。

交流性原则。任何教育活动都是以师生交流沟通为基础的。不仅如此，美育的过程还是以情感为核心的审美主体与客体之间的交流和沟通。因此，交流是美育的过程原则，也是美育的基本原则。

美育是师生情感交流的过程。与所有的教育活动相一致，美育需要师生双方的情感交流沟通和相互认同，这是实现教学过程的保证。而美育作为一种情感教育，则决定了美育过程中师生交流的中心内容是双方的情感体验。由于情感本身所特有的感染性，使得教师的情感表达具有引导和示范的作用，学生在特定审美情景中产生的某种情绪体验，可以在与教师的情感交流中得到升华，得到审美化的塑造。同样的，教师的情感体验也可以在与学生的交流中碰撞出意想不到的火花。因此，可以说，师生双方情感的相互激发和交流是引发审美体验、实现美育过程的基本要素和重要手段。

审美活动是审美主体与客体之间的情感交流的过程。审美主体在欣赏过程中，必然包含着对审美客体及其创作者情感和意图的揣摩。奥索夫斯基说过："观者不仅可以得出关于创作者的感受的结论，而且还使自己受到相似情感状态的支配。情感自身互相交流：一张表现着深沉的忧伤的面孔的符号唤起一种忧伤的情绪，而衷心的，无忧无虑的笑声则传染欢乐。"① 这种情感的交流，实际上就是凭借审美客体达到创作者与欣赏者之间的沟通与理解，这体现出美育过程中情感交流所特有的价值。

阅读不是一种单向的作者向读者灌输的过程，而是一种双向的互动过程。读者总是根据自己特有的生命经验和知识图式，来感知文本的语言符号，作出自己的回响，对文本作出创造性的阐发，从

① ［波兰］奥索夫斯基：《美学基础》，中国文联出版公司1986年版，第98页。

而实现二者之间的对话和沟通。

个性化原则。审美活动是个体的活动，是审美主体对审美对象的一种独特的精神把握。它不仅直接表现出审美主体的趣味、态度和理想等心理倾向，还与主体过去的审美经验密切相关。因而，每个人的审美活动都是不同的。正如“一千个人眼中有一千个哈姆雷特”，莎士比亚的心目中可能只有一个哈姆雷特，而不同欣赏者心目中的哈姆雷特却是千千万万。这显然说明审美主体在欣赏过程中，实现着一种个体的创造，包含着独特的情感体验，具有浓厚的个性化色彩。这是因为在审美阅读中，阅读主体总是以自己独特的“心理图式”参与阅读创造。他用自己独特的视觉、听觉、触觉去与作品交流沟通，最终达到与作家气息相通、心灵默契的结果。这样，他与作家作品的对话是个性化的，他在作品中认识到的形象只是他自己的“哈姆雷特”；他在作品中体验到的情感是他自己的感悟；他在作品中寻求到的是他自己才能找到的东西。如朱自清的《背影》两次写到父亲“戴着黑布小帽，穿着黑布大马褂，深青色棉袍”的蹒跚的背影，在平凡的行文中，自有其深长的意味。有一位教师以此引发学生关于自己父亲的种种回忆，加以体验，于是就会有各具个性的阐释：突出父亲背影留给我记忆的深刻；表现父亲背影的朴素；棉布质地的衣裳与铺在座位上的紫毛大衣形成鲜明的对比，使人感受到父亲背影的仁慈厚爱；黑色给人的感觉是悲哀伤感的，它昭示了家道中落及父亲老境的颓唐，在沉重中更觉得父亲关爱的可贵；从文中父子之情引发对当时知识分子奔波劳碌，前途渺茫，谋事艰难，境遇凄惨的思考等。因此，在审美阅读活动中，教师除了积极鼓励学生参与教学活动外，还要运用相应的教学策略，激活学生个体的“心理图式”，使其能根据自己独特的心理结构，在作品之上建构积极的、有创建的、个性化的阐释。教师对学生的“另类”解读，不要轻易地生硬否定。只要他的看法有一点可取之处，就要积极肯定，加以鼓励，使学生获得学习的成就感与创造的愉悦感，这是使学生真正成为教学主体的前提和基础。

《全日制义务教育语文课程标准（实验稿）》在谈到语文课程的基本理念时指出："语文课程丰富的人文内涵对学生精神领域的影响是深广的，学生对语文材料的反应又是多元的。因此，应该重视语文的熏陶感染作用，注意教学内容的价值取向，同时也应尊重学生在学习过程中的独特体验。"因此，把握审美阅读活动中的个性化原则，除了正视学生个体的心理、学养与个性差异外，还要准确把握中学生整体的心理发展水平与知识结构。既不能迁就，也不能过分拔高，两者都会影响审美活动的质量。

强调审美教育的个性化原则，可以在超越作者原意，构建文本的新意义的同时，培养学生的创新思维与创造能力。同时，在个性化阅读中，唤醒学生的自我主体意识。这样，阅读活动实际上提供了独立自由的个性与人格的发展空间。

能动性原则。胡经之认为："审美欣赏活动不仅是对审美客体直观掌握的审美体验过程，又是对审美对象进行再创造的过程。它要求欣赏者充分调动主体能动性，激活自己的想象力、直观能力、体验能力和感悟力，通过对作品符号的解码、解释，不但把创作主体艺术形象中所包含的丰富内容复现出来，加以充分的理解、体验，而且还渗入自己的人格、气质、生命意识，重新创造出各具特色的艺术形象，甚至能够对原来的艺术形象进行开拓、补充、再创，见人之所未见，言人之所未言，体味到艺术家在创造这个艺术形象（或艺术意境）时不曾说出，甚至不曾想到的东西，从而使艺术形象更为丰富、鲜明。因此，欣赏活动中的主体的能动性至为关键。"

在落实语文美育时，首先要确立好学生的主体地位，建立良好的师生关系。在课堂上，教师要发挥好主导作用，充分调动学生的经验、情感，引导他们去感悟、领会作品的言外之意、题外之旨，凭借自己的想象力、理解力，对作品进行"二度创造"。而不能将教师个人视作知识的权威，把学生当作知识的"填充器"，以群体的理解来代替个体的阅读，奉教学参考为唯一的标准答案，这势必导致教学的主体借位，使学生失去阅读的审美期待，产生饱厌状态，最终丧失审美创造能力。

第五节　初中语文教学中审美能力培养的策略研究

一、再现形象，培养敏锐的审美感知力

苏霍姆林斯基说："感知和领会美，这是审美教育的基础，是审美素养的核心。"要想培养初中生的审美能力，首先就要通过再现形象，培养敏锐的审美感知力。展开"美读"，激发感知无疑是一个行之有效的途径。

"美读"一词是叶圣陶先生率先提出的。他说："所谓美读，是把作者的情感在读的时候传达出来。这无非如孟子所说的'以意逆志'、设身处地。激昂处还他个激昂，委婉处还他个委婉。"[①]可以说，美读就是表情朗读，是学生感知文本的主要方式和获得审美体验的基本途径。它把无声的视觉文字转化为有声的听觉语言，把储存的文字符号载体还原为一种真情实感，以声传情。既能了解作家说些什么，与作者的心灵相沟通，把自己带进文本的情境中去，毫无障碍地接受作品感染熏陶，同时又能把作品中的形象展现出来，生动地表达作品的喜怒哀乐等不同情感。在"激昂处还他个激昂，委婉处还他个委婉"，使人耳醉其音，心醉其情。因此，可以说，美读就是通过口、眼、心、耳等各种感觉，全身心地进入文本，从而产生审美愉悦，激发审美创造，陶冶心志的一种审美阅读活动。通过美读，能够体验到作品语言文字的节奏、情绪色彩、内在韵律、情味、气势等，从而促使学生不断超越已有的认知水

① 叶圣陶：《叶圣陶语文教育论集》（上册），教育科学出版社1980年版，第125页。

平，促进审美感知力的发展。

美读，首先强调的是教师的范读。于漪老师在《我深深地爱》中写到："曾经有人说过，人生最快意的事之一是用家乡音调引吭朗诵诗词。我的家乡话是很悦耳的，抑扬顿挫，富于音乐性。尤其是读起诗词来具有歌曲的韵味。我永远忘不了高中的赵老师在课堂上大声朗诵岳飞的《满江红》、李后主的《虞美人》等诗词的情景，朗诵时头与肩膀左右摇摆着，读得出神入化，音调十分感人，一室寂静无声，我们全班同学都深深感动了。他教完，我们也能流畅地背诵了。"① 可见，教师的范读，可以引领学生自然地进入审美境界，调动学生的心力和神力，帮助学生深入到课文所描绘的境界中，产生审美情感，受到美的熏陶。教师带着情感的范读具有很强的震撼力和感染力，可以促使学生的审美感知走向丰富和深刻。

美读，要指导学生读出情味。在文学作品中，情是作家跳动的心。在指导学生诵读时，教师不仅要指导读的节奏和重音，而且要根据课文不同的内容和风格，指导学生读出感情和韵味。或慷慨激昂，豪放悲壮；或凄楚哀婉，低沉伤感……要让学生读出情味，心随文跳，情随文动，读出令人心动的动情点。

例如，美读《最后一课》的结尾"韩麦尔先生站起来，脸色惨白"一句，语调要轻缓，语速要放慢，以表现下课钟声在韩麦尔的心头引起的强烈震撼与无以言状的痛楚。"'我——我——'但是他哽住了。"两处破折号要读出间断，以显示韩麦尔先生哽咽语塞，悲恸万状的感情。"他转身朝着黑板，拿起一支粉笔，使出全身的力量，写下两个大字：'法兰西万岁！'"这一连串动作，读时速度要加快，力度要增强。"法兰西万岁"，要一字一顿，铿锵呼读，以表达韩麦尔激越高昂的爱国热忱。最后一小节，"然后他待在那儿，头靠着墙壁，话也不说，只向我们做了一个手势：'散学了，——你们去吧。'"应读得轻缓，末句可按三个音步断开，

---

① 刘国正：《我和语文教学》，人民教育出版社1985年版，第18页。

每一音步有气无力地细声拖读，以传达韩麦尔先生力不能支、口不忍言的手势含义。这样，学生在美读中进入角色，就会从韩麦尔先生高尚的爱国主义情操中受到深刻陶冶，从小说结尾这种凄怆美、悲壮美中受到强烈感染。在这样的美读中，学生实现了一种超越。不受时空的限制，获得了相对自由，进入了一种神游怀想的状态。在这种状态中，学生的一切外在压力暂时消失了，心灵中升腾起一种自由的快感。

同时，要指导学生在美读中展开想象。如指导美读《长征》(节选)，当彭德怀准备枪杀自己心爱的战马，以解决红军断粮困境时，让学生想象当时的场景，模仿警卫员的语气、语调去美读。警卫员大声喊“不！不!”，读第一个“不”时，是一种来自本能的抗拒，语调高亢，语气强烈；而读第二个“不”却是痛苦沉吟之后无奈而无力的抗拒，应该转入低沉缓慢。同样的一个词，不同的演绎，让我们沉浸其中，读出一个悲壮的画面！

美读，还要注重语感训练。美读是一项借助脑、心、眼、耳、口等器官共同运作的综合性的运动。这些器官各司其职，协调配合，始终处于积极的生理运动状态，又处于渐进的理性感悟状态，并且在运动中渐入佳境，在感悟中更有效地运动，而语感就是在这种交融状态中萌动、升华，进入一种美好的悟性感觉，这感觉就是语感效应。

美读时对语感深入体验，才能理解文章的主旨，获得文章的精髓。叶圣陶先生曾指出：“文字语言的熟练，我以为最重要的是训练语感。”所谓语感，从心理学的角度看，就是对语言文字的直觉程度和敏感性，即对语言文字的一种迅速、敏锐、准确的感受能力。这种感受能力具有直觉性的特点，它不同于反映事物表象属性的感知觉，而是在瞬间调动起头脑中所有的潜知，迅速透过语言文字的表面符号而直接洞悉它的内涵的直觉能力，是一种对语言的顿悟，它超越跳过了中间的分析、判断、评价的具体环节，直接从整体上迅速准确地把握事物的本质与内涵，是一种直觉的快速反应，是感性和理性的高度融合，它具有直接性、整体性、敏捷性和深刻性，同时还融会着情绪情感性。这种直觉认识过程始终伴随着主体的情感意向，所以也可以说语感是一种对语言文字的直觉的情感感受能力，甚至可以说是一种审美感受能力。夏丏尊先生说："一般做教师的……对于文字应有灵敏的感觉，姑且称这种感觉为'语感'……在'语感'敏锐的人心里，'赤'不能只解作'红色'，'夜'不能只解作'昼'的反对吧。'田园'不能只解作种菜的地方，'春雨'不能只解作春天的雨吧。见了'新绿'二字，就会感到希望焕然的造化之工，少年的气概等说不尽的旨趣，见了'落叶'二字，就会感到无常，寂寥等说不尽的意味吧。"[①] "新绿"、"落叶"作为语言文字，表面上不过是一种形式符号，但蕴含着种种"情趣"和"诗味"。而这些"情趣"与"诗味"，其实就是语言文字的种种神韵，种种情感意向因素，也是一种审美因素。要领悟到这些因素，便要有语感能力。有了这种语感能力，就能升华朗读，使朗读进入一个更高的美学境界，从而形成美读。

美读时要把握语感，适度运用语音技巧，包括根据语体、内容和对象，选择读法，确定基调，寻找语音链上的主旋律，读出作品的音乐美。运用音乐特征，找出语音链上的停延标志，恰到好处地读得层次清楚，感情自如；运用音乐和音强特征，确定重音和语调，锤炼抑扬顿挫的节奏之美；根据作家隐含在作品深层的思想感情，控制好气流的轻重缓急，做好因声求气，声气合一，达到声情并茂的效果。

美读对学生的感觉和知觉具有较强的冲击力，沟通了视觉、听觉等器官。作品的优美意境、传神描绘和美学思想在美读中，在感觉的沟通中得到充分而酣畅的表现。这是从语言符号到形象旨趣的过程，是由语感获得美感的过程。

发展联觉，培养通感也是一种策略。审美感知是审美心理活动

---

① 张定远：《阅读教学论集》，新蕾出版社 1982 年版，第 55 页。

的基础。在审美活动中，视、听等感觉越敏锐，那么所获得的审美信息才会越多，头脑中知觉活动所形成的审美表象也才会更清晰、更生动、更丰富，那么情感的愉悦定然更强烈、更深刻。因此，在教学中，我们应当有意识地训练视觉、听觉感官。培养审美感知能力，应当引导学生积极投入到多姿多彩的审美实践活动中去，亲眼看到生活的斑斓色彩，嗅到生活的芬芳气息，听到生活的浪漫音响，触到生活的真切脉搏，从而丰富学生的审美感知。这不仅对提高美的感知能力，而且对加强美的表达能力、创造能力，都无疑是十分有益的。

同时，我们还应认识到，人们在审美过程中，必须通过视、听等感官去获取、选择、积累审美信息，进入大脑后通过大脑的各种分析器的联合活动，组合而成审美表象，从而获得审美愉悦。在审美的心理活动中，听觉、视觉等感觉并不是孤立的，在一定条件下，它们往往会彼此沟通，一种感觉常常可以唤起另一种感觉。例如，当我们见到不同的颜色时，往往引起或凉或热的温度感；看到大理石人体雕塑时，会产生触摸到肉体似的质感。听到“促织声声”，会感到“尖尖似针”；听到“呖呖莺歌”会感到“溜得圆”。欣赏徐悲鸿的《奔马》时，从骏马奔腾欲出的形象中，仿佛听到急促的马蹄声响；欣赏民族乐曲《春江花月夜》时，我们的眼前就会展现出江潮连海，月并潮生的美丽图景……

可见，“在日常的经验里，视觉、听觉、触觉、嗅觉、味觉往往可以彼此打通或交通。眼、耳、鼻、舌、身各个官能的领域可以不分界限。颜色似乎有温度，声音似乎有形象，冷暖似乎会有重量，气味似乎会有锋芒”①。所有这些现象，都是脑神经兴奋所形成的暂时联系，产生了统一的印象。这种奇妙的想象就称作美感中的联觉表现。它在美的感知中极为普遍。联觉产生的原因，往往与审美知觉的整体特性密切相关。在审美活动过程中，联觉具有促进

---

① 钱锺书：《旧文四篇》，上海古籍出版社 1979 年版，第 52 页。

美感的作用，审美主体在感知审美对象时，由于各种感觉的联合，范围也就随之扩大、延伸了，感受的内容也就更生动、更丰富了。

例如，“春风又绿江南岸”的诗句曾令多少人叹为观止，它妙就妙在一个“绿”字。如何认识“绿”的全部意义呢？教师可引导学生综合利用各个感官展开联想：一个“绿”字，赋予无生命的春风以生动的品格和热情的活力。从视觉角度，我们仿佛看见春风过处，田野新绿，一派明媚春光；从听觉角度，我们仿佛听到春雨淅沥，草长莺飞，一片勃勃生机；从嗅觉角度，仿佛春草的馨香，泥土的芬芳沁人心脾；从触觉角度，则春晖和煦，春风拂面，草毯的柔婉温热触手可摸。语文教学正是需要这样，全方位地调动学生的视觉、听觉等诸种感觉，发展联觉，把作品中丰富多彩的美传递到大脑中，从无声的文字中跳动出有声、有色、有形的美的图景。再如学习《鼎湖山听泉》一课，教师先从视觉训练出发，紧扣“听”，请学生感受作者听到了什么？进而思考除了听觉以外，作者还调动了哪些感觉器官？让学生从听觉、视觉、嗅觉、味觉、触觉等几个角度深入感知鼎湖山泉之美，进而从中感受到作者从泉水中获得的心灵的宁静。

培养审美感知能力还要利用多媒体，强化感知。在教学中，运用幻灯、投影、录像、录音带、电视等媒介，将课文中抽象的视觉文字变为具体可感的审美形象，这也是增强审美感知力的重要手段。这些电化媒介，可以有效提高学生的整体感知力，诸如旋律感、节奏感，观察事物的敏锐性和选择性。多媒体技术形象性和生动性的特点把文学作品创造的美，通过多种渠道传播到学生的感官，多角度地呈现，全方位地震撼，从而帮助学生更好地体会到美的多样性、丰富性和层次感。

从信息论的角度看，媒介充分发挥了信息的传播作用，即利用最优的编码信息得到正确迅速的传播媒介，比课文的信息更能出色地感染学生，能使无声文字语言变成有声的影像语言，促使学生的视觉、听觉得到积极的刺激，提高感知能力。

例如学习《苏州园林》，可将有关图片展示给学生，播放时配上舒缓明快的轻音乐。这种图像、声音、色彩的综合，带给学生的感觉的冲击力则是文字符号无法比拟的。

另外，在作文教学中还要努力调动感知。在学生的作文中，普遍存在的问题是没有一定的思想境界，缺乏一种感染力，毫无生气、毫无真情地编造假话、空话、套话，为文造情的现象则更为普遍。之所以如此，深究原因，一方面是学生关注社会生活少，缺乏对社会生活的审美性观察、体验和思考；另一方面是学生囿于"两点一线"的狭小天地，"两耳不闻窗外事，一心只啃教科书"，沉重的升学压力压得他们喘不过气来。

要写"求诚"之文，必走"寻源"之路。"我们要记住，作文这件事离不开生活。""必须寻到源头，方有清甘的水喝。""生活就如泉源，文章就如溪水，泉源丰盈而不枯竭，溪水自然活泼泼地流个不歇。"① 所以，要引导学生关注社会生活，多观察，多体验，让生活的源头活水滋润学生的心田。可引导学生评述社会现象，谈得失，析美丑；引导学生走进电视，看《新闻联播》、《第二起跑线》、《艺术人生》、《百家讲坛》等节目；组织语文综合实践学习活动，如调研晋商文化，组织民间采风等，引导学生真切地感悟生活，领悟美的真谛。要把学生带入社会，带进大自然，欣赏日月星辰，感受花开花落，开展"寻找春天的芳踪"主题春游等实践活动，让学生的耳、眼、身、心获得真切的感受。生活的多姿多彩，自然的万千气象，滋养着学生的心灵世界，丰富着学生的情感体验，也激发着学生的创作热情，这样学生笔下的世界就能幻化成声、形、色丰润的画面，情感也有了依附。

① 叶圣陶：《叶圣陶语文教育论集》，教育科学出版社 1980 年版，第 225、363 页。

二、创造具象，培养独特的审美想象力

曾繁仁说："而在想象力的培养中，美育则是最重要的途径。因为，美育的任务是培养人的审美力，而想象力则是审美力的最重要的组成部分。"①

审美想象是审美主体调动自己的生活经验、情感体验，对作品的艺术形象进行审美再造的过程。它既可使凝固的语言符号升腾为可感可察的艺术形象，又可在另一片思维王国里有机地填补作者留下的艺术空白，尽情地感受作品美的意境。想象和联想能打破时空界限，跨越千古历史和万里疆域，让思维飞翔到更为超越的广阔的审美空间。正如刘勰在《文心雕龙·神思》中所描绘的："文之思也，其神远矣，故寂然凝虑，思接千载；悄焉动容，视通万里；吟咏之间，吐纳珠玉之声；眉睫之前，卷舒风云之色。"亦如陆机在《文赋》中的描绘，当人进入联想和想象的时候，便"情曈昽而弥鲜，物昭晰而互进"。这时，众多的形象纷至沓来，平凡的，神奇了；空虚的，具体了；无形的，有形了；寡情的，含情了。人们通过想象活动，把自己的情感熔铸到感知的对象中去，从而加深对客观事物的认识与理解，也加强着审美感受。在语文教学中，教师要采取多种教学方法，在审美对象和学生之间，建立一条能够触发想象的审美联系，给学生开辟审美想象的通道，以最大限度地激活学生的想象，让学生乘着想象力这只心灵的航船，往返于大地与天国之间，运载着现实的材料去建筑理想的家园。

抓住艺术形象，启发审美想象。语文是美的。因为它包含了形形色色的美的形态，这里有美的风景、美的人物、美的感悟和美的思想。一篇篇优美生动的文学作品为我们描绘出一个个具体而生动的人化自然。这是美的源泉。中学生走进这个美的世界是从一个一

① 曾繁仁：《中西交流对话中的审美与艺术教育》，山东大学出版社2003年版，第6页。

个抽象的文字符号出发，凭着作者的描述，随着教师的点拨，通过想象，使那些见所未见、闻所未闻的形象鲜活起来。这里，审美想象力越丰富，他们对审美对象的认识与把握就越具体，对审美对象的再造就越真实。正是由于这种再造的社会具象的积累，才丰盈了学生的知识仓库。这种积累越多，学生的审美想象力的基础就越厚实。

美总是蕴藏在一定的形象中，只有把握艺术形象，通过对具体形象的品赏，才能启发学生的审美想象。因此，在阅读教学活动中，教师要抓住作品所描写的艺术形象，启发学生揣摩、品味语言美，通过美的文辞，体味美的情感，诱导学生的想象。例如诗人白居易在《暮江吟》中描绘了深秋季节傍晚江上的幽美景色。诗人用“珍珠”比喻露珠，用“弓”比喻月亮，不但贴切传神，而且创造了一个清新、幽美、静谧的境界，沁人心脾。教师要抓住这些形象，引导学生进行再造想象，在脑海里勾勒出这幅美的画面。再如学习《三峡》，就要抓住文中描绘的三峡的景象，去想象三峡的一幅幅瑰丽奇特的画面，再现盛夏时节的“沿溯阻绝”；春冬之时的“清荣峻茂”；秋至之际的“林寒涧肃，高猿长啸，空谷传响，哀转久绝”的不同形象，在想象力的引领下，学生才能真正走入三峡的绝妙境地。

实现图文转换，驰骋驱遣想象。文学作品是以语言文字来创造形象的，具有间接性的特点。是有限与无限、偶然与必然、虚与实、情与景等的对立统一，和谐综合。所以在审美过程中，若审美主体只对审美对象作具体状貌和整体形态的感知，那还是浅层的，必须在此基础上产生对先前相关、相似、相反的生活经历或感受的联想或产生这些方面的合理的新表象，才能使审美感受趋于深层。教师应调动学生生活积累，美感经验，引导学生发挥联想力、想象力，对课文形象给予补充丰富，借有限景看到无限情。在教学中，要实现文字符号的转换，把抽象有限的文字符号转换成形象可感、多姿多彩的立体画面。如老舍的散文《济南的冬天》，文字优美、浅近动人。作者紧紧抓住济南冬天“温晴”这一特点，描述出一幅幅济南特有的动人的冬景。在教学中，教师不妨让学生闭上眼睛去想象：“一个老城，有山有水，全在天底下晒着太阳，暖和安详地睡着，只等春风来把他们唤醒，这是不是个理想的境界呢?”即使是没有见过雪的南方人，这时眼前也仿佛出现了一片白茫茫的大地，手中仿佛触摸到了那冰凉的雪花。学习马致远的《天净沙·秋思》，当然要将那短短的诗行转化为这样一幅活生生的画面：夕阳傍斜，一个漂泊羁旅的游子，骑着一匹瘦马，迎着阵阵萧瑟的西风，在漫漫古道、沉沉暮色中向着远方踽踽前行。只见，枯藤缠结的老树上，几只归巢的乌鸦在徐徐盘旋；潺潺缓流的小溪上，一座小桥通向不远处的人家；袅袅炊烟里，苍凉古道上，这个孤独的游子将要飘零何方？夕阳西下，想着那遥远的征途，怎能不悲从中来，怎能不肝肠寸断？

课本中，有的课文配有插图，教师要充分利用这些插图，激发学生的想象。教师可带领学生在了解课文内容后，读懂插图的内涵，使学生进入图中境界，与作者产生共鸣，然后再赏析图中之美，体会作者如何将文字变为了可视可感的形象，仔细品味它体现的课文美。如教材中杜甫的插图，从他那忧虑的神情，仰天长叹的动作上展开联想，引出产生这种神态动作的原因是源于他忧国忧民的思想感情，再结合《春望》、《茅屋为秋风所破歌》加深这种理解。学生从文字美到图画美，再回到文字美，从而获得具体的美的体验。

除了现成的插图外，教师还可有选择地安排学生根据课文内容或内容片段自行绘画。让学生借助于想象，去再现课文的美，显现于笔端，也是培养想象力的一条途径。例如，有一位教师在讲授《醉翁亭记》一课后，让学生展开联想与想象，给课文配插图，学生兴趣盎然，完成了“滁人游”、“太守宴”、“太守醉”、“从宾归”等虽不成熟但与课文内容紧密相结合的插图。“滁人游”展现了滁人郊游，四周山清水秀，游人怡然自乐的情景；“太守宴”表现了太守歪坐椅上，捻须蹙眉，高举酒杯，觥筹交错，众宾自醉，太守自饮，此乐何极的意境。忘情山水，陶醉于山野美趣之中的潇洒旷达的人生态度，正是“醉翁”深意之所在。而学生能借丹青之趣，通过画面显现太守山水之乐，形象地传达出全文的主旨。显然，这是学生由对文章的咀嚼、形象的揣摩、主题的领会，到在此基础上的再创造、再劳动的结果。这是一个深化认识，再造想象的过程。这个过程，是学生与作家笔下的形象进行情感交流，产生感情共鸣，进而进行形象的补充和再造，形成更为生动、丰满的艺术形象的过程，也是提高学生审美能力的过程。

读写结合，发展想象。读写结合进行审美想象力训练是一种行之有效的方法。教师可依据课文实写内容，引导学生想象具体之景，并且加以描绘。如《桃花源记》中写到渔人进入桃花源后，村中人“咸来问讯”，这句话是概括之语，那么具体的景象如何呢？有一位同学是这样描述的：桃花源人见到渔人，起初一惊，不多久便成了朋友。一位白胡子爷爷走到渔人面前问道：“如今外面世道如何？你们过得好不好啊？”年轻力壮身穿白褂的小伙子走上田埂，握着渔人的手问：“什么风把你吹到咱们这儿来啦，你们那儿的壮汉子除了种田都干些什么？”大家里三层外三层把渔人围了个水泄不通，七嘴八舌地问这问那。有一个小孩挤到渔人身边，扯着他的衣角。渔人把他抱起来，他说要和渔人到外面去玩。一个妇人听说外面战乱频仍，历经汉代如今已为晋朝，忍不住问道：“女人要不要到战场上去打仗呀？”渔人一一回答了他们的问话。可见，简短的一句“咸来问讯”，通过一番想象，不仅丰富了原文素材，进一步理解了原文主题，而且学生认知生活、分析生活、创造生活的审美意识也得到了锻炼和提高。

还可以引导学生想象未尽之意。例如《窗》的结尾写到“他看到的只是光秃秃的一堵墙”。作者在这里实际上是留给了读者想象的空间，戛然而止的结局让我们在惊叹之余更会有无尽的想象。可让学生结合生活现实，进行续写练习。续写除了可以对原文描述的形象进行补充，还可以从原文的内容情节出发，独立构思，围绕中心，展开想象。但不能背离原文的内容情节，随意编造，延续补充的部分要和提供的开头、结尾等紧密衔接，融为一体，并成为一篇结构完整的文章。它的方式有：根据开头续写全文；根据开头和中间续写结尾；根据开头和结尾续写中间；根据原文续写新篇等。如学习朱自清的《绿》，让学生进一步理解“女儿绿”是作者心中的绿之后，可以引发学生想象种种颜色给人带来的感受，并进一步联想到各种景物，写作《颜色的联想》，让学生的想象自由驰骋。

除了续写练习外，改写也是训练学生审美想象力的一种很好的形式。有一位教师在讲完杜甫的诗歌《茅屋为秋风所破歌》后，布置了这样一道作业：假如你是一位电视剧编导，打算写一部有关杜甫的历史剧。请结合此诗，进行合理想象，设计一些情节和画面。有学生是这样写的：

“这是一个夜晚。墨云翻飞，秋风呼啸，大雨滂沱。衣衫单薄、头发花白的诗人伫立在破草屋前，他的右手拄着老树枝做的拐杖，左手里紧攥着几根茅草。他仰望苍天，发出声声长叹……

狂风卷着茅草在飞舞，掠过树梢，又像精灵一般飘向苍黄的天宇……

破旧的城墙外，夕阳残照，碧草凄凄，又渐渐变黄、变枯。

朱漆衙门里，灯红酒绿，阔人在宴歌醉舞；茫茫雪地上，逃难逃荒者留下一串脚印……

夜深人静，官吏撞开一扇破门，将一老妇人当壮丁抓走。

都城长安的城外桥边，出征的唐兵浩浩荡荡，送别的老人、妇女和孩子哭声震天。烟尘滚滚，天际边战火弥漫……

诗人伫立在滴着雨水的窗前，握笔挥毫，写下了‘安得广厦千万间，大庇天下寒士俱欢颜’的大字，默默地遥望东方曙色……”

可见，这种练习不但丰富了读，锻炼了写，而且更重要的是训练了学生的审美创造意识，发展了他们的审美想象力，利用“意义空白”，催生“完形想象”。伊瑟尔在其著名论文《文本的召唤结构》中，提出“看一部作品不应当看它说出了什么，而要看它没有什么，正是在一部作品意味深长的沉默中，在它的意义空白中，隐藏着作品效果的潜能。如果一部作品的未定性与空白太少或干脆没有，就不能称之为艺术作品”①。所谓“空白”，“是文本中作者有意或无意留下的、没有写明的、召唤读者想象的未定性的意蕴空间”。“作品的未定性与意义空白促使读者去寻找作品的意义，从而赋予他参与作品意义构成的权利。”② 课文中往往存在着不少这样的“空白”。

如李白《黄鹤楼送孟浩然之广陵》表现友人辞别黄鹤楼，乘坐一叶孤帆，沿江东去的情景：先写三月烟花、江南春早、故人启程，继写孤帆影远、友人已去、江水自流。这里，只有送别的实境，没有离情的抒写，但诗人怅别之情隐含其间。这恰是意味深长的沉默，我们可以展开想象的翅膀，进入这孤帆、碧空、楼台、江水构建的意蕴空间。在这天水相接的浩荡中，我们看到了伫立江边凝眸远望的诗人。这个诗人的形象在作品中是不能直观的，完形后方能求神。正是“未曾着墨处，烟波浩瀚满目前”。

再如韦应物的《滁州西涧》：“独怜幽草涧边行，上有黄鹂深树鸣，春潮带雨晚来急，野渡无人舟自横。”春光美好，万物竞生，而诗人无意于万紫千红的喧闹，偏独怜爱自甘寂寞的涧边幽草。诗中呈现给我们的是这样的情景：暮春之际，群芳已过；山涧之上，幽草萋萋；密林深处，莺啼婉转。晚潮裹挟着春雨，急转而来，荒凉的郊野渡口，本来行人无多，此刻愈发难觅人踪。只有空空的渡船横在水面，自在浮泊，随波纵横。诗中诗人虽未直接出现在画面中，我们却可以通过想象来完形，看到寻闲探幽的诗人，面

① 黄孟轲：《人生平台上的语文》，科学出版社 2002 年版，第 41 页。

② 俞发亮：《接受美学对阅读教学的指导意义》，《厦门教育学院学报》，2002 年第 4 期。

对水急舟横、风云变幻时的随缘自适、怡然自得的开朗豁达。

教师要将这些空白作为学生建造审美对象的重要引导契机。在教学中，可以利用学生的“完形”需要，催生学生的“完形想象”，补充空白，引导学生自觉地创造一个个审美对象，创立新的审美视野和境界，把作者有意无意所忽略的文字，通过学生的再造想象、创造想象而弥补起来，实现读者、文本、作者之间的视界融合。帮助学生超越具体意象而飞跃到幻妙的艺术空间去驰骋想象，潜心领悟艺术的胜境。这当是文本的“召唤结构”在发挥其魅力。在语文教学中，教师要努力尝试用多种方法去实现这种“召唤”的预期。

营造教学的“召唤结构”，开辟学生想象的空间。前面已经讲过，文学文本是一个“召唤结构”，为读者的想象、创造留下了广阔的空间，从而显示了文本的魅力所在。它给我们的语文教学带来了这样的启示：充满魅力的教学也应该是一个“召唤结构”，召唤学生的联想和想象。

传统的“注入式”、“满堂灌”的教学会使学生感到枯燥乏味，其中最根本的原因就在于，教师往往忽略学生的主体性，以致把以少胜多、寓实于虚、寓显于隐等艺术表现规律抛在一边，把本不该和盘托出的东西讲尽讲绝，没有给学生的想象活动留下足够的余地，帮助学生从中引起更多的联想和想象。因此，也无法得到有所发现、有所创造的审美享受。在这种情况下，学生只是记忆老师所提供的知识信息，不需要调动积累的经验，也不需要去体会作者的人生体验。所以，这种教学缺乏想象的灵性，学生无法进入审美状态。因此，教学过程中，教师一定要给学生提供想象的机会，给予充足的时间，让学生“思接千载”，“视通万里”，这样才能领会课文中的“象外之象，景外之景”、“言外之意，弦外之音”，也能够丰富学生的人生体验。

在艺术创作中，布白是主要表现手法之一，是指为了更充分地表现主题而有意留出空白，以达到“此处无形胜有形”的艺术境界。教学是一门艺术，也要追求这种胜境。那种过于直白，过于饱满的教学往往阻塞学生的思维通道。所以，教师在教学中要讲究布白艺术，留有余地，不要全盘端给学生，用教师的讲占据学生思考的空间。要创造知识上、心理上、板书上的空白，以激发学生的联想和想象，达到引发学生“向青草更青处漫溯”的教学效果。

虚实相生，知识结构召唤。教学中，教师不要把内容全盘端给学生。事实上，当学生发现从教师所讲中得不到所缺失的知识时，那块空白就回召唤他们去寻找，去填补。苏霍姆林斯基说，有经验的教师“在讲课的时候，好像只是微微打开一个通往一望无际的科学世界的窗口，而把某些东西有意留下不讲”①。这个“有意”为之，有效地召唤着学生的审美想象力。

张弛有度，教学结构召唤。一堂语文课的安排要有高低急徐，起承转合。教学要讲究张弛结合。“张”，即让学生有紧张感，思维处于亢奋状态；“弛”，即让学生的紧张心理得到缓和，思维处于一种平和状态。教学中张弛的变化是教学内容通过学生学习情绪的变化反映出来的一种教学状态。张弛适度，符合学生学习情绪的有规律的周期性变化，让学生的思维处于激活状态，形成“嘈嘈切切错杂弹”的效果。

抑扬顿挫，语言表达召唤。教学语言是科学性、规范性和审美性的统一，既要准确，又要富于艺术的感召力。特别是语文教师，更应具有诗歌语言的凝练，小说语言的生动，小品语言的风趣，演说语言的雄辩。教学语言要通过抑扬顿挫的节奏变化，给学生留下思考和回味的余地，从而召唤他们的联想。

质疑问难，营造心理召唤。孔子曰：“不愤不启，不悱不发。”教师要通过提问，设法引导学生进入“愤”、“悱”状态，即“心求通而不得之意”，“不欲言而未能之貌”的状态。这一状态就是学生进行积极思维之前短暂心理状态上的空白。使之精神振作，思

① ［苏］瓦·阿·苏霍姆林斯基著，杜殿坤编译：《给教师的建议》，教育科学出版社 1984 年版，第 50 页。

维活跃，产生探究的欲望，恰似“于无声处听惊雷”。

精心设计，课堂板书召唤。板书设计是语文教学中书面语言的运用，是语文教学的一个重要辅助手段。艺术性的板书具有储蓄性和启发性，可以促使学生展开联想，去填补空白。在课堂教学中，要根据教学的需要，对板书内容进行艺术处理，形成板面上的召唤。

三、涵养心灵，培养丰富的审美情感力

语文课是最具情感的课程。大量的诗歌、散文、小说都蕴涵着相当多的情感因素，传达着人类的各种情感。阅读教学对学生审美情感力的培养具有得天独厚的优势。要让那些无生命的文字变成有血有肉，能给人启迪、给人力量的东西，发挥其情感魅力，需要教师饱含激情的有情教学。所谓有情教学，就是在一种浓烈的情感氛围下，通过阅读主体对文本客体的感知、体验、表达等活动，激起阅读主体与文本客体之间情感的交融、感化、燃烧，形成一种主客双方情感共振，同化与升华的阅读机制，从而使阅读主体获得强烈的审美快感和深刻的审美教育。海德格尔说：“人，诗意地栖居在大地上。”借用这句话，我们认为，阅读，应该是在充满情感的诗意中流淌和运行。

创设情境，以情动情。心理学告诉我们，人的感情是在一定的情境中产生的。一般地说，在欢乐的气氛情境中，人就会欢乐；在悲哀的气氛情境中，人就会悲哀。而且在一定的条件下，一个人的感情还能感染别人，形成一种潜移默化的精神力量。了解了这一点，教师就应该深入钻研教材，挖掘教材中的情感因素，采取多种手段创设与教材内容相适应的情绪气氛，让课堂充满高亢的审美激情。

所谓创设情境，就是指教师采用多种手段创造一个和课文情景相似的教学场景进行教学的方法。美的教学情境，可以使学生由日常情绪状态向审美状态转移，产生与作品情感内容相一致的心理情感状态，从而能够唤醒学生内在情感，产生浸润着情感色彩的生动

的具体的感知。它不仅能帮助学生积极地走进文本，加深理解，而且能使学生在特定情境中产生的情感体验借助情境得以巩固，从而丰富和陶冶学生的情感。教师要根据教材不同题材、不同内容、不同基调，进入文章角色或境界，把作者寄托的情感化为自己真实的情感，用自己的欢乐、痛苦去感染学生。该激昂时，昂奋动情，令人肃然；该悲壮时，如泣如诉，为之动容。引导学生从“有我之境”进入“无我之境”。例如有一位教师讲授杜甫的《茅屋为秋风所破歌》一文，教师表情戚然，用缓慢、低沉的语调叙述：一代诗圣杜甫流落他乡，飘零数年，饥寒交迫的日子时时困扰着诗人。今天，又是一个秋风呼啸的日子，诗人拖着如柴的躯体，挣扎着在拐杖的支撑下，一步一拐地走向门口，无奈地看着那肆虐的秋风把茅屋上的茅草一捆一捆地掀去。想到今晚若下雨，一家人又将没有栖身之所时，诗人思绪万千……教师的情绪很自然地感染着学生，带领他们完全投入到作品的情境里了。

上述这一情境，蕴含着相当丰富的情感因素。这里有对往事的回忆，也有对悲痛、孤独、哀伤的情感宣泄，更有对国家命运、民生民情的关注和忧虑。这里的“茅屋”、“茅草”、“秋风”因流落他乡，饥寒交迫的诗人而含情，诗句因一千多年后的我们而复活，在这里成为连接时空的桥梁。

创设情境可以贯穿在课堂教学的起始、展开、收尾各个环节，也可以贯穿在课堂教学的全过程。在导入环节创设情境，可以奠定教学的感情基调，营造情感浓厚的教学氛围，感染学生，引发学生对课文深入的感情体验，以情动情。例如在学习《周总理，你在哪里》这首诗的时候，针对这个时代的学生对周总理光辉一生不很了解的情况，在讲课开始，教师先进行配乐诗朗诵李瑛的《一月的哀思》之后，又读《周总理办公室的灯光》，这样，在教学开始，就渲染出深切怀念、热情赞颂的情感，学生受到感染，引发出对周总理的浓烈的热爱的情感，为学习课文奠定了情感基础。

教师的语言美是创设美的情境的重要因素。于漪老师说得好：

"教师的语言不是蜜，但可以牢牢粘住学生的注意力，引导他们在知识的海洋中扬帆远航，引导他们追求生活的真谛。"[①] 教师在引导学生学习课文时，要注意语言的熏陶和感染，"披文以入情"，以言传情，叩击学生的心弦，激起他们感情的共鸣，力求"情信而辞巧"，用美的语言打动学生的心灵，使他们胸中泛起涟漪，掀起波涛，从而感受文章的美，体会文章的情。不难想象，教师如果只是用平淡的语言进行冷淡的叙述，怎么能够感染学生？

情感入手，设计教学。进行有情教学，就要从情感入手设计教学，就要以调动和感染学生情感为教学的主要目标之一，并围绕这个目标去设计教学过程。这样，教学中自然就有了深厚的情感和热烈的情感活动。

请看一位教师对朱自清的散文《背影》的教学设计：开头以教师具有情感的讲述，回忆自己的父亲的动人的父爱，之后让学生讲述自己父亲的父爱行为，然后再用声情并茂的美读感染学生。接着再抓住课文的几个动情点去引导学生体味。特别是看到父亲攀登月台买橘子的那个细节，抓住生动形象的动词和简洁的语言描写，做深入分析，引导学生认识作者为什么流泪，是什么情感让作者流泪，让学生感受到作者的情感。教师引导学生联系父亲当时的处境和身体状况作分析：丧母、失业、落魄、年老、矮胖、行动不便，然后对比儿子的情况：年轻力壮、见过世面、自以为是的聪明。经过对比，提出问题让学生思索：为什么不让儿子自己去买？引导学生理解"可怜天下父母心"的含义。儿子怎么能不生愧疚不受感动呢？这样的分析就很容易让学生受到感染。

再如《周总理，你在哪里》，教学这首情感浓烈、感人肺腑的优美诗篇时，学生情感能否调动并到位是教学本文成败的关键。有一位教师从情感入手，设计了拨动学生情弦的四步骤。①选择周总理生前最后拍摄的一幅照片，挂在黑板正中，引导学生走近总理、

---

① 于漪：《于漪语文教育论集》，人民教育出版社 1998 年版，第 316 页。

熟悉总理。照片上的总理虽面容憔悴，头发稀疏，但双眼注视远方，炯炯有神。②教师神情肃穆，用悲壮的语气导入课文：有这样一个伟人，全国各族人民都把他当成自己的亲人和朋友。他博学多才、学富五车，对国防、外交、教科文卫、工农商各个行业、各个领域都给予无微不至的关怀和指导。他夜以继日，日理万机，在祖国十年浩劫、满目疮痍的危难关头，他废寝忘食，忍辱负重，力撑危局；他奉献一生，廉洁一生，无儿无女无遗产，把骨灰撒在祖国的江河里。联合国破例为他的不幸逝世降半旗致哀……他就是我们敬爱的周总理。③播放《周总理，你在哪里》的配乐诗朗诵，让如泣如诉、催人泪下的朗诵，激起学生强烈的共鸣。④布置学生动情“美读”。通过美读，使学生从字、词、句入手，理解艺术形象，体验作品的感情，真正做到“披文以入情”。由于准确把握了课文的情感因素，学生专心致志地进入了审美实践，他们真正体会到“人民的总理人民爱，人民的总理爱人民”的深厚感情。

从情感入手设计教学，要注意抓住课文中可能形成共鸣的动情点。这个“点”，在抒情性作品中往往就是情感的凝聚点，在哲理性作品中就是情理的融合点，在叙事性作品中就是情节的高峰点。明确了这些“点”以后，教师就要引导学生围绕这些“点”，与文本形成情感的感应交流，同时还要注意做好学生情感的激发和定向，强化和深化。

诱发体验，以情激情。教师在课堂教学中要充满感情，要带着对学生的喜爱之情，对教学的热爱之情，以及对语文的深爱之情。教师在教学中流露出的情感越深，也越容易感动学生，从而激发学生的情感，加深学生对课文中情感的理解和体验。

于漪老师回忆她的老师：“至今我还记得几位语文老师给我们上课的情景。我永远忘不了年轻的黄老师教《故乡》一文时的眼神。他穿着长衫，戴着金丝边眼镜，文质彬彬，讲到少年闰土出现在月下瓜田美景之中时，他眼睛睁得大大的，放出异样的光彩。他描述的那样生动，那么富于感情，我被深深的吸引住了，犹如身历其境，品尝着其中的欢乐。”① 这位年轻的黄老师，正是以他对语文的深情，对讲课的热情，永远留在于漪的记忆里。可见，教师的情感是直接影响学生学习情绪和情感的力量，它感动着学生，感染着学生，并且引导着学生感受、体验各种情感。一节成功的语文课，应该建筑在教师精心布局起来的热烈的情感场上，这里既有教师对语文教育深沉的爱，也有对学生真诚的爱，还有对课文深深的喜爱。语文教师只有充满激情，才能感染学生，以生气换生气，以激情动激情，以浓厚热烈的教学激情感染学生学习语文的热情，点燃学生情感的火花。

语文教师的情感应随作者感情的波动而波动，不能偏离作品的感情基调。激昂时慷慨动情，使人共鸣；悲壮时义正辞严，令人动容；委婉处如春风化雨，润物无声。只有这样，语文教学才能容美于心灵，启开心扉，触发情思，让学生在欣赏中得到美的情感的熏陶和感染。另一方面，语文教师又必须有理性的稳定的情感，只有形成这样稳定的情感，才能有效地控制好语文教学的情感节奏，使学生的审美情感趋向稳定。

同时要注意语文教师的激情首先应当是真诚的。学生的感觉是灵敏的，他们能够分辨出情感的真诚与伪饰。教师要想取得学生的信任，交流时的情一定要真，情真才能感人。任何形式的虚情假意都是廉价的，不仅不能赢得学生的信赖，反而会引起他们的反感。一句贴心的话，一个会意的眼神，一个安抚的动作，都是教师表达真情的方式。

语文教师对教育充满热情是教学的重要条件。要树立积极健康的审美观念，以审美的眼光看待自己的事业，在语文教学中去体味创造幸福。一个优秀的语文教师，能够认真钻研教材，以审美的眼睛发掘课文中足以引起学生情感愉悦的审美因素，并在与学生的情感交流中共同感受精神升华的乐趣。巨大的工作热情能够让教师感

① 刘国正：《我和语文教学》，人民教育出版社 1985 年版，第 18 页。

受到崇高的幸福，而这种幸福是双赢的：他向学生付出的积极情感带给学生快乐，而学生人格的发展给予他的回报更让他感受到绵延于课堂之外的快乐；他不仅在教学活动中享受着学生进步带给他的幸福，同时也在审美教育中感受着自我发展的幸福。

四、升华认识，培养深刻的审美理解力

毛泽东在《实践论》中说："感觉了的东西，我们不能立刻理解它，只有理解了的东西，我们才能深刻地感觉它。"[①] 一般认识是这样，审美判断也是如此；感性认识有待于上升到理性认识，而理性认识推进感性认识的深入，否则是不能把握美的内在意蕴的。因此审美活动不能光靠感官的直觉，还要靠心灵的思索，知识、理性的引导。审美理解不同于一般理性认识，它是指在审美鉴赏中对于对象如何成其为美的思考，是与形象感受、情感体验紧密结合在一起的。因此，在语文审美教育的过程中，不能只是满足于让学生去欣赏一些美丽的词句，或仅仅停留在对课文中描写的景物美、形象美等客观、表层的品味鉴赏上，还必须调动学生理性的力量，结合作家的个性特征，揭示形象美所表现的深层的美的本质，使学生不仅领悟到美，而且体悟到这种美隐含的高尚情趣，发掘课文的内在美并正确深刻理解美的内涵。教师在引导学生欣赏美时，一方面要"入乎其内"，进入角色，通过感受、体验，被对象所感染和吸引，产生感情上的共鸣；另一方面又要"出乎其外"，即在直接感受、体验的基础上，同对象拉开一定的距离，进行充满理性智慧的分析和思考，获得对事物美的本质的把握。审美理解是一种领悟，是在感知、想象、情感等多种心理机制自由协调的运动中获得的对事物本质的把握。它是审美的理性能力，是审美经验中的认识因素，具有提升感知、规范想象、调节情感的功能。把握文学作品所蕴涵的意旨、理趣以及深层次的美，仅依靠感知和想象是不够的，

① 毛泽东：《毛泽东选集》（第一卷），人民出版社1967年版，第259页。

还必须进行深层次的探究和思考。学生只有具有深刻的审美理解力，才能将审美活动推向更高的阶段。

在传授知识中培养审美理解力。中学生对文学常识了解还不多，对文学理论及鉴赏知识更是知之甚少。教师在阅读教学的指导中，可以适时讲授一些必要的基本的文学常识，如文学形象，文学典型，意境与意象的关系，生活的真实与艺术的真实，文学作品的语言、结构、表现手法等。传授这些知识等于交给学生一把开启文学欣赏大门的钥匙，帮助学生去品评词语，体会立意，比较异同，推敲结构，加深对作品内涵的认识和理解，这种知识的传授既可以利用上课时间巧妙穿插、补充深化，也可以举办专题讲座，来丰富学生的知识，提高审美理解力。

此外，还应适时传授一些基本的美学知识。前西德美育委员会曾提出三维美育方法，其中第一个维度就是概念维度，即要向学生传授必要的美学和艺术知识，从而帮助他们更深入地欣赏和理解审美对象。

开展课文问题探究性解读研究。这种解读同一般的阅读最主要区别是，它更注重学生在探究过程中的独立思考能力及在思考过程中的情感、认知及思维的开放性、实践性及过程性，进而去表达、感悟、创造，从中发现问题，提出问题，最后解决问题。在这种积极的探索中，能更好地感知审美对象，加深理解。在学生阅读，感知课文内容，形成对课文的初步认识与看法后，教师要引发学生探究的兴趣，激发其欲望。引导学生根据自己对文章的感悟理解，选几个角度进行思考，并设置思考与探究的问题，然后围绕这些问题去进一步挖掘，把握内涵，获得更深刻的审美体验。

例如：某位教师讲授鲁迅小说《孔乙己》，在精读全文后，设计了这样的问题：根据文中留下的线索，你认为孔乙己的结局是怎样的？学生在教师的启发下，从阅读体会出发，联系文中孔乙己的社会地位、性格和品行等，对孔乙己的命运进行了许多大胆而合理的推测：有的学生认为他最终是饿死的，因为他被打断腿后，丧失了谋生的能力，缺衣少食；有的学生认为他可能远走他乡，到别的地方讨饭去了，因为换了个陌生的地方，没人认识他，他有可能放下读书人的架子，以乞讨为生；有的学生认为他有可能替别人抄写东西，自食其力，用劳动换取微薄的生存资本……在激烈的讨论后，学生们排除了其他推测，一致认为孔乙己的确是死了。因为以当时的世态炎凉来看，像孔乙己这样无权无势的落魄文人，只能是人们的嘲讽的对象，被侮辱，被损害，不可能得到外界资助，再加上他深受封建制度毒害，好逸恶劳，四体不勤，又死要面子，从他自身的迂腐性格和生存能力来看，他也根本没什么活路。

通过这样的问题设置，引导学生积极探究文本，更深刻地感受到封建文化和封建科举制度对文人的戕害，更深切地感悟到小说的悲剧性。而这样的阅读体验，又让学生进一步感受到鲁迅对封建文化和封建科举制度口诛笔伐的勇气和伟大的人格魅力，从而领略到作品厚重的历史和文化内涵。在设计问题时，教师要注意问题的难易程度要符合学生的实际能力和认知规律，同时注意问题与文本应存在紧密联系，以引导学生走进文本，获得审美享受。

以文本为中心进行辐射式阅读。以一篇课文带出一批相关作品进行比较阅读。比如学习毛泽东《沁园春·雪》，可以与不同的写雪的诗句进行比较。如岑参的“忽如一夜春风来，千树万树梨花开”，写出了雪花的灵动明丽，银花盈野，虽无花香却透着春意；如李白眼中的雪“燕山雪花大如席”，写出了雪花虽大却不厚重的形态，展现了有雪却无寒意的北方冬季的奇美景象；如韩愈的“白雪却嫌春色晚，故穿庭树作飞花”，则写出了白雪纷飞而来，幻化出一片春色的情趣，表现了白雪的俏皮而有灵性；而杜甫的“乱云低薄暮，急雪舞回风”，写旋风中乱转的急雪，从乱云欲雪一直写到急雪回风，暗示诗人独坐斗室，反复愁吟的思绪。通过比较，学生更明白毛泽东笔下雪的美，美的是天地，壮的是胸怀，更是种令人叹服的美景。“千里冰封，万里雪飘”不仅极目苍穹，更是胸怀神州，高大的伟人形象跃然纸上。这哪里是写雪，分明是他吞吐天地、横绝六合、空扫万古的胸襟气魄的真实写照，所以才有了下文“数风流人物，还看今朝”的踌躇满志。

以作家的一篇作品带出其他作品进行比较阅读。例如学习余光中的诗歌《乡愁》，可以与他的另一篇相同题材的诗歌《乡愁四韵》进行比较阅读。通过比较，学生会发现两首诗都是通过四个意象来表现诗人对故土的思念，但四个意象的选用各具特色：《乡愁》中的四个意象“邮票”、“船票”、“坟墓”、“海峡”，与诗人人生的四个阶段相对等；而《乡愁四韵》中的四个意象“长江水”、“海棠红”、“雪花白”、“腊梅香”则似乎更具中国意味，而且它是从一个意象出发，展开层层联想，环环相扣，步步深入，有力地表现了诗歌的主题。通过这样的比较阅读，学生的审美情趣得到激发，他们会结合自己的审美理解，积极主动地做出鉴别和评价，在比较中不断提高审美能力。

构建广阔丰富的艺术与生活空间。所谓艺术空间，首先是语文阅读空间的延伸和拓展。汉语重感悟、重体验的特点决定非有深厚的阅读积累和文化底蕴不可。因此，教师应有意识地拓展学生的阅读空间。首先，应该认真指导学生阅读《语文读本》，并根据学生的年龄特征和阅读水平，由浅入深地开好每学期的书单，指导学生多读书，读好书，积累审美经验。同时，还应该有意识地引导学生积累学习中国古典诗词，诗词里闪耀的民族文化光辉及灿若星辰的诗人，都会给学生以丰富的人文滋养，而阅读空间的拓展又使学生接触到大量的语言现象，有助于培养学生良好的语感。

所谓艺术空间，还指的是文、史、哲空间的打通和拓展。于漪老师说：“纵观古今，语言文字学得好，用得精彩的人，无不与文化紧密相连。学语言也在学文化，文化功底越深厚，语言的理解与运用能力越强。”因此，教学中应该突破语文学科的局限，多触角地伸展艺术空间，以增强学生的人文底蕴。如学习史铁生的《我与地坛》，可以介绍贝多芬的《命运交响曲》；感受诗歌的意境美，可以介绍中国画的“留白”艺术。艺术空间的拓展，对充盈学生的内在精神，培养其高雅的艺术品味与鉴赏眼光，无疑是大有益处的。

从“大语文”的观点来看，语文教学还应该拥有更广阔的生活空间。这是因为，文学源于生活，再现生活，它所展现的世俗人情、文化心理、社会斗争等纷繁复杂的内容，需要相应的生活经验才能解读。教师要尽可能地创设机会，让学生走进自然，俯仰天地。看长天碧海旷野苍山，观沧海桑田风云变幻。引导学生用审美的眼光观察生活，细赏每一片花瓣的娇容，每一株草尖的露珠；静听每一滴雨点的滴答，每一阵清风的细语。触景生情，触景移情，顿悟生活的真谛，增加生活的阅历。

在实践中体察人生，增加阅历，可以促进学生心智的成熟，帮助其更好地理解作品。此外，在生活为学生提供写作素材的同时，教师应加以引导，使学生的观察力、理解力、评判力得到充分的发展，从而增加学生习作的理性深度。那种脱离生活，只在教室里搞单纯的技术指导，留给教学的种种尴尬难道还少吗？立体多维的语文空间的构筑，无疑为学生的心灵体验建立了厚实的基础。胡经之在《文艺美学》一书中说：“当审美主体用自己那颗在体验中跳动不安的心灵去激活那些文字、那些画面、那些音符，使他们成为主体情感、意志、生命感和灵肉的载体，诞生出新的审美意象，这时主体的能动性已经超越单纯欣赏客体和对客体进行再创的境界，而投入对主体自身审美心理结构（情感、意志、趣味、生命感）重新建构、重新吐纳的境界。”

联系历史意象世界。《孟子·万章》中说：“颂其诗，读其书，不知其人可乎？是以论其世也。”“知其人”即了解作者生平，“论其世”即熟悉写作的背景。任何作品都是作家对他所处的那个时代的生活的艺术反映，作品的原意是建筑在特定时代的基础上的，因而必定带有强烈的主观色彩和历史局限。要深刻把握作品的内涵，要更客观地评价作品的价值，必然要考察文本产生的背景及作者的心路历程。只有这样，才能真正与文本进行心灵的交流，与作者进行精神的对话。

接受美学家姚斯认为，要完整地把握作品的意义，需要经过三个逐层递进的阶段。初级阶段即“作品对我说什么”阶段，通过想象和联想，复现作者、文本的意象世界。二级阶段即“我对作品说什么”阶段，通过重构作者的意象世界，创造自己的意象世界。在这个阶段，因为文本中存在着未定性和空白点，给读者预留了想象和联想的空间，而读者的认知结构、气质态度、阅读心境以及民族、时代等千差万别，这样，在确定未定、填补空白时就产生了见仁见智、歧义百出的现象。审美理解如果只限于此则不完整，这就要进入第三级：联系历史意象世界。即文本创作的背景怎样，作者本意如何，接受过程中众多历史上的同时代的读者对其已解读到何种程度，等等。这其实是在前两级阅读的基础上反观、审视在复现和重构意象世界时已意识到的问题。只有联系这些才能评价文本写了什么、我重建了什么、文本怎样写的、我怎样重建的、文本为什么这样写、我为什么这样重建等方面的正与误、完善与缺憾，才能对文本有更深刻更全面的理解。为此，在指导阅读教学时，教师不应忽视作家及作品背景的介绍，更不能将这种介绍流于形式，与作品形成两张皮，要精选作家复杂生活经历中的与作品紧密结合的点，并联系作品给予介绍。对于这一点，语文课程标准中说得很清楚：“应引导学生在阅读文学作品时努力做到知人论世，通过查阅有关材料，了解与作品相关的作家经历、时代背景、创作动机以及作品的社会影响等，加深对作家作品的理解。”作品背景材料，对深入解读作品，消释一些疑惑，甚至体会作品艺术上的精妙，都会起到关键作用。如朱自清的《背影》，一般的解读都围绕着“父子情深”的主题进行，好像很纯净化，但不免使人感到平面化。有论者引证有关传记材料中记载的朱自清与父亲的龃龉和不欢后，指出了这篇回忆性散文中十分复杂的情感内涵，其中有作者关于家庭、人生的厚重的体验，这样的理解就大大深入和丰富了。

生平背景的介绍还应针对不同类型的文体以及学生读解时的具

体情况选择恰当的时机来进行，可以在读解前、读解中或读解后进行。例如学习苏轼的《水调歌头·明月几时有》这首脍炙人口的宋词，教师要引导学生思考：这首词表达了作者对人间的美好祝愿，这种感觉是愉悦的，但词中为何流露出怅惘无奈的情绪？要理解这个问题，就必须联系苏轼在这一时期的经历——他因朝廷内部的纷争被贬在密州任太守。此年中秋，皓月当空，银辉遍地，他想到自己落得如此结局，寂寞凄清，与胞弟苏辙已分别七年未得团聚；想到朝廷的倾轧令人不寒而栗，令他不想再回到那个伤心之地。故不禁对月感伤，流露在字里行间就不免有淡淡的怅惘和忧郁。而苏轼是一个乐观旷达之人，怅惘并未使他消沉，既然渴望手足相聚的愿望不能成为现实，何不将“但愿人长久，千里共婵娟”的美好祝愿洒向人间呢？

再如，学习曹操的《观沧海》，要体会其中那些表达诗人澎湃心潮、横溢豪情的诗句，也不能不介绍曹操其人及写作背景：公元207年，时值曹操北征乌桓取得胜利，中国北方的统一局面已形成，南下统一中原的宏图已在描绘之中，这时一代枭雄曹操登上碣石山顶，居高临海，视野寥廓，大海的壮阔景象尽收眼底，不由联想到自身，以大海自比胸怀，诗人的豪迈气概，远大抱负与沧海之景融为一体。通过这些必要的介绍，学生才能更好地体会诗人当时的心境，领略诗人的英雄气概。

强化学生的阅读体验。审美首先是人们的一种体验，即“在这些短暂的时刻里，他们沉浸在一片纯净而完善的幸福之中，摆脱了一切怀疑、恐惧、压抑、紧张和怯懦。他们的自我意识也消逝。他们不再感到自己与世界之间存在着任何距离而相互隔绝，相反，他们觉得自己已经与世界紧紧相连融为一体。他们感到自己是真正属于这一世界，而不是站在世界之外的旁观者”①。乔治·桑塔耶

① ［美］马斯洛：《谈高峰体验》，见《人的潜能和价值》，华夏出版社1987年版，第366页。

纳也曾说过："审美的欣赏和美在艺术上的体验，是属于我们暇时生活的活动，那时我们暂时摆脱了灾难的愁云和忧恐的奴役，随着我们性之所好，任它飞向何方。"① 这就是说，在审美体验中，人们暂时超越了周围的纷扰的现实，而升腾到一种心醉神迷的境界。正是在这个意义上，我们说"审美是自由在瞬间的实现，审美是苦难人生的节日"，"尽管你是一文不名的乞丐，却可以当百万富翁，拥有让人看了要惊愕得喘不过气来的珍珠宝贝。尽管你是一个毫无权势的小老百姓，却可以去当至高无上的国王，让成千上万的臣民跪在你的面前。你是一个男人，却可以尝一尝女人分娩时的痛苦。你是一个女人，却可以在瞬间变成一个伟大的丈夫。只要你愿意，你可以成为所有海洋里的所有的鱼和世界各大街上所有的狗。只要你愿意，你可以成为深秋老树上最后一片叶和严冬北方的最大一场雪。你生活得很幸福，却可以转进罗密欧与朱丽叶的家族纠纷，并为罗、朱的爱情悲剧而哭泣。你身体很健康，却可以躺在手术刀下，做一个患了癌症的病人，去体验疾病和伤痛。你穿着牛仔裤，却可以跟屈原、李白、苏东坡对话。你躺在床上却可以升入太空，遨游宇宙——或者如古人所说'精骛八极，心游万仞'，'寂然凝虑，思接千载'，'悄焉动容，视通万里'，'吟咏之间，吐纳珠玉之声；眉睫之间，卷舒风云之色'，'登山则情满于山，观海则意溢于海'，'谈欢则字与笑并，论蹙则声与泣偕'，概而言之，在审美的瞬间，人们以情感为中心的全部的心灵世界都打开了门窗，实现了完全的舒展自由与和谐。"

审美活动是审美主体对审美客体的感悟体验的过程，因此，要提高审美理解力，就要强化体验，教师要引导学生透过作品语言的表层，再现生动活泼的图景，进而帮助他们提炼出耐人寻味的情意，使学生真正入境，入境越深，理解才会越深。例如鉴赏小说，教师要让学生设身处地，把自己置身于人物形象所处的环境中，体

① ［美］乔治·桑塔耶纳：《美感》，中国社会科学出版社 1982 年版，第 24 页。

会其生活、思想和感情，不能做冷漠的局外人，要积极参与进去，设想自己就是作品中的人物，借此体验其喜怒哀乐；鉴赏诗文，就要引导学生进入作品的意境中，在思想上和作品产生共鸣。这种进入意境的强化体验，能把学生带入一种崇高的艺术境界，提高学生的审美理解力。

多角度个性化把握作品。接受美学认为，文学作品是有许多“未定点”和“意义空白”的召唤结构，开放性、模糊性是其特征，特别强调读者积极主动的、个性化创造性的解读。另外它还认为文学作品有两极：艺术极和审美极。艺术极即艺术家创作的文本，审美极指读者阅读时的体验、理解等。文学作品的意义既不等同于作者原意，也不等同于读者的主观判断，而是两者的结合。可见，强调读者积极主动的、个性化创造性的解读就显得十分重要。语文课程标准在“教学建议”中也有一段相关阐释：“阅读文学作品的过程，是发现和建构作品意义的过程。作品的文学价值，是由读者在阅读鉴赏过程中得以实现的。文学作品的阅读鉴赏，往往带有更多的主观性和个人色彩。应引导学生设身处地去感受体验，重视对作品中形象和情感的整体感知与把握，注意作品内涵的多义性和模糊性，鼓励学生积极地、富有创意地建构文本意义。”

传统的接受式教学，往往是教师事先根据教参和应考的经验，规划了文本的意义，以一人之见囿学生之心，把学生的创新可能性压制到最小乃至全无。如果说，一元理解是大家公认的、相对确定的理解，那么多元理解则是属于个人的包含合理或较合理成分的理解。教师要允许学生对作品的多元解读，并且要鼓励学生大胆创新，不但对作品形象进行理解和再现，还要对原作艺术形象进行拓展补充，渗入自己的生命体验和人格特色，见人之所未见，言人之所未言。可以超越文本的局限，各有取义而不必尽符其旨。文学作品总是以一个典型形象或一个叙事结构为中心，而辐射出丰富复杂的意义，呈现出一个纵横交错的立体的多层次意义框架，所以对作品的审美把握，除历史社会视角外，还可有文化视角、心理视角、人类学视角、形式视角（如叙事视角）等，一种新的视角，一种新的解读角度，就会产生对作品的某一方面意蕴的发现。鲁迅的《故乡》写兵匪捐税对闰土的压迫剥削，一声“老爷”感慨的是人与人之间被无形的厚障壁隔阂的悲凉，这是深长的文化叹息；“世上本没有路，走的人多了，也就成了路”表达的则是深邃的哲学思想。同时，要启动审美主体的“心理图式”，即个体已有的知识结构。按照皮亚杰的理论，认识过程中，主体并不能直接对客体作出反应，而是将客体纳入自身的认知结构并与客体交互作用而产生。其中认知结构的作用非常重要。教师要引导学生以独特的感情和经验模式介入、参与对作品的审美体验和创新，使文本意义的建构呈现精彩纷呈的审美效果和生命活动。例如，《背影》看似浅白，但它隐含的内容极为丰富。在“我”对父爱的回味中，交织着悔恨、内疚、自责等复杂的情感，而所有这些情感又都凝聚在“我”看到父亲背影时的瞬间感受上。文本的这种复杂内涵正需要我们从不同的角度把握。如果仅仅从父子情深去理解，就显得太单薄了。除此之外，我们还可以从骨肉亲情也难免有误解和隔阂方面去解读，还可以从“我”对养育之恩的愧疚、悔恨、自责等角度解读。当然，学生个性化的解读会有深浅之分，高低之分，精粗之分，雅俗之分，甚至还会出现误读，教师除了鼓励之外，还要予以积极的引导和矫正。正是在这种多角度解读过程中，学生提升了审美理解力。

第六节　追求审美性教学——提升审美能力的动力

所谓审美性教学，应当是在内容和形式上都能体现“美”的教学。教师高度融合教学规律和学生的审美心理特征，在审美情感的积极参与下，充分挖掘教材的审美因素，把理性内容和感性形式，抽象概念与鲜活形象有机统一，把传授知识与动情的美感体验结合起来，根据学生的审美心理、审美经验、兴趣爱好等进行创造性的教学设计，并以美的语言、美的方式传达出来，从而激起学生对美的向往和追求的兴趣，培养美的感受力，并积极主动地投入到文本的阅读中，在阅读中品味语言美，感受形象美及艺术表现美，进而潜移默化地获得身心的愉悦，灵魂的净化，人格的完善，得到深刻而强烈的审美需要和精神需要的满足，进而激发对美的追求和创造。这是教师、学生共同创造的语文教学美和美的语文教学，是一种最优化的语文教学。

马克思在《1844年经济学哲学手稿》一文中提出了一个重要的美学命题：人“在他创造的世界中直观自身”，揭示了美就是“人的本质力量对象化的感性显现”。从这个意义上说，审美性语文教学，就是要在语文世界里实现人的本质力量的对象化。具体地说，这“人”应包含作家、教师和学生。作家通过其用心血和情感浇铸的文学作品，教师通过其精心设计的课堂教学，学生通过其主动深入的语文课程学习，在语文课堂教学这一特殊情境中交流、碰撞、对话，实现了“人”在本质力量上对象化，从而促进了作家（作品）、教师和学生在生命意识和精神世界的不断成长，达到人格的和谐完满，追寻人生的诗意境界。

审美性语文教学主要有以下特点。

情感性。俄国著名美学家车尔尼雪夫斯基说：“情感常常使每一件在它影响下产生的事物具有特别的浓厚的趣味，使事物具有特别的魅力、特别的美。”可见，美总是诉诸人的情感的。审美性语文教学正是以情感为动力和中介，以情感人，以情激情，师生在情感的碰撞和交流中获得审美享受。在审美性语文教学中，语文教学不仅是人的认识活动，而且也是人的情感活动。在语文教学的世界里，“情”是流淌在心灵上的音乐；“爱”是开放在生命土地里的花朵。

语文教学中，教师首先融入自己的情感，以激发学生鲜明浓烈的情感，学生与教师一道，走进课文的情感世界，和课文形象一起欢笑，一起流泪，一起体验细腻的情感，一起分享审美的愉悦。这样的语文教学，自始至终充盈着丰富热烈的教与学的良性情感，流动着课文所渲染的丰富情感，课文的情感既感染教师又感染学生，课文情、教学情、师生情情情交融，交汇成一个洋溢着热烈浓郁良性情感的情感场。“在这个情感场中，既有教师对自己职业对自己学生对自己的语文课文的热爱，更有教师自己被课文感染后又融入自己的情感体验的各种情感表现，同时也有被教师和课文所唤起的学生的情感。在这个情感场中，师生之间交流着种种热情，教师的教学热情，学生的学习热情，互相影响，互相促进，使教学中充满着教与学的成就感、满足感、欣赏快乐、高峰体验等高级审美情感。”①

可见，情感是语文教学艺术之魂，没有情感的融入，教学艺术之花就不能开放。审美性语文教学就是要晓之以理，动之以情，以情来与学生的心灵共鸣，以情来陶冶学生的情操。同时，心理学和教育学研究表明，富有情感的课堂教学会激起学生相应的积极的情绪体验，容易产生情绪共鸣，有利于创造一种生动活泼、和谐愉快的课堂气氛，从而使学生带着强烈的求知欲望开始学习，在积极的状态中进行求知探索，在精神满足的愉悦中享受课堂。因此，作为教师必须深入认识情感在教学中的重要作用，善于调试自己的情感以感染学生，用热情、激情、深情和真情去叩击学生的心灵，掀动其情感的涟漪，令学生置身于充满浓烈气氛的情境中，从而受到感染。

在审美性语文教学中，教师的情感是十分重要的，教师既是情感的体验者，更是情感的激发者，教师的情感对学生有直接的感染作用。讲课不能是一种简单的灌输，而应该建立在师生心灵相融和情感共鸣的基础上。在语文教学中，教师要带着饱满的热情讲课，用富含情感的教学方法、教学言语去打动学生，做到情动于衷，形

① 宋其蕤：《语文教学美学论》，广东教育出版社2003年版，第30页。

诸于外。教师还要善于创设情境，以形象为手段，以情感为纽带。尤其要注意通过教学语言来调控课堂情感氛围。语文教师的语言应当规范、准确、鲜明、简练、流畅、形象、生动、合乎逻辑，饶有情趣，寓庄于谐。能化抽象为具体，化深奥为浅显，化枯燥为风趣，甚至化腐朽为神奇。使学生如见其人，如闻其声，如临其境，从而唤起学生对课文情感的内心体验，引领学生感受、体验、领悟各种复杂的情感。

形象性，是指语文教师在自己的教学中，能够激发和调动学生的形象思维，引起学生鲜明生动的形象活动，让课文形象活在学生头脑中，并且随着教学的进程，不断分化生成，栩栩如生地演绎着一场场鲜明生动的画面。美在形象之中，美是以其生动的形象来感染人的。可以说，没有形象，就没有审美感受，因此，这种能够引起学生头脑里鲜明形象的生成和活动的教学，才是真正意义的语文教学的形象性。在语文课堂上始终活跃着课文的鲜活形象。让课文的鲜活形象活动在语文课堂上，让课文的鲜活形象活动在学生的头脑里，这是语文教师的重要任务。语文教师要通过自己的教学，调动起学生的想象、联想，再造和创造出课文用语言描述出的各种形象，让课文的语言符号完全转化为学生头脑中的形象，让这种比语言符号更生动丰满、真实动人的形象栩栩如生地活动在学生的头脑里。并不断生成，不断变化。这就需要语文教师采用多种方法来调动学生的想象、联想等思维活动，特别是生动的、传神的、绘声绘色的极具形象性的教学语言，是最有效、最直接的方法。同时，还应该采用直观形象的教学方法和手段，比如运用多媒体教学，以增强语文教学的形象性。

多样性。审美性语文教学应该是具有鲜明创造性的灵活多样的教学，它不应该有什么固定的一成不变的模式。这就是所谓的“教学有法，教无定法，贵在得法，妙于巧法”。所谓“有法”，即教学有一定的法则和规律。有规律可遵循，有法则可遵守，有模式可遵照；所谓“无定法”，即指具体的教法是不能也不应固定下来的；所谓“得法”，即指符合教学的基本原则和精神，将各种教学方法、手段、技巧等恰如其分、灵活巧妙地运用于具体的教学情景；所谓“巧法”，即指教学方法具有高度的艺术性。这里，“有法”与“无定法”是辩证的统一。语文教学应注重方法又不唯方法，要追求不变中的万变。万变基于不变，不变要求万变。只有万变，才能给不变以活力；只有不变，才能给万变以规范。

语文教学以变化多样为美。其中教学方法多样性是十分关键的。“因为只有教学方法的多样化，才能有规律地保证具有不同的知觉、思维、记忆、注意特点以及不同的活动速度的学生能够顺利地进行学习，才能保证教学教育的整套综合任务得以顺利解决。”① 教学方法的多样化，可以满足学生不同的审美心理，以其旺盛的生命力和新鲜的特性吸引学生的审美注意，形成并保持学生旺盛的学习兴趣。语文教学语言也应体现各式各样的美：有智慧深刻的美，庄重严谨的美，风趣幽默的美，温文尔雅的美，亲切柔和的美，委婉含蓄的美，震撼人心的美，等等。灵活多样的教学方法，丰富多彩的教学语言，使语文美不胜收。

可以说，没有变化，没有创造，就不会有美的语文教学。这种多样性来自于教师教学思想的开放，来自于教师的创造性。教师要根据自己的风格、学生的特点和教材的要求作出种种变化，创造出属于自己的有个性、有特色的语文教学，创造出适合学生的高效率、高品位的语文教学。

那么，如何追求审美性语文教学呢？需从以下方面着手。

审美性备课。备课是教学的第一步，也是最基础的一步。追求审美性语文教学，首先要提升备课的层次，要对教材进行审美的把握。可以说审美性备课是审美性教学的起点。所谓审美性备课，是指在备课的过程中，教师要以审美的眼光去发掘，以积极的情感去

---

① ［苏］尤·克·巴班斯基：《论教学过程最优化》，《现代教学艺术论》，广西教育出版社 1992 年版，第 138 页。

欣赏文本的美，并且全身心地融入其中，用全部的爱和全部的积淀、智慧和追求去设计教学。这正如著名特级教师于漪曾经说过的，“教师的每一堂课都应该是用一生来备的”。在审美性备课中，教师把自己的生命融入文本，透过一个个文字符号读出自己的独特见解，深刻感受，放飞思想，倾注感情。于是心中涌动创造的激情，渴望将文本中的人情美、智慧美、思想美等传达给学生，渴望把自己的感受体验和学生一起分享。

在审美性语文教学中，教师首先披文入情，进而产生强烈的创造欲望和热情，这是创造审美性教学的动力，也是进行审美性教学的基础和前提。

营造美的教学氛围。美的教学氛围是审美性语文教学赖以发生的心理背景基础和外在表现形态，是教与学的和谐统一，也是情境和人的和谐统一。美的教学氛围可以有效激发师生教学兴趣和教学情感，使之在轻松愉快的情绪里学习，在积极活跃的状态下思考。美的教学氛围下，师生双方在教学过程中情感交融，心理共振，配合默契；在课堂上精神亢奋，思维活跃，灵感迸发。学生在语文课堂上感受到尊重、安全、满足、成功等心理需要，思维更加活跃，情感更加真实，想象更加丰富，个性更加解放。可见，美的教学氛围是激发教师和学生达到最佳教学状态的一种无形而有形的力量。教师要自觉地依照美的规律去教学，使教学过程不仅仅是有特定目标的认知活动，更是一个立美审美的过程，让学生时刻体验到美的存在，感到美的愉悦，无疑能很好地调动其审美潜质，发展其审美能力。

发挥好教师的主导作用。在教学氛围美的营造中，教师的主导作用不容忽视。德国教育家第斯多惠说过：“教学的艺术不在于传授的本领，而在于激励、唤醒、鼓舞。而没有兴奋的情绪怎么能鼓励人，没有主动性怎么能唤醒沉睡的人，没有生气勃勃的精神怎么能鼓舞人呢？只有生气才能换来生气，死气只能从死气而来。”教师只有在整个教学过程中保持热情活跃的情绪和情感，才能唤起学生的热情。所以，教师一定要保持良好的精神状态，它将直接影响学生的精神状态。同时，作为立美、审美主体的教师又是学生审美的客体，因此，应当是一个具有人格魅力的审美对象。“教师完美的人格和优美的气质风格非常有助于导引课堂气氛，教师的风趣高雅的趣味，昂扬精神的风貌，宽厚快乐的性格以及机智敏捷的才情等，尤其是教师热爱学生的职业品德，都会帮助教师建立起宽松、活跃、愉快、积极向上的教学氛围。”①

重视学生审美的主体地位。学生是学习的主体。发挥学生的自主性，也是创造课堂氛围美的重要因素。在发挥好教师主导作用的同时，要确立好学生的主体地位，把学生当作活生生的有个性的生命，只有发挥好学生的主体能动性，课堂教学才能真正洋溢出学习的蓬勃热情，流动起生动活泼的气氛，这样的课堂才能真正形成和谐自在默契统一的氛围美。反之，如果教师只是将自己的理解强加给学生，以群体的理解代替个体的体验，则势必导致审美主体的错位，使学生丧失审美期待，最终丧失审美创造的活力。

确立民主平等的师生关系。审美性教学是由教师和学生共同参与、多方互动来完成的。这就要求教师把课堂还给学生，建立一种新的和谐的师生关系。这种关系中，教师和学生是平等的，民主的；课堂气氛是宽松的，融洽的，充满了情感的愉悦和朋友般的默契。在这样的交流中，学生成为课堂的真正的主人，身心得到自由和解放，思维会更活跃，想象力会更丰富，他们敞开心扉，与教师平等地相互探讨、启发，碰撞着新的观念、思路和灵感，在审美情境中一次次相遇，在一次次的思维的交锋中不断进行心灵的沟通，产生情感的共鸣，形成教学相长的良性循环，从而提升审美能力和人生境界。这就要求教师树立正确的学生观，把学生当作活生生的人，而不是盛装知识的容器，从而关心他们的情感，关注他们的心理变化，尊重他们的需要。要激发起学生参与学习的热情，公正对

---

① 宋其蕤：《语文教学美学论》，广东教育出版社2003年版，第299页。

待学生，允许学生同教师争论，允许学生不认同教师的观点，允许学生在教师讲课时随时质疑。

马斯洛人本主义心理学告诉我们：人作为一个有机整体，具有多种动机和需要，当满足了基本需要，一个更高的需要才得以出现。当满足了师生间的平等、互尊、合作的需要，学生才会因此发展了自尊、自重。当学生的情感需要得到满足，在和谐的学习环境里，感到自身的价值、人格得到尊重、认同，学生在课堂上真正感受到尊重和关心，心理没有了不必要的压力和焦虑，学习起来就会轻松愉悦，才会全情投入，达到最佳的学习效果。因此，审美性语文教学应确立师生平等的教学理念，构建平等对话的教学平台，将师生关系理解为真诚的合作，愉快的分享，而不是意志间的冲突，与权威、尊严的对抗。让师生在率真、坦诚、互尊的环境里一起学习，才能共同营造美好的课堂氛围。

语文教学中的美育是一个常议常新的论题。没有美育的语文教育是不完全的语文教育。用审美的眼光去审视，语文课就是一个琳琅满目的美的世界；用审美的心灵去感受，语文课就是一个满足人的精神需要的无尽的宝藏。探讨语文教学中美的规律，对语文教学进行审美性的创造，提升学生的审美能力，丰富学生的生命体验，这是语文教师的使命。

尼采说过："从你的脚下深掘下去，必定有涌泉喷出。"让我们共同掘进，让语文审美的清泉汩汩而出，流进我们的语文课堂，流向语文教育的大千世界，流入学生的纯洁心田吧！

本编主要参考文献

[1]［美］帕克：《美学原理》，商务印书馆1965年版。

[2]［法］卢梭：《爱弥儿——论教育》，商务印书馆1978年版。

[3] 杜卫：《美育论》，教育科学出版社2000年版。

[4] 曾繁仁：《中西交流对话中的审美与艺术教育》，山东大学出版社2003年版。

[5] 胡家祥:《审美学》，北京大学出版社 2000 年版。

[6] 叶圣陶:《语文教学论集》，教育科学出版社 1980 年版。

[7] 王钦韶:《琳琅满目的美的世界——语文课美学现象分析》，北京教育科学出版社 1989 年版。

[8] 王朝闻:《审美心态》，中国青年出版社 1989 年版。

[9] [德] 德索:《美学与艺术理论》，中国社会科学出版社 1987 年版。

[10] 于漪:《语文教学谈艺论》，上海教育出版社 1997 年版。

[11] [美] R. M. 利伯特:《发展心理学》，人民教育出版社 1984 年版。

[12] 张春兴、杨国枢:《心理学》，台北三民书局 1970 年版。

[13] [波兰] 奥索夫斯基:《美学基础》，中国文联出版公司 1986 版。

[14] 王丽:《语文教育忧思录》，教育科学出版社 1998 年版。

[15] 于漪:《于漪语文教育论集》，人民教育出版社 1998 年版。

[16] 张定远编:《阅读教学论集》，新蕾出版社 1982 年版。

[17] 钱锺书:《旧文四篇》，上海古籍出版社 1979 年版。

[18] 黄孟轲:《人生平台上的语文》，科学出版社 2002 年版。

[19] [苏] 瓦·阿·苏霍姆林斯基著，杜殿坤编译:《给教师的建议》，教育科学出版社 1984 年版。

[20] 刘国正:《我和语文教学》，人民教育出版社 1985 年版。

[21] 毛泽东:《毛泽东选集》第一卷，人民出版社 1967 年版。

[22] 胡经之:《文艺美学》，华中师范大学出版社 2000 年版。

[23] [美] 乔治·桑塔耶纳:《美感》，中国社会科学出版社 1982 年版。

[24] 童庆炳:《文学审美特征论》，华中师范大学出版社 2000 年版。

[25] 方智范:《语文教育与文学素养》，广东教育出版社 2005 年版。

[26] 朱立元:《美学》，高等教育出版社 2002 年版。

[27] 滕守尧:《审美心理描述》，中国社会科学出版社 1985 年版。

[28] 卫灿金:《语文思维培育学》，语文出版社 1997 年版。

[29] 梅宝树:《面向新世纪的美育与素质教育》，人民出版社 2004 年版。

[30] 朱慕菊:《走进新课程——与新课程实施者对话》，北京师范大学出版社 2003 年版。

[31] 王格奇、王德俊:《新课程教学设计——语文》，辽宁师范大学出版社 2002 年版。

[32] 杜卫:《审美功利主义》，人民出版社 2004 年版。

[33] 钟启泉:《语文教育展望》，华东师范大学出版社 2002 年版。

[34]《普通高中语文课程标准》，人民教育出版社 1980 年版。

[35]《全日制义务教育语文课程标准》，北京师范大学出版社 2004 年版。

[36] 韩惊鸣:《语文教育的理想境界》，山西人民出版社 2006 年版。

[37] 刘銮之:《谈美育在语文教学中的实施》，《沈阳师范学院学报》1989 年第 2 期。

[38] 俞发亮:《接受美学对阅读教学的指导意义》，《厦门教育学院学报》2002 年第 4 卷，第 4 期。

[39] 刘贞福:《审美教育的新尝试——义教课标语文教材编余感想》，《语文教学通讯》2003 年第 9 期。

[40] 黄荣光:《你为什么总没有共鸣》，《中国教育报》2006 年 7 月 6 日。

[41] 王宝琴:《语文审美教育与中学生健全人格的建构》，《中国教育学刊》2006 年 6 月。

[42] 刘国正:《联想和想象能力培养例说》，《语文教学研究》2006 年 3 月。

[43] 杨拥军:《语文教学中的布白艺术》，《语文教学研究》2006 年 1 月。

[44] 牛亚丽:《打开一扇美的窗户——浅谈初中语文教学的审美教育》，《贵阳师范高等专科学校学报》2004 年 2 月。

[45] 杜继红:《注重美育教育　提高审美能力》，《成都教育学院学报》2002 年 10 月。

[46] 吴克强:《审美：语文教育本质的回归》，《浙江师大学报》2000 年 2 月。

[47] 丁永祥:《谈美育在学生想象力培养中的作用》，《河南师范大学学报》(哲学社会科学版) 1999 年 5 月。

[48] 曾繁仁:《论美育的现代意义》，《山东大学学报》(哲学社会科学版) 1999 年 5 月。

[49] 叶林:《发掘想象，构筑文章意境美》，《广西教育学院学报》2002 年 4 月。

[50] 李刚:《语文美育的目标与任务》，《语文教学研究》2005 年 11 月。

[51] 游泽生：《构建学生审美心理结构　培养学生美感能力》，《涪陵师范学院学报》2006 年 5 月。

[52] 贺清贞：《文学作品教学中如何实施审美教育》，《语文教学与研究》2003 年 8 月。

[53] 杨勇：《语文审美教学策略探索》，《中学语文教学参考》2000 年 12 月。

[54] 范樟森：《关于语文美育的思考》，《语文教学与研究》2000 年 10 月。

[55] 杨秀云：《联想想象能力培养探微》，《中学语文教学参考》2000 年第 8—9 期。

[56] 王国均：《接受美学对语文教学的新阐释》，《中学语文教学》2000 年 12 月。

[57] 林克明：《美读——新课标精神下的阅读教学新追求》，《语文教学之友》2003 年 9 月。

[58] 范冬梅：《内涵与本质——文学教育的基本理论建构》，《语文教学之友》2003 年 10 月。

[59] 谭绍斌：《美育在阅读教学中体现》，《语文教学与研究》2003 年 2 月。

[60] 丁志敏：《美是语文教学的灵性》，《语文教学与研究》2002 年 11 月。

[61] 陈素娥：《中学语文教学的掘景美育》，《语文教学与研究》2003 年 3 月。

第三编　审美心理

“语文是工具”，这曾是共识，于是长期以来语文被使用着，训练着。语文教育曾经颇受指责，“少、慢、差、费”、“误尽苍生”！“审美”则更是一个不为人们提及和熟识的名词，像个聋者、哑者，迟滞在语文的身后。语文真的没有魅力吗？语文丢了什么？经过长期讨论与实践之后我们举起了人文的旗帜，认可了“语文是工具与人文的统一”，这是对真正的语文教育的回归性的认识。语文不再只是工具，还是享受愉悦的精神家园。“审美”这一度被冷落的内容在适合的条件下迅速复苏，呈现在各种教案、论文、讲稿中，审美情趣之于语文素养的意义被普遍认可。

虽然语文重提人文与审美令人欣慰，但是当前语文教育的审美功能没有得到较好的实现。这一问题事实上早已经显露，时至今日，人文性强的篇目在教材中日益增加，然而教学实践中的情形却没有太大改变。新一轮课改期待在理论指导下的审美教育实践研究，以及通过实践研究验证与完善审美教育理论。

第一节　审美心理结构及其建构的必要性

一、审美心理结构理论界定

有学者认为，美学是“研究审美沟通的学科”，“美学以审美沟通为研究对象”[①]。那么，从属种的角度讲，审美就是一种沟通，

① 王一川：《美学教程》，复旦大学出版社 2004 年版，第 6 页。

是某个体与世界的对话，是这一个体与世界无数次往返交流的心理流程以及成果。这与《语文新课程标准》有关“对话”的理念是相符的。新课程标准所倡导的，其实就是一种沟通与交流，这与当前的“建构主义理论”、“接受理论”等也是契合的。它对于人的感性与理性的整合、对于人的协调发展尤其重要。看山观水、听歌绘画、读文评世等诸种活动，无不是个体与世界的交流沟通，也就无不包含着审美的契机。构成这种审美沟通，既需要一定的审美对象，又需要有能审美的审美主体。而审美主体之成为审美主体，有赖于一定的审美心理结构。

关于“审美心理结构”这一概念，笔者所见的有：“审美心理结构是感、知、想、思维诸心理能力以情感为中介的综合结构”①；“审美心理结构是人在审美、创造美时能动反映事物审美特性及其相互联系的内部知、情、意系统和各种心理形式组合、运动的结构系统”②；“是人们在欣赏和创造美的活动中，各种心理能力达到高度活跃时构成的一种整体结构”③。

基于上述定义并结合普遍的理解，笔者认为，审美心理结构是审美个体与世界进行审美沟通所具备的内在心理机制，是审美沟通得以展开的动力系统。人的审美、创造美的心理活动是以一定的审美心理结构为中介、载体和基础的。一切客观存在的美只有经过同人的审美心理结构的相互作用才能被人所感知和进行能动创造。审美心理结构的建构、发展是使人由自然的人变成审美、创造美的人的基本前提条件，缺乏相应的审美心理机制，任何美景对个体都不成其为审美对象，也就无法构成审美沟通。

根据邱明正的审美心理学理论，我们认为，审美心理结构是客体美结构系统内化的产物，是实践系统结构内化的产物。人的审美

---

① 杜卫：《美育论》，教育科学出版社 2000 年版，第 175 页。

② 邱明正：《审美心理学》，复旦大学出版社 1993 年版，第 22 页。

③ 滕守尧：《审美心理描述》，中国社会科学出版社 1985 年版，第 32 页。

实践是人的外部活动，以经验观念的形式内化沉淀于人的心理，构成人的心理结构。审美心理结构是个体内在的审美基础，是各种审美心理形式的静态与动态的丰富组合与运动系统。审美心理结构主要由以下心理要素构成：审美感知、审美情感、审美想象、审美理解。它由审美需要发端，经由审美感知、审美想象、审美情感、审美理解等因素的共同作用实现建构，心理效应抵达高潮后再走向平复，最终形成审美的意识，如观念、趣味、理想，并重新注入结构，成为新的审美的准备。从纵向角度看，审美心理结构有它的建构和发展阶段。

根据皮亚杰的发生认知论，认识需要经过同化和顺应两种方式的过滤和加工，同化和顺应的不断发生促使认知结构由平衡到不平衡不断变动发展。由于多种美的图式的储存，当一个客体在眼前出现的时候，主体就会在已有的图式中进行检索，将其与原有心理图式相对照、匹配，与原有心理图式相符合的就被判定为美的，并加以同化吸收；与原有心理图式不完全吻合的，主体就会调整内部认知结构以顺应外界环境。如果主体没有相应的心理结构，就无法对新的、美的刺激加以同化或顺应，从而被判定为不美的加以拒绝。因此，从这个意义上说，审美心理结构也可以理解为构成主体作出审美反应、接受特定审美关系的“过滤器”。它能动地反映事物的审美特征，导致心理能力高度活跃，从而构成了一种独特的心理结构系统。

审美心理的建构中，先天遗传有一定的意义，如对乐音、线条色彩的审美感觉里的遗传、气质禀赋的遗传，但遗传并不最终决定审美心理结构，尤其是深层审美心理结构的发展与性质。对审美心理结构起决定作用的是人们后天的实践以及在实践中形成的主客体审美关系，是生活实践、审美实践结构系统和客体美结构系统内化的结构。

作为中介的审美心理结构的建构是处于变化发展中的，每一次审美实践都会丰富原有的心理结构，经过重组与建构，新的审美心理结构成为下一次审美的准备。邱明正根据皮亚杰的刺激—反应公式，推导出审美心理结构的建构模式，直式建构模式如下图：

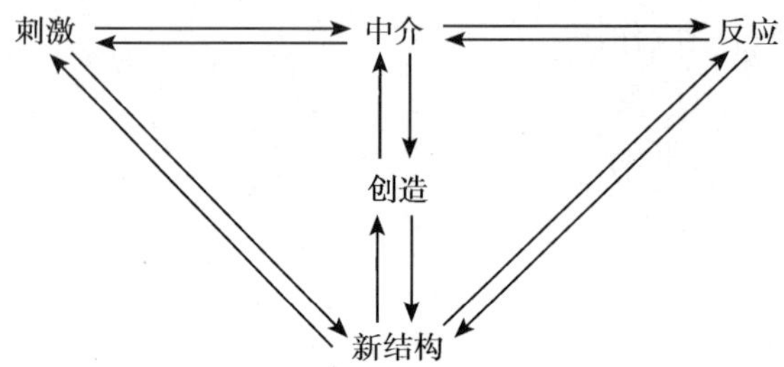

由以上建构模式可以看出，审美心理结构的建构是由审美实践所接受的对象刺激原有心理结构，审美感知中的同化、顺应、认识、接纳和能动创造等多种因素综合作用的结果。其中，无数次审美实践的刺激及其内化是建构的客观根源，审美、创造美的需要和反复的审美实践是建构的根本动力，主体原有心理结构是建构的内在基础，同化、顺应、认识、接纳、反馈是建构的必经途径，这些因素的综合作用，才使建构的审美心理结构同一般心理结构区别开来，使人同客体对象环境构成了审美关系，成为能够审美和创造美的人。

审美心理结构的建构与发展通常是潜在的、渐进的、不自觉的，是种隐伏的心理结构发展“潜流”。人在审美实践中经过同化、顺应、积淀，已经积累了一定的经验，发展了自己的审美心理结构，却又常常没有自觉意识到，一般也没有有意识地去发展完善自己的审美心理结构，或者把审美只当作一般娱乐，或未意识到自己审美、创造美的目的、任务。

但是，当人怀着探究心理去审美，或意识到自己审美、创造美的使命时，他不仅关注研究，而且内省反思自己的审美心理状态，这时他就会自觉地总结自己的审美经验，并在时间和学习中积累知识，提高美学修养，从而使自己的审美心理结构以突进的形式发生质的变化。有时由于审美对象的新颖性、流动性、奇特性、复杂性，对人形成了强刺激，或引起人的好奇心和求知、求美的欲望，而自己原有的心理结构又不能直接同对象发生同化作用，这时人也会自觉地调节自己原有的心理结构，缩短或消除自己的心理与对象的距离，通过顺应作用适应、理解、接受对象，于是也使审美心理结构发生突变或质变。

那么，根据审美心理结构的建构理论，如果我们诱导学生积极地面对审美对象，学生原有的认知与审美心理结构在作品的刺激下产生同化，相关信息会整合到自己原有的结构内使原有结构产生顺应，发生改变。通过这两种形式来达到内在的平衡。当现有的知觉和思维方式不能同化新的信息时，平衡即被破坏，需要通过顺应过程来达到一种新的平衡状态。这样，审美心理结构就是通过同化和顺应两种形式，在“平衡—不平衡—新的平衡”的转换过程中不断丰富和发展起来，审美心理结构就是在这多次的渐变与突变、质变与量变的互生、互进、互容中发展健全起来的。我们进行审美教育的意义就在于此。

二、审美心理建构的必要性

我们谈到审美教育的时候，不排除道德教育、知识教育等在其中的融合。道德教育、知识教育旗帜鲜明，已被认可和认真地进行着。但审美教育作为一个特殊的领域，在新时期尤其应该得到特别的关注。审美教育“关注的是人的生存与发展，它以人的需要与能力可以而且应该得到全面发展为信念，其基本价值在于：满足和提高人的审美需要，提高人的精神能力，使个体获得感性和理性的平衡协调发展，使人的审美生活成为可能”①。良好的审美心理结构，为人生的审美化生存打下厚实的底子，低段审美教育能奠定良好的审美心理结构基础，因此，中小学阶段审美教育尤为重要。

从社会生存、文化教育、个体发展等各层面来讲，审美心理结

① 杜卫：《美育论》，教育科学出版社 2000 年版，第 8 页。

构的建构与培养都是必要的。

首先，审美心理建构是现代化社会生存的前景呼唤。社会日益进步，工业化、电子化、信息化飞速更替，物质高度发展的环境制造了生存的工具，决定了生存的方式，反过来，工具与方式又影响着生存的态度。卓别林在20世纪时就已经深刻的感到了机器对人的左右和异化。影片《摩登时代》中，工人重复着不变的、无休止的工作，俨然已成为生产线上的一道工序、一个机器、一个零件，一切都像工业流水线一样被拷贝，还有人的位置吗？某一部科幻连环画写未来世纪的一位男子被机器人服侍得非常周到，起床穿衣刷牙洗漱吃饭、准备文件资料出门，一切均由机器控制，并伴有礼貌热情的问候招呼。由内而外的精心打理后，男子被空中隧道送抵上班处，这时才被一同事发现死亡已久。在“无人”的生活环境中，死尚且无人知，生又何其孤独冰凉？虽是科幻，但它折射了机器电子工业时代不可忽视的弊病，即生存空间人际的简化、淡化，情感地带的荒凉、精神世界的寂寞。

网络、电子通信的发达使远隔万里甚至隔着半个地球的人之间可能亲密无间，也可以使同一屋檐下的亲人之间形同陌路。这样说并非耸人听闻，生活中不乏戏剧性的情节上演。某夫妻两人生活中无法沟通，甚至反目成仇，而在网络中却是亲密好友，最终见面惊愕、失望，百感交集，简直是个绝妙的讽刺。由于对彼此缺乏真心的投入，丧失了审美的态度，对网络又不能以适当的审美距离关注，涉水而不知水，一旦投入不能自拔，把所有的情感、思想都放了进去，生活的泉流却枯竭了。电视剧《中国式离婚》正是一个非常生活化、真实化的例子。

也常有孩子被家人奉若皇帝，把自己的小天地装扮得极其气派，自己从头到脚都用名牌包装着，极具现代美感，吃用讲究，很是奢华，却独与提供这一切的父母无话可说。每天去不告诉，归不言语，甚至无视父母、厌烦父母、鄙视父母、仇恨父母，弄得父母整天小心翼翼、忧心忡忡。父母深深地不理解，往往向人这样诉苦：

我给他吃穿、满足他所有的要求，百般疼爱，他还要怎么样？父母情感的物质化、孩子情感的异化，期待着某种理念为之拨云见日。

种种社会现实表明个体的孤独意识与独立意识同时发生着。要适应未来的高度发达的生活环境而不至于被物质工具淹没，就要有精神的、情感的旗帜高高飘扬。越是社会物质化条件高度发展，越需要回归人的本性，回归到理性与感性、物质与精神和谐的情境中。倘能经过审美教育的洗礼，让情感的、不确定的、无形的、潜移默化的知识和道理，带领我们超越工业社会所带来的把人变得单一化、片面化、冷漠化的窘境，也许可以说，审美可以兴世。如果人看待世界的发展，看待人类的进步，看待社会的变迁能够抱有审美的态度，不只有动物一样的生存需要，更有超然的理性与感性的和谐，既能认识到生命的存在，为自己是这多样化的世界中的一员而自得，又能为自己的存在感到幸福，他体与自体的存在，就像鱼儿与水一样，彼此和谐，有这种超然，人才不为己身所累，就不会感到迷失，而是积极的开拓自己的人文世界，回归到人应当有的诗意的生活中来。审美的最终意义在于其人生价值，审美是一种手段，也是一种目的，是个体顺利地生存于现代化社会的必要姿态。从这一角度来看，审美心理结构的建构是必须的，是现代化社会生存的前景呼唤。

其次，审美心理建构是传承民族文化的必然要求。中华民族是一个诗意的民族，一向有着诗的传统，追求意境、神似、妙悟……然而随着经济社会的飞速发展、中华民族厚重的历史时期过去了，一些优秀的文化传统正在走向岑寂。比如古体诗词、比如戏曲、比如毛笔字、比如木版年画、比如剪纸、比如民间的吆喝……时代的巨轮碾过，势不可当。余秋雨已然感叹笔墨文化的没落，不仅如此，由于电子计算机的强烈冲击，这一工具日益替代着手写，连写字文化也可能会淡然。然而当大白话代替了典雅的诗歌，变得随意之极；录音机代替了口头吆喝，缺少了情与韵的变化；电脑刻字技术代替了手工剪纸，大型复杂的艺术作品电脑可以顷刻完成……克隆出来的艺术还怎样判定它的价值？由“似”变成“是”，还是艺术吗？还有文化吗？还需要审美吗？

那么，这种淡化必然影响到我们对古代文化的传承，倘没有欣赏的底气与氛围，谈何传承？作为一个时代虽然过去，但如果漠视，让这些承继古今的灿烂文化荒凉、消失，我们作为教育者，则不只是愧怍了。虽然国外也兴起了研究中华民族文化的小小热潮，但总不能依靠他们来复苏、传承我们地道的民族性的东西。正如西方油画决不会依靠中国画家引领潮流、中华戏曲决不会依靠老外去继承发扬。一个民族的审美心理从远古积淀下来，更有后天的点滴生活的丝丝渗透、人与人关系的彼此影响促成。

没有这种融合，《水浒传》只好被译作《强盗与士兵》、《中国的勇士们》、《在河边发生的故事》、《一百零五个男人和三个女人的故事》等；《西游记》被译作《猴》、《猴王》、《猴子历险记》、《猴子取经记》、《侠与猪》、《神魔历险记》等；《红楼梦》被译作《红色大楼的梦》；《三国演义》被译作《三个王国的罗曼史》；《警世通言》中的《杜十娘怒沉百宝箱》，被译作《蒙辱的东方女性》、《名妓》，等等。即使是精通汉语的译者，对作品的理解也许并不比一个只在说书先生那里听到水浒、三国等故事的农民的理解更本位和恰切。没有这种融合，“大江东去”、“千里共婵娟”是难以成为外国人感时感史、思念亲人的普遍寄托和祝愿。没有这种融合，“大漠孤烟直，长河落日圆”中对“大漠、孤烟、长河、落日”的感受和对“直”、“圆”的诗意玩味难以凝结成为头脑中的富有气度的特定意象，并引起古往今来读诗者的共鸣。

“无人谁会凭阑意”，倘若没有审美心理结构，此“人”也不会成为审美主体，便不能与世界形成审美关系。所以作为审美沟通的这一基础不可或缺。所以，我们的教育要担起培养民族的审美群体的责任，培养我们的青少年建构其审美心理结构，传承民族文化。别让亘古的民族精粹消失在世界文化行列里，别让我们的时代成了民族传统文化的青黄不接的时代，别让我们的精神家园成了荒芜不耕的土地。

再次，审美心理建构也是学生个体身心健康发展的要求。个体存在于社会中并与社会交流、交往，审美心理的建构是现代社会生存环境下的交往所必须的要求。审美心理结构是现代人的素质结构中基础性的要素之一，它既有相对的独立性，又能对道德、心理、人文等产生影响。

当前社会文化呈现出丰富的样式与内涵，复杂化、多元化的生活要求我们有审美的慧心。CD、MP3、录音机、复读机、文曲星、赛车、柏油马路、红绿灯、整齐的绿化树、钢筋混凝土的建筑、防盗门、防盗护窗……包围着新一代学子。尤其是，初中生　般身心条件尚未成熟，知、情、意各系统的发展方面并不完善，他们对世界、对美的认识与判断一般还只是凭着先在的直觉，他们觉得某物“好”、“美”，但往往又难以说出所以然。可能此时觉得这一事物美，彼时又觉得那一事物美；有时会极其敏感强烈，有时又会很茫然淡漠，容易受别人的影响，容易随波逐流。审美心理结构不健全、不稳固。他们又多是独生子女，父母们多忙碌于工作，与孩子缺乏交流沟通，孩子往往容易沉迷于声、光、电的刺激中。有的学生对生活的感受力与表现力比较差，对生活以及自我的认识与感情比较贫弱，这正是缺乏良好的审美心理结构的表现之一。他们难以从生活中得到有益的启发或排解，难以得到内心的有序的张弛与平衡。更有些学生在生活中面临种种问题：因父母离异而被当作包袱的、单亲抚养心理上有自卑感的、父母为了补偿对孩子的关爱而一味给予物质满足的、游离于父母管辖视线之外而痴迷网络的、摆排场乱讲究铺张浪费的、非名牌不穿非名牌不取生活奢华的、盲目而狂热崇拜明星的……他们容易凑在一起，扩大这种影响、延伸这种感受，并以其他方式呈现出来。如相随上网、一起下饭馆、一起尝试喝酒抽烟、着统一的或类似的服装或饰物等，他们缺乏家庭幸福感，便追求小集体内的互相认同。他们普遍认为生活就是享受，没有付出的生活使他们感受不到生活更为深刻的内涵之美。加之应试教育的刻板与封锁，流行文化的低俗肤浅对他们造成极大的误导，他们对自然与生活的审美取向令人担心。

审美“从完善的心理结构着眼，培养人们一种整体反应方式，造就一个完善的人格，使人的整体人格与外界环境整体达到同构对应，即人与自然、社会的协调和一致”①。所以，审美教育“不仅是普通教育的一个组成部分，而且是整个教育的基础，教育改革的突破口”②。对广大青少年来说，学校是主要的学习阵地之一。教育面向每个学生的生存与发展，审美是素质教育中不可或缺的一环，为学生奠定审美心理的基础，是其日后适应现代社会生活、形成独立人格的保障。审美是需要教育的。为学生“松绑”，还学生以全面发展、健康发展的权利，正如夸美纽斯的大教育论所说，审美教育不应把人置于学科尤其是学科成绩之下，而是应放在无限广阔发展的生活环境中。建构积极的审美心理，实现其制导行为和调节生理运动以及自控、自调心理运动本身等的功能，可以说是一种健康教育。学校要通过审美实践活动，帮助学生寻找到生活的智慧，为学生走向身心和谐的境界、得到身心的健康发展奠定基础。初中生审美心理结构的不健全，换另一个角度看，正使建构与培养成为需要和可能，而且正是施以影响、正确引导最佳的时机。

综上所述，这几项问题其实是一个问题的不同方面。

第二节　语文教育对审美心理建构的意义

语文作为人文学科，作为学校教育中的一支主力军，是审美教育实施的重要途径，审美教育功能是语文的固有功能。语文对于审美心理培养的确责无旁贷。教育部制定的《全日制义务教育语文课程标准（实验稿）》明确提出新课程基本理念：要全面提高学生

① 杨恩寰：《审美教育学》，辽宁大学出版社1987年版，第62页。

② 同上。

的语文基本素养，要“重视提高学生的品德修养与审美情趣，使他们逐步形成良好的个性和健全的人格，促进德智体美的和谐发展”；课程总目标中提出，“在语文学习过程中……逐步形成积极的人生态度和正确的价值观，提高文化品位和审美情趣”；初中语文课程总目标中提出，“欣赏文学作品，能有自己的情感体验，初步领悟作品的内涵，从中获得对自然、社会、人生的有益启示”。“初步理解、鉴赏文学作品，受到高尚情操与趣味的熏陶，发展个性，丰富自己的精神世界”。这是语文界经过长期讨论与实践之后对语文审美教育的再认识，是真正回归到语文的轨道上来的要求。

中学课文中的作品文质皆美，语言优美、准确、生动，手法灵活多变、精细巧妙、富有个性，感情真挚、亲切、饱满，或叙事状物，或塑造形象，或抒发情感，或描绘意境。学生从中既可以获得丰厚的语言底蕴，又能在此基础上获得相关的自然知识和社会知识，提高感悟生活的能力。形象思维进一步发展，热爱并追求真、善、美，鄙弃和痛恨假、恶、丑的思想感情被激发，净化心灵、陶冶情操，点化和润泽生命得以实现。审美心理的建构是语文教育的必然使命。尤其是其中的文学作品，能以广阔的笔触延伸到其他艺术达不到的高度、广度与深度，将文学文本作为审美对象时，阅读使人达到心灵暂时的放飞，在一定的时间里抛开现实的功利和负重，感受一种纯净的状态。优秀的作品，汇集自然美和社会美让读者欣赏体会，读者在创造、体验美的活动中，各种审美心理能力达到活跃和提高，构成一种具有节奏性、平衡性和有机统一性的完整形式的独特的心理结构。

大量事实表明，语文视野宽广的少年儿童更具有审美的敏感与智慧。初中时期学生在 12—16 岁左右，自我体会加深，审美需求迅速拓广掘深，形象思维仍在飞速发展，同时抽象思维也在急速向前推进，他们思想活跃，无忧无虑，理应让美的语文尽早进入视野从而构筑他们的精神世界，让有意识的审美活动，落实到语文教学中，让学生在对事物形式美的把握和内容美的体会之中，真正建构审美心理，形成审美能力，为高中阶段的审美鉴赏力的培养奠定良好的基础。

一、语文教育对审美心理建构的优势

语文审美教育通过引导学生主动探索文本的内涵、感受作品语言文字的魅力，陶冶学生的情感，发展学生的人格，净化其灵魂，提升其境界，有效地奠定审美心理结构的基础。具体而言，语文教育对审美心理建构的优势在于：

1. 便于培养学生对语言审美的敏锐性

语言的学习是人类智慧的传递，尤其文学作品的语言，一方面有其“意义”（即语词所包含的语义），一方面又有其“涵义”（即语感）。语义可以被统一地纳入各种类型的词典，具有可把握性，而语感则总是与人的个性化的感受、经验渗透在一起，令人难以捕捉，语感这种难以捕捉的属性，使阅读具有审美的特质。当学生在品味、涵泳与运用中构建词语在特定语境中的特定意义，感受语言的冲击力，领略词语的言外之意、弦外之音，体会语言的含义的丰富时，便能更深切、更准确地把握言语的意味，增强语感的敏锐性，从而习得品味语言的方法，构建语言文字学习的模式。

如学习朱自清的散文《春》，引导学生品味“小草偷偷地从土里钻出来，嫩嫩的，绿绿的”中“偷偷地”和“钻”的涵义，如果仅仅是“偷偷地”和“钻”的字典上的意义，显然不足以把握其审美价值，鼓励学生结合自己对春天景物的观察，调动自己的生活体验和感知经验，在此时的特定语境中，解读出小草的坚韧、急切、可爱、顽皮以及生长时不引人注意、大片出现时又令人惊喜等特点，真切感受到春天里自然界的微妙变化，并在此基础上感受作者流露的对春的满腔喜爱与赞美之情。经过长久的这样的训练，语感就会越来越敏锐。正如叶圣陶曾引过他的知交夏丏尊的一段话，“‘赤’不但解作红色，‘夜’不但解作昼的反面吧？‘田园’不但解作种菜的地方，‘春雨’不但解作春天的雨吧。见了‘新绿’二字，就会感到希望、自然的化工、少年的气概等说不尽的旨趣；见了‘落叶’二字，就会感到无常、寂寥等说不尽的意味吧。真的生活在此，真的文学也在此”。

对文本语言形式的节奏、音调、韵律的感受以及对作品结构、语言风格等形式要素的感受和学习亦然。语言文字的节奏和音韵，在文学作品中具有相对独立的审美价值。如余光中的《乡愁》："小时候，乡愁是……长大后，乡愁是……后来啊，乡愁是……而现在，乡愁是……"，一唱三叹，通过节奏的和谐伸展，展现诗人的一段段心路历程、一次次情感升华，在体味这种伸展中产生强烈的直觉式的美感，获得美的愉悦，也获得了其诗性本质及其存在。又如《蒹葭》，"蒹葭苍苍，白露为霜。所谓伊人，在水一方。……蒹葭萋萋，白露未晞。所谓伊人，在水之湄。……"尽管诗中多有生涩的词汇，但学生往往充满兴趣地、自主地提前背诵，皆因诗句调动起了他们的愉悦。这种美感，正是进入想象、情感、理解等诸种心理因素形成的审美再创造境界的前提。

2. 通过文本的心理实验效应，丰富审美心理体验

审美化的阅读使学生"设身处地"、"身临其境"，更好的调动其形象思维，将各个具象构成一个画面，同时，去品味由这画面上特定情感构成的世界，建构作品的意义，通过语文体验更多的人生、可能的人生，扩大了生活实践，可以激励学生向外开拓、向内探寻，使有限向无限转化。让学生作为主体在阅读中完成审美，经过一番历程，由最初的审美心理结构与文本的不和谐、出现矛盾并痛苦，然后调和矛盾使之平和，到再出现矛盾，然后再次解决，抵达和谐，从而调节与平衡身心，使之健康发展，最终趋向平衡。学生审美实践行为经过内化后，才能构成审美体验，才能实现审美心理的建构。这种实践结构的内化，既是心理建构的动力，也是建构的实际内容。

比如，学生不可能有漂流历险独自生活在荒岛上的经历，阅读《鲁滨逊漂流记》使他们梦想冒险的心理得到满足。学生不能在北

极感受酷寒、饥饿、风暴以及绝境中的挣扎、痛苦的期待和不能期待的绝望的极限，而茨威格的《伟大的悲剧》使学生体验这种痛苦，并在其中感受到了斯科特等人行为的高尚、品格的伟大。《皇帝的新装》的审美化阅读使他们不再停留在好玩、有趣的体验中，而是深刻的反观自身，感受到人性中的弱点及滑稽与讽刺的力量。正如黑格尔所说，欣赏就是在艺术作品中重新发现自己。阅读使学生进入角色，进入情境，情感得到滋润、灌溉，被充实、活跃、丰富、调整、宣泄、完善，使思想开阔、丰富、提高、深化。经过这样一番心理过程，审美心理结构又得到一次新的提升，并内化为下次审美的准备了。

3. 激发模仿和个性化写作的欲望、释放审美心理能量

审美化的阅读，往往使人动情启智，学生不仅经历了激情的洗礼，充实了精神内涵，内心波澜起伏，常常还有学生跃跃欲试，也想一吐为快，例如，教学实践中，在对何其芳的《秋天》进行了审美的阅读欣赏后，很多学生不仅热衷于作品的吟诵，而且模仿创作了《秋天陶醉在校园里》之类的诗歌习作；学习泰戈尔的《金色花》后，学生模仿创作了《我是一片云》等小散文；学习杨绛的《老王》、余秋雨的《信客》等文章后，学生的记人散文变得充满情味，有《假如我是您的母亲》、《我的启蒙老师》、《奸商大华》等很多优秀的习作；学习了电影剧本后，学生改编了《石壕吏》，颇有现代影视文学的味道。

由读到写虽然还有很大的距离，但有了兴趣，再作激励与引导，学生写作将有效得多。学生的审美实践行为已经内化，当经验再转变为外在的事物时，已然内化成为心理结构的一部分了。当学生的兴趣由内而来时，下笔写作无论内容还是形式，都不会是千篇一律，而是异彩纷呈了。

二、文学审美教育是审美心理建构的最佳途径

有了客体美的存在才有主体的欣赏，才能内化为审美的感觉、

知觉、表象、想象、情感等心理活动，并贮存、积淀于心理，建构起动态的审美心理结构。从这一角度来看，语文教育中，文学客体美的存在为建构审美心理提供了最佳途径。文学艺术有其独特的规律，在不同文学体裁的审美实践中把握其特殊性进行文学的审美教育，要遵循文学客体美的特点，将客体美的实践结构内化为审美主体的审美心理结构。

1. 诗歌审美教育

诗歌离不开意象，抓住意象进行审美阅读，是构建诗歌审美心理结构的基本方式。例如，有的老师指导古诗《天净沙·秋思》的审美阅读，先让学生在头脑中描画并感知用语言文字勾勒出来的形象——藤、树、鸦、桥、水、人家、道、风、马、阳。分析这些形象的特征，并启发学生以审美想象来完善形象：藤，是一些枯藤，干枯成已无韧性的屈曲缠绕之状，生命即将终结；树，是老树，灰色的树皮、深深的裂痕，毫无生气；鸦，在民族文化中本来就是一种凶鸟，更何况是在夜幕将临的黄昏？倘若偶有鸦声一二，更难消凄迷之感了；道，是古道，透过“古”字，我们看到的是多年失修，路基坍塌，坑坑洼洼，让人难行；风，是砭人肌骨的寒风，不是宜人的春风；马，是瘦马，与主人一样风尘蒙身，人骑上去摇摇欲坠，更“载不动许多愁”；太阳，是即将落山的夕阳，金圣叹读到武松打虎一段“回头看这日色时，渐渐地坠下去了”时说：“我当此时，便没虎来也要大哭。”在这种审美知觉与审美想象中，审美情感渗透蔓延，审美心灵受到浸润，原有的审美心理结构悄悄地发生变化，有所补充、有所增进、有所完善。把这些形象连接起来，归纳其共同特征，梳理整体感受，也就是对意境的把握。作品中那些物象的共同特征大致可归纳为衰败、凄凉，“一切景语皆情语”，这些意象是作者内心世界的折射，透过这种折射，展现在我们面前的是：落魄天涯、羁旅异乡、仕途失意，甚至是生意尽亏、学业无成者，前途茫茫，归宿不定的凄苦心境。审美的理性光芒参与其间，使感知、想象与情感得到提升，并使审美走向深刻，审美心理结构在实践中改组重构。

2. 散文审美教育

散文的语言优美而独特，散文创设的情境中往往寄托着作者的哲理情思。要引导学生细细地品味文本，从语言、意境、内涵等多个方面来阅读与欣赏散文，读出个性、读出创见。总的来说，要“通其情”，“晓其理”。散文往往透过平凡的现象点示不平凡的本质，用细小的局部显示宏大的整体，以生活的琐事表达深刻的哲理，运用象征手法将浅显升华到精警，通过激情的抒发来深化文章的主旨。

比如朱自清的《背影》，作者在设置好家境黯淡的背景后，描绘了父亲送子的几个场面，尤其细致入微地刻画了父亲为我买橘子的背影，传递出文中主人公的主观情感，要循其形，入其里，察其情，“事非经历不知难，情非感受不知味”，换位思考，调动自己的生活体验，才能深切意会到一个父亲、一个一家之长在家国两茫茫之际，送子远行时的深情的牵挂，不忍不舍、满怀希望而前景黯淡相互交织的复杂感受。

散文率性真诚，随意自由，直接面对最为丰富多样的生命。实现散文的审美功能，还需要品味其语言表征，追寻它直抒或隐含的人物情感，在理解认同和反复体味中提升品位，完善审美心理结构。《背影》引发我们共鸣的天伦之情——父爱，为什么在当时作者却未能明了，“真是太聪明了呢”？而直至“近几年来，家中光景是一日不如一日”之际，收到父亲的悲观而故作达观的信后，才领悟到“距离产生了美”，对在形成的为自我所感知到的情感进行追本溯源，摸索出一番理性思考的“所以然”。——这样的理解就是审美的理解了。

散文教学是语文学科教学不可或缺的一个重要构成，中学语文新教材所选入的中外散文作品，大多情意浓厚，文辞优美，构思绵密，语言富有情感和哲理，在一个广阔的空间中再现了人类丰富多样的情感世界，凸显了异彩纷呈的艺术表现形式。只有从审美的需要出发，解读欣赏这些文学作品，使散文教学转化为美的心理建构，美的再现，美的欣赏和美的创造的活动，才能有效地提高散文阅读教学的质量，培养和提升学生的审美素质，真正体现出语文学科对人文的归属。

3. 小说审美教育

小说以人物、情节、环境为要素，另外，对小说的审美需要学生有一定的知识积累。如：小说的类型，小说的“描写”、“线索”、“细节”、“铺垫”、“伏笔”、“照应”、“悬念”、“误会”等以及积累一定的语言材料。在此基础上才便于理解和在审美层次上进行学习。

小说的情节在发展中影响着阅读者的整个审美心理流程；人物是小说的灵魂，“栩栩如生”、“有血有肉”、“活灵活现”、“跃然纸上”等词语恰恰反映了小说审美的心理建构结果。人物形象通过文字的传达，加上阅读者心理的积极补充，达到对人物的审美感知，同时这感知中融入着理解、情感和想象。

比如有一个教学案例分析孔乙己的形象：出场时，孔乙己是站着喝酒而穿长衫的唯一的人，是一个身材很高大、青白脸色、皱纹间时常夹些伤痕、有一撮乱蓬蓬的花白的胡子的人，是一个有着睁大眼睛的样子、不屑置辩的神气、颓唐不安的模样、极其惋惜的表情、恳求掌柜的眼色的人。进而随着对其习惯、行为的介绍，孔乙己的形象更具体了：一个对人说话满口之乎者也、教人半懂不懂的人，一个酒客，是一个好喝懒做、偷偷摸摸、经常挨打的人，是一个迂腐的自命清高的人，是一个生活在极其冷漠的环境之中的人，是一个受到无情嘲弄的人，是一个地位低下到不如当时的一个“短衣帮”的人，是一个精神和肉体受到巨大摧残的人，是一个不时有善良天性流露的人。而在此基础上，从人物命运、人物塑造的角度赏析，我们会进一步认识到他是一个没有爬上去的读书人；是一个人生的价值连十九个钱都不如的人；是一个在笑声中出场，在笑声中演出了一幕更比一幕惨的悲剧，又在笑声中凄然消逝的人；

是一个可笑可怜的多余的人，是一个“是这样的使人快活，可是没有他，别人也便这么过”的人。通过这样的层层推进，审美理解越来越深化，我们对人物从感到可笑可鄙到感到可悲可怜，审美情感也在逐渐丰富。当我们对这一人物的悲剧命运的因素作出分析有所醒悟后，孔乙己的形象、性格和其典型意义便内化，作为一种生成的结构注入审美心理，成为审美心理结构的新的一部分。

戏剧审美在初中阶段只是初步亮相，对于审美心理的建构与小说相似，这里不再详列。

4. 其他文体的审美教育

童话，是儿童文学中的想象、幻想和夸张的世界，是语言通俗生动、情节离奇、引人入胜的奇思妙想。寓言，是文学作品中的讽喻世界，它用篇幅简短的假托的故事寄寓意味深长的道理，它常常借此喻彼，借远喻近，借古喻今，借小喻大。神话，是远古人民表现对自然及文化现象的理解与想象的故事，它们充满了神奇的幻想，把远古人民的认识和世界万物的生长变化都蒙上了一层奇异的色彩。

童话、寓言、神话都是中小学生喜爱的美好生动的作品，也是义务教育阶段语文教学的重要内容之一。各套语文教材在编写中，都离不开对它们的选用。《皇帝的新装》、《蚊子和狮子》、《盘古开天辟地》等童话、寓言、神话都是现实生活的间接反映。对这些课文进行教学，要指导学生领会联想和想象在文章中所起的作用，并激活他们的想象，从而深刻理解文章的内容以及蕴含其中的作者的感情，培养联想与想象的能力。讲求多种感官的调动，讲求思维的灵活。

童话、寓言、神话的审美教学需要设计最恰当的活动方式，如：朗读活动、复述活动、概括活动、想象活动、讨论活动、品析活动、写作活动等，为学生的审美心理建构搭好桥。

总之，在审美教育过程中，要遵循审美心理建构的规律，作好长期的、大量的审美实践的积累，教学中要尽可能多的让学生接触优秀的文学作品，做好量的准备。

第三节　现状调查与分析

一、审美需要调查与访谈

人的审美行为受审美需要的驱使，而审美需要由人的先结构决定。人的先结构是指在进入审美接受过程时总有一种先在的比较稳定的心理结构，这种先在的心理结构是个性气质的一种表露，也是生活经历和审美阅历的心理积淀。由这种先结构决定了审美的可能与审美的需要。所以，笔者在作审美问卷调查前，先从审美需要、审美先结构方面作了些调查和访谈。

从调查与访谈结果来看，审美成为有意识的需要并不普遍。笔者于暑期跟随一个艺术培训班，调查了解了部分儿童绘画方面的兴趣，访谈了部分家长。大部分家长送孩子到艺术培训班的意图，是想找个地方使孩子度过漫长的暑假，自己也不必受累，否则每天在家不好控制孩子看电视、玩闹等，也怕孩子无事生非，这样艺术培训班被一些家长当作是学校的替代。一部分家长顺从孩子的意愿，只图孩子喜欢，其他不曾多想。一部分家长有意培养孩子的兴趣爱好，但目的仅仅是不至于看别人的孩子都学这学那，而自己的孩子落伍。极少家长是希望孩子生活丰富，会欣赏美。家长的态度很大程度上影响着孩子审美的发展，不少孩子画得越来越精致，越来越规范，但也越来越没有个性和创意了。

在功利主义的驱使下，审美需要可以说被遏制和篡改。比如在绘画活动中，孩子想表现自己头脑中的有趣的形象世界和故事情节，而一位家长却斥责七八岁的孩子把所画的人物的脚一只涂成绿色，一只涂成了蓝色，也有斥责孩子没把人物脑袋画得足够圆，几乎是视为“非法”，他们认为符合现实生活、像现实生活的才是应该的和允许的。以大人的眼光去看待孩子的创作，无形中扼杀了孩子自主的审美感受与审美表现，原本源于内心需要的创造力被渐渐改造，审美、创造美的需要被遏制。如此的话，各类培训班铺天盖地，是喜是忧？普及艺术教育的功劳当然该记上，但毁坏艺术教育的罪责恐怕也要归咎于此。又比如，有家长或老师让孩子弹奏乐器，忽视了孩子的审美需要与审美享受，急功近利，只希望孩子演出时自己脸上光彩，孩子由最初的喜欢发展到越弹越不喜欢直至逃避、放弃。

而且在应试教育的夹缝中更有一些不可理喻的现象。某地有培训升学小学生写作的，竟然讲非常严肃的议论文、记叙文、说明文文体知识，要即将升入初中的学生把论点、论据、论证、顺叙、倒叙、插叙、说明顺序、说明方法等概念背得滚瓜烂熟，而教师正是中学老师。孩子逐渐失去了用文字表达的兴趣，家长想培养孩子写作能力却适得其反——这里已经看不到审美、创造美的丝毫迹象了，几近笑话。

而初中生大都会参加一些数学、英语、物理、化学等课程的补习班，且大多是做题讲题。初中的音乐、美术课普遍残疾，城市里尚有这些科目，老师不需费力，没有压力，必要时让位于主课是非常自然的。农村则很多地方自动取消艺术类课，全力主攻中考科目。“我想唱歌可不敢唱，妈妈听见就会这么讲：高三啦还有闲情唱，凭这怎么能把大学考上?”目前这种现象已经延及初中，至少是初三。有舞蹈、乐器、绘画特长的大部分学生并不纯粹作为爱好，而主要作为考大学的另一条门径。一般是文化课不硬实的和很糟糕的同学才作这种打算。而语文教育被狭隘的理解为语文课本的学习，于是连文学作品的阅读在很多时候和很多人眼里还被当作是“看闲书”，“不务正业”。

与此矛盾的是，学生仍有着强烈的审美需要和审美期待。一些学生被一些言情武打吸引，正是在其中，他的审美需要与审美期待才能得到满足。现代心理学证明，奇巧的事物能给人以新鲜的刺激，特别能激发人的注意力。俗话说“无奇不传”，“无巧不成书”，在审美活动中，审美对象的奇巧，往往是引起审美主体的好奇即审美期待的直接原因。如果奇巧的内容本身不具有较高的审美价值，审美趣味容易被误导。如果奇巧的内容本身又具有较高的审美价值，那么，它就会发展成为完善的审美心理结构。

二、初中生审美心理结构问卷调查

为确切了解初中生审美心理结构的现实状况和语文教育对学生审美心理结构的影响，并针对问题实施策略，笔者设计调查问卷，选择山西省临汾一中、临汾九中两所学校发放，这两所学校分别属于市重点中学和普通中学。发放问卷共计300份，收回有效问卷300份。

调查问卷与结果分析：

问卷目的：调查学生审美心理结构基本状况以及语文教学对学生审美心理建构的影响。

问卷内容：问卷分两部分，第一部分为学生的生活与审美表现，以此了解学生的审美心理结构基本状况，内容涉及音乐、美术、阅读、娱乐、风俗、旅游等多方面。第二部分调查学生语文学习与学生的审美心理建构相关状况，按照人教版现行语文教材全六册36个单元的相关内容与顺序设计（问卷见附录二）。

从问卷调查结果来看，初中生审美心理结构及其建构存在以下问题：

第一，审美实践的渠道单一，审美趣味流于庸俗，审美感觉比较粗陋。

比如，学生生活中欣赏美的活动主要是“听流行歌曲”，他们很容易就喜欢上《老鼠爱大米》这样的流行歌，而很难耐心进入一首圆舞曲的意境；对他们比较喜爱的歌手周杰伦，大部分学生喜欢他的理由是“长得酷”、“唱歌的音色有味道”和“动作行为有个性”，而很少是由于周杰伦“他写的歌词有含量”；很少有人参加过大中型的音乐会或绘画展等艺术类活动。他们对中国民族音乐不大感兴趣，也并不大听西方一些典雅音乐。就这一点来说，我们的初中生与一些西方国家的初中生在审美素质上有了较大差异。

又如，学生感兴趣的绘画作品大多选择日本漫画，而绝少有“西方油画”，甚至我们民族的国粹——“中国画”，这些底蕴深厚的画种没有列入他们的审美心理结构之中；他们在街市上看到建筑、雕塑也往往不是被美的形式所吸引，而是更多关注其实用价值。如街市上的新商厦通常比较注意它们的“楼层是否高”、“顾客进出是否多”；对家乡的风俗习惯、悠久历史、文化名人了解普遍甚少；他们偏爱城市的理由多为物质生活便利；而假日外出时通常选择大型游乐场、热闹的街市去游玩；对校园里的标语牌：小草正在休息，请勿打扰——不少学生是因为“位置显眼”才注意它的。在选择景物为“他在海边，心情沉重”做影视背景的选题中，有不少学生选择了“风和日丽，白沙细浪”，很是不恰当，不能把生活表象和审美表象联系起来。

第二，课外阅读的范围比较狭窄，心灵缺乏浸润，审美情感苍白。

问卷显示，学生接触的书籍与喜欢读的书籍中，以“科幻、童话、漫画”类居多，主要与社会流行倾向一致。比如学生看《蜡笔小新》、《老夫子》、《阿衰》、《龙珠》之类的漫画，并且表现出较大的兴趣，所得到的体验也只是“刺激”、“滑稽”、“好玩”、“搞笑”，很少有智慧、勇气、牺牲等其他情感体验，但他们满足于此，乐此不疲。他们很少有人读过完整的《西游记》、《一千零一夜》、名人传记和崇高的、悲剧性的作品，学生的文学阅读少，而且很少有以积累素材、提高修养为目的而读书，也就是说，尚且缺乏审美心理建构的主动性；作文书也是学生常见的、常读的书，然而与学生水平相当，常用于写作文时参考，并不能构成强烈的审美召唤，由此显现出来的审美情感苍白无力、浅薄，审美趣味还比较幼稚甚至世俗，这表明学生的审美心理结构还不够完善，期待指引。

第三，涵泳品味不足，审美想象局促或不得法，审美理解流于肤浅。

问卷阅读题中有一题为，"'溪水从草丛穿过，留几句叮咛又隐入林子深处'，请发挥想象，写出溪水叮咛的内容。"绝大部分学生写的是有关环境保护的。然而与文中的幽雅灵动的情境显然不相称。还有的干脆放弃，因为想象发挥的内容对他来说是困难的。

在对语文教材九年级上册小说《喂——出来》一文的阅读与学习之后，很多学生更多的注意力仍然停留在"那奇怪的洞穴"这浅层次的感知上，尚不能达到审美理解的深度；对《湖心亭看雪》一文中"雾凇沆砀，天与云、与山、与水，上下一白。湖上影子，惟长堤一痕，湖心亭一点，与余舟一芥，舟中人两三粒而已"的西湖景象的品评，近半数同学选择了"一片单调苍茫，毕竟难与花红柳绿、莺歌燕舞时相媲美"，或者"作者专门以特殊的写作技巧表现自己与众不同的品位"。在《送东阳马生序》中，作者宋濂讲到对老师察言观色、毕恭毕敬的态度的看法，尚有一多半学生凭一己之见认为"师生平等，不应有等级界限"，而不能上升到"吾爱吾师，吾更爱真理"的达观境界。

由问卷可以了解到，当前初中学生的审美趣味依然普遍幼稚化、低俗化，审美心理结构没有得到良好的发展和完善，语文教育对学生的审美方面素养的提高效果并不显著。

三、语文教育中审美缺失的原因分析

语文教育审美功能缺失的原因，可以说在功利主义教育影响下，依然过于注重逻辑化、系统化的知识与理论的传授，忽视提升青少年生命意义和价值的内在功能，导致了教育中人文精神的被冷落和审美意义的被荒废。基础教育仍未脱离应试的窠臼，具体表现为：

第一，忽视语文文本的审美召唤，盲目拆解文本。

语文文本往往形质皆美，具有很强的审美召唤力。但不少教育者仍未从落后的教学观念和习惯的泥淖中走出，在语文教学中依然故我：依照教参对任何课文都是条分缕析，不厌其烦地教给学生系统知识、写作特点、作者简介、段落划分、中心归纳、写作分析等，详之又详，细之又细，对作品进行“肢解”，将语文教育简化为知识教育；或是一味地进行“标准化”的技能训练，努力贴近“标准答案”，以程式化的教学服务于无尽的考试等；或是把情感、态度、价值观目标理解为德育目标，审美几乎难以跻身其中。与审美割裂的语文教学使学生的视野被束缚在解词释句、段意与主题的归纳上，把本来有着广阔美育天地的语文教学狭窄化，使语文本来具有的得天独厚的审美优势丧失殆尽。

王元化教授认为，“现在分析课文的这种‘肢解法’，古希腊哲学家亚里士多德说：‘如果把一只胳膊从躯体上砍下来，那就不是胳膊了。’一篇文章是一个活的有机的整体，你这样把它肢解了就变成另外一种东西，而不是这篇文章本身。这是解剖尸体，不是讲作品，连技术化都谈不到”。于漪老师把这种现象概括为语文教育上的烦琐哲学与形而上学。她说，将许多文质兼美的文章“肢解”成若干习题，扣这个字眼，扣那个层次，文章的灵魂不见了。脑子里如马蹄杂沓，堆砌了许多字、词、句零部件。有些字、词，不要说小孩，就是大人，就是作家也很难说得清。……把原先浑然天成、有血有肉的文章，变成了鸡零狗碎、毫无生气的东西，怎么能让学生学到真本领呢？审美心理结构亦被瓦解。

第二，对学生审美心理结构与过程缺乏认识。

马斯洛需要理论认为，需要是层级发展的。相对于小学生来说，初中生已经开始了有意的审美实践。他们开始阅读奇幻曲折的故事、开始品味文学性浓厚的作品，如果其中的内容本身不具有较高的审美价值，审美趣味就容易被误导。如果其中的内容具有较高的审美价值，那么，它就会发展积淀成为良好的审美心理结构。然而由于缺乏正当的审美引导，一些学生被一些传奇、漫画、神魔游戏、武打、摇滚、街舞等内容或活动狂热地吸引，潜在的审美期待渐渐显现出来，但此时审美趣味往往失于幼稚，流于低俗，审美心理结构发展缓慢。

事实上，语文视野中的美，可谓琳琅满目。教材对初中生有普遍的吸引力，每当教材到手，学生会迫不及待地翻阅语文书，一睹为快；生活中的语文之美更是目不暇接，当客观存在的美成为内化的物质基础和审美的客观前提时，学生会因熟悉的召唤或陌生的诱惑而产生一种审美的冲动。这种良好的心理指向对于激发学生的阅读热情、培养良好的审美情趣以促进主体的可持续发展，有非常重要的意义。

然而实际教学中，受教师自身素质、应试教学、教参规定等因素制约，往往由于不了解学生的审美心理，教师未能及时引导、架桥衔接与文本的沟通，而按照惯例“稳当”地进行下去。学生刚刚有了审美的欲望，教师就将奥妙揭开；学生有了对文本的审美的冲动，教师却去大力介绍作者生平；有了初步的审美感知，却缺少审美感情的投入，所以达不到审美的深度，体验不到审美的幸福；有了审美的情感，审美理解却不够深刻；最终有了审美的输入过程，又无法进行审美的表达。审美过程始终不能将感知、理解、情感、想象有机地组合运作起来，是不完整的。再者，不同的课文要不同的安排，教师千篇一律，使学生审美的热情渐渐失去，只知跟着老师的安排走。渐渐地，学生面对作品没有惊喜意外、没有期待，主动审美心理渐渐淡化，不主动分析理解，而依赖教师讲解；不积极提出自己的见解，而是揣测老师和教参的意图。最终导致忽略自己的感知与潜理解，画地为牢、循规蹈矩，关闭了视听、封锁了想象、压抑了思考判断，严重影响了学生自然态的审美心理建构。

第三，没有明确的美育理论指导，措施不当。

有的教育者将审美列为教学目标，对语词、文章含义的品味以及情感态度、价值观比较重视，但往往是老师努力讲到学生“懂”为止，然而，“懂”还远远不等于会审美。有的地方甚至还有老师念参考答案，学生抄答案、背答案的现象。再遇到类似情形，学生根本不能独立赏析品味，甚至有了畏难情绪。在一定时期后，学生往往对老师期望的答案有了了解，便顺应老师的需要，违心地或是敷衍地回答，最终结果是审美与生活、与语文远隔万里。

有的教育者对新的教育理念理解不到位，甚至有偏差。有的教师极力展现自己对作品深刻而准确的解读，自唱主角，越俎代庖，不是帮助而是替代。有的则干脆走向另一个极端，教师将课文撒手给学生任意发挥，听之任之。课外名著的阅读虽然被课程标准大力提倡，但普遍教学实践中，或被学科学习挤压，或放任自流，见效不大，都背离了语文教育的规律，学生的身心发展要求被淹没在追求升学率或是追求形式化、表面化的假改革的努力之中。许多教师明确了工具性与人文性的性质，对作品的人文内涵也能较深地挖掘，然而怎样迁移为学生的审美实践，内化为学生的心理物质，则指挥不当，简单一味的程式化的训练，因为忽略情感这一活跃分子的投入，难免见物不见情，审美心理建构只能是纸上谈兵。

另外，从学生习作来看，也反映出普遍存在着的审美、创造美方面的极大欠缺，如，叙事性作文形式与内容往往千篇一律或者大同小异，某次考试中的作文是《第一次……》，阅卷时发现写《第一次骑车》、《第一次炒鸡蛋》的占全部试卷的40%，相关课文《第一次真好》的学习成果没有很好的渗透到学生的审美心理结构中。并且，学生作文牵强附会、上纲上线，假大空套话的现象依然大量存在，似乎已经丧失表达自己真心感受的能力，犹如一种不良的心理定势，成为写作的障碍。初中生记叙事件，开始采用倒叙手法，但作文中总是用“岁月如流，日月如梭……这件事依然让我记忆犹新”之类的语句开篇，缺乏变化，与个性化审美相去甚远。又如描写景物类的习作，拾人牙慧，以借来的眼睛看景色，以别人的手来写景色，内容陈旧，形式程式化，缺乏心灵的浸润，缺乏感情的流露，如随意的、浅陋的照相。抒发感情则通常是直发感叹，表情空洞，或虚假或肤浅，不能借助意象形象化、具体化，情形十分普遍。结果是学生习作往往没有什么毛病，却也没什么动人之处。教师对学生没有审美的要求，或盲目要求，并无指导，学生得益甚少。

总之，语文教育远离了美，急需要拭去蒙尘，真正展现其人文魅力。

四、走出误区的基本条件

在语文教育中实现审美，走出审美教育的误区，广大教师、专家作出了总结，主要从以下几方面注意：

第一，教师自身必须改变过于强调理性分析的教学模式。

教师要给学生以充足的时间，让他们从课文的整体情境中得到感悟和启示，莫以分析代替品味，要让学生把一篇课文看成一个有意义的整体，让他们各自凭直感去把握和体悟文章的情感基调、主题思想、独特的艺术手法，然后再引导学生分析构成课文整体的各个段落。

第二，淡化学生阅读的功利意识，养成正确的审美态度。

阅读应当是快乐的、自主的。但是一开始就想从阅读的对象中找到考试和升学需要的东西而死背硬记，势必会影响到对课文的情感体验，使审美活动降格为简单的认知。在阅读教学中，教师必须培养学生正确的审美态度，养成学生的“空明心境”，以一个欣赏者的全部感觉去整体感知作品。惟有如此，阅读才能既心入于境，又“超然心悟”。

第三，要重视学生阅读经验的积累，长期督导。

审美直觉“得之于俄顷，积之与平日”。一个人在自己的心理图式中储存的艺术惯例和审美经验越多，那么他阅读和直悟作品的心理能量就越大，审美直觉能力就越强。因此教师要督导学生养成阅读、圈点批注、摘抄、做笔记的习惯，并介绍一些审美阅读规律和常识，形成一定的知识系统，以提高学生阅读的理论素养。

第四节 初中生审美心理结构实践研究

一、实践研究过程

根据审美心理结构的基本原理，结合所带初中学生的身心发展规律，笔者在2005—2006年进行了审美心理结构的实践研究。第一阶段，2005年4—5月，为调查了解及启动阶段。通过问卷调查对初中学生审美现状作了相关的了解，并针对问题作出分析和相应的实践构想。第二阶段，2005年9月—2006年5月，为实施阶段，根据语文课程标准的要求，就人教版教材《初中语文》九年级上、下两册，展开了关于审美心理结构的实践研究。第三阶段，2006年9月—2007年1月，为反思补充阶段，结合上一轮审美实施的经验教训，在初中低段作了进一步的实践研究。

二、实践研究原则

（一）情境创设性原则

根据审美教育任务和教育对象的特点，精心创设审美教育情境，使学生置身其中，耳濡目染、潜移默化，接受陶冶，达到塑造审美心灵、培养审美情操的目的。情境不只是纯自然情境的利用，而要发展到自觉设计，是施教者可以驾驭的，有定向性和目的性。

（二）相互交流性原则

在一个审美教育的情境中，施教者与受教者借审美媒介交流审美信息。双方平等互称，其气氛是活跃、轻松和自由的，传授知识的权威性淡化、隐退。虽然施教者有主导性的一面，但与受教者处于同一审美情境，面对同一审美对象，共同赏析，共同感受，共同受教育。

（三）审美观照与操作相结合原则

审美教育大都在审美观照中进行，特别是审美感受力、审美鉴赏力；而且审美观照与审美操作活动要结合起来，以巩固提高审美培养的成果，培养审美创造力。

（四）多样性与渐进性相结合原则

审美教育的媒介是无限多样的，受教者的审美个性是各异的，因而审美教育不能按单一的审美心理模式去施教。审美教育也不能企求一下子使受教者达到高层次的审美境界，而要循序渐进，逐步培养。①

三、实践研究目标

《语文课程标准》总目标中指出，语文教育要培养学生"逐步形成积极的人生态度和正确的价值观，提高文化品位和审美情趣"，"能初步理解、鉴赏文学作品，受到高尚情操与趣味的熏陶，发展个性，丰富自己的精神世界"。其中，第四学段（7—9年级）的具体要求："欣赏文学作品，能有自己的情感体验，初步领悟作品的内涵，从中获得对自然、社会、人生的有益启示"，"品味作品中富于表现力的语言"，"诵读古代诗词，有意识地在积累、感悟和运用中，提高自己的欣赏品位和审美情趣"。

本实践研究的目标就是落实语文课程标准对初中生审美发展的要求，通过语文教育建构、完善学生的审美心理结构，使学生成为有审美情趣的人，成为与自我、与自然、与社会相和谐的人。

四、实践研究策略

（一）针对性地进行分项侧重的审美训练

虽然审美心理结构是相互联系的各种心理形式组合运动的结构系统，不可分割，但可以有针对性地进行分项侧重训练。

① 相关原则参见杨恩寰：《审美教育学》，辽宁大学出版社1987年版，第92—97页。

1. 审美感知的训练

感觉是进入审美体验的门户，又是整个结构所依靠的基础。审美感知是审美心理结构的基础层面。审美心理的初步建构往往以自然美为母体：当一个人对着天空变幻多姿的云朵浮想联翩时，当他对着雨水溅落形成的水花发出赞叹时，当他感受着花香与和风时，他就有着成为善于审美者的最大可能。从人类遗传的角度来讲，我们先天具备这种可能，只要深入开发，每个人都能成为会审美、善于生活的人。

（1）细化观察，培养敏锐的审美感知

培养敏锐的审美感知，要从培养审美观察做起。审美观察是审美感知的高级形态。由于没有养成观察的习惯，很多学生对一些常见的事物总是熟视无睹，这可能应了一句老话“熟处无风景”。如果连最基本的表象储备都没有，那他怎么可能去对这些表象进行提炼、改造，并融入自己的情感和理解，去进行表达和创造呢？

“审美性观察以审美的态度去感知事物，它以现实性观察为基础，与审美主体内在的特定的情感生活模式相联系。”① 要选择具体的事物作为观察对象，教育家苏霍姆林斯基为学生设计的习作——描绘“春天的第一朵花”等题目值得借鉴。阅读朱自清的《春》、老舍的《济南的冬天》等写景散文时，在引导学生初步感知不同季节、不同地点景物的基础上，结合学生的切身体验，引导学生感受不同事物的不同表现，比如，傍晚时的彩霞、清晨的月亮、树的影子；引导他们感受同一事物在不同地点、不同时间的表现，如：马路上的雪、空中的雪、操场上的雪、树枝上的雪、渐渐融化的雪；或者，运用图片、音乐及先进的多媒体教学手段，再现情境，使学生更细致、更充分地展开观察和体会自然。

在学习《俗世奇人》、《老王》、《我的母亲》、《信客》等课文后，学生有了对普通人探究的兴趣，抓住时机引导学生去注意生活

① 卫灿金：《语文思维培育学》，语文出版社 1991 年版，第 118 页。

中的寻常人——于漪老师就经常在校园里、放学路上指点学生——比如路上的一个疾速奔跑的人、牵手过马路的小学生、凝神细视一滴露珠的老者、常在校门口修钢笔的年轻人、看车棚的老校工、仰在躺椅上守摊的修车人……并通过其言行神色等判断他的性格特点。当然，还要教给学生分类分期观察的方法。

（2）激励学生开拓审美空间，培养敏锐的审美感知

比如学习《第一次真好》后的口头练习，要求描述自己的某个“第一次”，学生往往想到的是第一次学骑车、第一次做饭的乐事，往往千篇一律。怎样让他们开拓空间，把头脑中那些储存的表象利用起来呢？引导学生不在动词上做文章，而是改换时间、地点、对象等，审美空间就会豁然开朗。比如“第一次在田间小路上骑车”、“第一次在雪地上骑车”、“第一次骑赛车”、“第一次骑虚拟的车”、“第一次骑爸爸的车”，因为具体到了自己的审美空间，所以不至于与人雷同。或者引导学生回顾“今天的第一次”，鼓励当天有着独特体验的同学，如“第一次学习未知数”、“第一次上台讲故事”、“第一次被老师叫到身边”，并让他们知道，很多时候，第一次是相对而言，要勇于打破常规。经过一定的训练，学生自然会注意自我的体验，从而有了敏锐的自我感知。

（3）勤于摘记，积累丰富的语言审美材料

审美心理的结构就是在无数次的审美实践中经过量变与质变、渐变与突变而建构起来的。勤于摘记，倡导学生积累丰富的语言感知材料，常读常看，使自己的心理渐渐顺应语言材料的美的图式，内化为自己的审美心理结构。摘记的过程就是语言材料内化的过程。摘记要有针对性、阶段性，要针对自己审美的弱项，要持之以恒且分阶段调整内容，要从学生感兴趣的内容开始，逐渐使之养成习惯，获益无穷。

每一次审美感知的训练中都离不开审美想象、审美情感与审美理解的协同活动，并且这些相关心理因素也会得到相应的发展。

2. 审美想象的训练

审美想象是审美心理结构中的核心因素，是人脑对已有审美表象进行加工改造而形成新形象的心理过程。表象不存在于现实中，而是存在于主体的心理屏幕上。在审美表象积累丰富的情况下，通过审美想象，才能接通宽广的联系通道，调动起与审美刺激物具有相似性的各种经验材料，进行主客体融合统一的完形创造。经过了审美想象的创造，再造的艺术形象就丰满了起来。别林斯基说过："在艺术中起着最积极和主导作用的是想象。"因为，其一，抽象的语言符号经由想象与联想才能转化为形象片断，连缀为形象有机体。其二，作家在文本中留下的大量空白，要靠接受者的想象来填补。若不展开想象的双翼，就无法接通宽广的联系通道，深入领会和补充形象内涵的多义性和深广性。语文教师的责任之一就是在审美对象（课文）和学生的审美心理结构之间巧妙地建立联系，给学生开辟一条道路，引导学生通过作品展示的生活画面，结合自己的生活体验来想象、补充、增加作品所提供的画面、形象、姿态、特性，让具体形象在脑中"活"起来。

（1）明确方法，启发积极的审美想象

首先要让学生了解究竟什么是审美的联想和想象，尽管平时他们有这样的实践，但却是无意识的。比如七年级上册沈复的《童趣》一文，记叙自己童稚时能够"明察秋毫"，所以"观蚊如鹤"，"神游山林"，表现出孩童对世界的强烈的审美愿望，并在这种审美的要求与冲动之下，积极的联想与想象，创造了一个美丽而奇特、趣味盎然的审美世界。那还是一种并不自知的审美想象。对少年儿童来说，童年时期的感觉最敏锐，他们对微观世界更容易留心，教师要使学生面对美的现象时能够积极主动、有意识地展开想象。

在告诉学生联想和想象时，先以简单概括的图像引导学生想到具象的物体。比如有的老师画一条波浪线，学生联想到绳子、大海的波涛、妈妈的皱纹、蜿蜒的小路、屋檐上将化未化的雪痕、音乐的旋律，等等。学生原有的心理结构开始接受刺激、反馈、整合在一起，产生同化。然后再引导学生想象相关的抽象内容，比如人生的起落、命运的起起伏伏、不平静的心情、曲折前进的人生道路。由此归结出联想和想象的特点，就是联想和想象都是由此到彼的心理过程。

有的教师给以形象的图片“潺潺的小溪”，启发学生将想象延伸下去。“我想到的是——童年时在小溪旁边玩乐的情景。那时，溪水清澈，潺潺的声音悦耳动听，我把我的双脚放在溪水中，数着游鱼细石，非常快乐……”；“我想到家乡的溪水，纯净，透明，令人特别舒心”；“我想到的是——潺潺的溪水为什么会这样的清澈，为什么会比湖里的水更美？只因为它是流动的。我还想到了朱熹的诗：问渠哪得清如许，为有源头活水来。那么我们的生活之水、事业之水要永远像这潺潺的溪水一样的纯净透明充满活力，必须要不断地补充新的内容。我们必须不停的学习新鲜的东西，才能使我们的生命之水长清”；“我想到了纯净、透明的心灵。溪水没有海水的博大深沉，但是它的魅力在于它的纯净透明，就如同鲁迅先生说的：一条小溪，浅则浅吧，清澈见底，倘是污泥塘，谁知道怎么样呢？所以我觉得一颗纯净的透明的心对人类相当重要”；“我要说的是——溪水一路走来，肯定碰到过许多的污浊，但是它的伟大不仅在于能够包孕万物，自己不受污染，还在于它能够尽其所能，用纯净的心灵洗去尘世的污垢；这令我想起了孔子”；“音乐艺术要像小溪一样，灵动的才美丽”；“小溪百折不挠勇往直前的精神值得我们学习”；“由水的清澈想到这条溪水曾经污浊，从而想到了水污染、全球水患”；“想到了关于一条小溪变化的前前后后……”。

学生的回答各有角度，不知不觉，课堂已然成为审美想象最为瑰丽的课堂了。最后总结，联想和想象就是从一点出发，利用事物间的相似、相关、相反的横向联系或者是过去到现在、到未来的纵向联系，由此及彼的思维过程。看到一个话题，或者一个事物，要尽量从这三个方面展开丰富的想象，才能打开我们的思维，使我们的文章丰富。经过实践审美想象再一次重构、内化为新的审美心理结构中的一部分。

（2）形式多样，培养奇特的审美想象

在练笔中，鼓励学生可以随心所欲，在放松状态下作意识流般的描述，学生的想象往往比较自由和开放，比如描述自己回味童年时的舒畅感和当时的种种联想和想象。

或是给定几个优美的词语，激发学生作跳跃的联系、扩展，营造某一种氛围或再现某一种景象，如由“月光”、“清澈”、“森林”几个词语组合成一幅诗情画意的图景。

也可以给定某句话，如“太阳和月亮同时升起来了”这样童话般的氛围，由学生构想其合理性，续想一个奇特的理由；或者提供一个带有奇幻色彩的话题，比如“七色花”，让学生设计七色花的神奇特点、七个花瓣的不同用法、不同主人公的不同经历等，鼓励奇巧精妙的构思，鼓励清晰而生动的描述。

或者给定一个记叙类故事的开头，如“小方和小圆这对孪生兄妹手拉手来到了这所新的中学，今天是他们第一天来这里，也是他们成为中学生的第一天”，让学生结合自己的经历、加入对人物动作、语言、神情、心理等方面的虚构，按一条龙的形式编故事。

或者由眼前的事物追踪溯源，探究事物过去的经历变化。比如春天操场的桐树下有很多落了的桐花，笔者以《一枚落了的桐花》为题，让学生捡拾一朵，进行观察与想象拓展练习，激发学生由浅到深，由近到远地展开想象：先是花的姿态、颜色、形状，而后以某种猜想为起源描述故事，或者展示某种情怀。学生的想象可谓多姿多彩，如花的梦、花的经历、花的旅程、花的心思、花的歌、花的舞、花的笑、花的泪，一位好读《红楼梦》的女生还描述了花的姻缘。

这些练习一律不以对错或是非来评价，意在给学生以自由开放的心理空间，使审美想象可以任意驰骋。

3. 审美情感训练

审美情感是审美心理结构中最活跃、最强有力的因子。形象的感知离不开情感的体验，任何事物只有当它能激起人们的满意、愉悦和振奋的感情时，它才能给人以美的感受，才能真正具有美的价值。审美情感的建构，要以情激情。

教学过程虽也有各种知识讲解的理性活动，但更多的应是情感活动。这往往是由作品特定的表现形式确定的。作品对作者而言是“缀文者情动而辞发”，从教师教学的角度而言是“观文者披文以入情”。作为审美活动中的主客体都紧紧扣住一个“情”字。白居易说：“诗者，根情，苗言，华声，实义。”他把文之“情”比作文之“根”，并提到首要地位。

好的作品往往是“言不可尽传”，必须经过欣赏者自己的品味、体悟，才能获得其艺术的真谛。教师的责任是把学生引导到入口处，让他们进入审美的全过程。初中生虽然情感经历简单但纯真坦荡，他们或细腻温柔敏感之极，或直率果断决然之至，在语文教学活动中，要有意识地使学生自我的主观情感外射到文中，使文中的形象具有一定的情感色彩和审美色彩。只要以恰当的途径开启他们的情感之门，他们就会袒露丰富的情感世界，接纳每一次审美的洗礼。

（1）意境描述，感染学生的审美情感

比如有的教师引导学生想象“百草园”的美景，并给学生时间，将之扩写得更细腻逼真：“百草丰茂的百草园，在身体四周铺展开来，空气中弥漫着百草清纯的芳香和泥土温和的气息。时而站在菜畦的垅上，弯腰间一间苗，菜叶上滚动着晶莹的露珠，阳光下闪耀着七彩光辉。时而站在井台上，用手摸一摸石井栏，洁白而光滑。纵身从井台上跳下，仰起头来，看高大的皂角树，从墨绿的树冠上，透射下一缕缕笔直的光线，斑斑驳驳地印在地上，微风过处，无数光斑闪耀，像一地碎纸屑在翻动。爬上桑树，把柔嫩的枝条拉弯，摘一把桑葚，又红又紫晶莹剔透，不用吃，嘴巴里已溢满了口水。看到树叶里拉长声音、引吭高歌的鸣蝉了吗？看到黄黄的菜花上那只忙忙碌碌的黄蜂了吗？时起时伏，嗡嗡不已。突然，一只轻快的叫天子突然从草间直窜上云霄去了，天瓦蓝瓦蓝，只有朵朵白云飘浮着，天上早没了云雀的影子。……”

富有诗情画意的想象的引导，使学生如临其境，在感知、理解、情感、想象的充分活动中，更增添美的体验并内化，各心理形式在运动中充盈和重新建构，使审美心理结构悄然丰富。

（2）音乐烘托，诱发学生的审美情感

诗歌、散文的教学比较适合以音乐烘托。如《竹里馆》写月下竹林中的闲雅幽静和诗人王维的忘情脱俗、淡泊宁静，意境幽深寂静。这样，可在朗读中配以幽雅、空灵的古筝曲，让音乐走进古诗，用音乐来诠释古诗，烘托气氛，让学生在弥漫着钟磬之声的赏心悦耳的古曲中展开联想，引入意境，“因为音乐和诗词是同一棵树上的两片翠绿的叶子”。又如九年级下册冰心的《谈生命》一文，“生命像向东流的一江春水，他从最高处发源，冰雪是他的前身。他聚集起许多细流，合成一股有力的洪涛，向下奔注，他曲折的穿过了悬岩削壁，冲倒了层沙积土，挟卷着滚滚的沙石，快乐勇敢的流走，一路上他享乐着他所遭遇的一切……”伴以适当的音乐，使人把一江春水的形象、澎湃汹涌的心情熔铸到一起，进入意境中。

另外，绘画、多媒体投影等再现生活之美，增添形象感，也是触发审美感情的方法。

（3）推介作品，培养积极的审美情感

向学生介绍一些大喜大悲、大是大非的作品，如古希腊悲剧、英雄传奇、巨人传记，在强烈的刺激下往往容易产生强烈的审美感情，在缺乏生活体验的这一代学生中，这种经验可以弥补他们心理上有关悲剧、有关崇高的美的认识的空白。鉴赏悲剧作品，要帮助学生塑建正确的价值观和正直、善良的品质，培养他们同情、友善的审美情感。在中学课本中，有不少的悲剧形象，如在南极探险丧生的斯科特、可悲可怜的孔乙己等，他们身上存在着一定的“有价值”的东西，然而作家有意识地将他们身上“有价值的东西毁灭给人看”。教师要充分利用这种悲剧性培养学生的同情心，同时还应该引导学生探究悲剧产生的根源，进行理性的思考，在思考与探究中体验深沉的悲悯，感受强烈的激愤，使“不快感”转化为“快感”。学生的知识面毕竟有限，阅读范围也较为狭窄，课外的补充也是很必要的。笔者在向学生介绍《最后一片藤叶》时，学生全都凝神不语，面色庄重，有的学生悄然落泪。

也可以用和风细雨般的细腻感受感染学生。结合《散步》、《我的母亲》、《台阶》等文章的学习，让学生阅读亲情文章专题，建议学生与父母一起阅读，这种由课内到课外、由课本到生活的拓展，能够使学生把阅读产生的审美情感内化为个人的审美心理结构，进而完善认知与伦理结构，学会了在生活的平常事件中，体会亲情，感悟亲情。有学生在学习有关老师的课文之后，写了很深情的回忆小学老师的文章，而且内容不再只是对老师敬业的赞美与对老师关心自己的感激，而增添了对老师人格与性格的分析、对老师生活方面的理解、对老师不幸命运的同情等，还有的学生去探望了很久不见的小学老师。

4. 审美理解的训练

审美理解是审美心理结构中的理性因素。审美理解是和感知、想象、情感等心理因素交织在一起的、领悟式的理解，总是包含认知、领悟、比较、推敲、玩味等理性思维活动。审美理解的训练是初中阶段审美教育的最主要的任务。

（1）提供情境，引导学生领悟，达到审美理解

一些作品所反映的思维、情感以及社会、民俗、人文、地理与学生有一定的隔膜，因此，要提供情境，比如结合课文提供一些事件、图景、人物资料，或给定某种氛围，要求学生根据自己对材料的理解为之设置背景、补充因素、推想结果。形式要多样，有吸引力。比如为《皇帝的新装》、《孔乙己》作续写，学生要在对原文

的理解的基础上设计新的情节。通过这样训练也可以检验学生是否真正理解了人物。又如选择一个话题“深情”，让学生设计一组镜头来表现。学生的设计必须是在对“深情”一词有所认知、领悟、比较、推敲、玩味、分析等思维活动的基础上展开的。或者为“他在海边，心情沉重”选一个背景并说明理由，如“惊涛拍岸、狂风暴雨”，“风和日丽、白沙细浪”，“夕阳余晖、波光粼粼”，“夜色深沉、大海幽暗”。

（2）指导涵泳，使学生亲历，才能达到审美理解

文章之美更多的靠学生自己的品味、领悟去理解，而不是靠教师的灌输，这是符合欣赏规律的，“诗无达诂”①，这是艺术欣赏中一条重要的原则。教学中重点应放在品味上而不是讲析上，古今学者多有论及。韩愈认为读书要“沉浸深郁，含英咀华”②。读书就是要清心涵泳，反复地读，一直读到“品”出味。

以宗璞的写景散文《紫藤萝瀑布》为例，“紫藤萝瀑布”学生未必见过，但经过反复阅读，涵咏品味，其美好的意象——那开花的紫藤萝“像一条瀑布，从空中垂下，不见其发端，也不见其终极”，它泛着银光，响着欢笑，吐着芬芳，溅着水花，不停地生长着，流动着……给人的美感是那样深切。在局部，一朵朵小花“张满了帆”，帆是“小小的”，“舱”是尖尖的，“帆”色上浅下深；“船舱”贮满琼浆，闻之醉人，展示了一个壮美和优美相结合的、有丰厚意蕴的意象，再辅以直观的图片演示，让学生进一步感受其美好的意蕴，加深审美理解：作者把开花的紫藤萝描写得那么辉煌灿烂，情感显然已超越了对其自然属性的喜爱，歌颂紫藤萝，不仅意味着对既往的、“失去自我”的灰色惨淡人生的遗憾，而且意味着对现在的或未来的壮美人生的追求。那“紫色的瀑布遮住了粗壮的盘虬卧龙般的枝干，不断地流着、流着，流向人的心

① 语出自董仲舒《春秋繁露》卷三《精华》。

② 语出自韩愈《进学解》。

底”。这是作者的心在欢笑啊！“花和人都会遇到各样的不幸，但是生命的长河是无止境的”，经过长久而执著的期待，在倍加珍惜的同时，更会鼓舞起人拥抱生活的热情。反复品味后，我们对紫藤萝瀑布的美好意蕴以及作者的情感、人生态度等就有了更深刻的理解。

（3）读写结合，在互相转化中达到审美理解

在教学中使学生能由阅读联系自己，“由彼及此”，“推人及己”，加深体验与感悟，能写出有真情实感的文章来。例如在七年级上册以人生与生命为专题的第一单元教学中，学习《在山的那边》后，让学生写一写“我”爬上山顶，却没有看到大海的心理感受，或者写一写“我”终于见到大海时的情景，从而体味失败和成功；执教《走一步，再走一步》，让学生写自己遇到困难时的详细经过，体验成长的滋味；教学《童趣》、《生命　生命》时，引导学生打开童年记忆的大门，将童年时期看到、观察到、感悟到的生命现象，哪怕是微不足道的诸如蜘蛛结网、蚂蚁搬家、鸡啄蚯蚓等一一写来，让学生敬畏生命，领悟到生命的短暂而美好。

再如，教学《盲孩子和他的影子》前，请同学们回家蒙眼十分钟（注意安全的前提下），做自己应该做的事，然后写下自己的感受。学生感受颇深，他们既体会到了盲人的疾苦，又提升了许多人生感悟。刚闭眼时“新奇、孤独、无助……”，闭眼过程中“渺茫、焦躁、害怕、绝望……”，等到睁开眼则是“庆幸、豁然开朗、幸福得想流泪……”在这些可贵和值得珍视的体验与感悟之后，学生更能理解盲孩子在影子、萤火虫等帮助下得到光明的欣喜、快乐，也就更能理解这篇童话的美好寄寓所在。

通过仿句和作文的拟题拟纲训练，也可以促进审美理解。如以冰心《谈生命》中的“生命像一江春水”的比喻为例，要求学生自己创造出对生命的形象化的诠释，实践中在例句的启发下学生思维的火花迸溅四射：“生命像一只三棱镜，只有对准阳光，才能释放出绚丽的光芒”、“生命像一架相机，只有把握时机，才能抓住

精彩”、“生命像一栋楼房，以理想为地基，以勤奋为砖瓦”、“生命像一只圆规，以理想为圆心，勤奋为半径，才能画出世界上最美丽的圆”、“生命像泪珠，从溢出眼眶的那一刻，便注定要消逝在一抹淡淡的泪痕之后，却依旧晶莹剔透”、“有人说，生命是杯酒对残月，青松立峭壁，千里平沙落秋雁，是孤月冷歌的漂泊。我则说，生命是项羽自刎乌江的滔滔江水，是昭君出塞的黄沙，是西子坠湖的涟漪，是董存瑞牺牲前的那声呐喊，是短暂的辉煌”……其审美理解已然是较为深刻和成熟的了。

又如联系课文给出“梦想”话题，要求学生拓展为作文题目并陈述提纲。由于要紧扣话题，学生必须在认真斟酌之后选择一个合适的角度切入话题。没有准确的理解，题目和提纲会有偏差，没有深刻的理解，题目和提纲又会流俗、陈旧或空洞。经过一定时间的训练之后，学生的审美理解比较成熟了，笔者班里 68 名学生在短时间内有了自己的构思，拟定了 70 个不同的题目。如：“梦想第一方案”、“金色的梦想秒针”、“梦想的音符”、“梦想的秘密花园”、“梦想流浪记”、“昏暗的街灯”、“把梦想带到远方”、“父亲母亲的梦想”、“寄给梦想一封信”、“梦想——成功的起跑线”、“梦想的呼唤”、“有梦在飞翔”、“心中的舞台”等，题目醒目，提纲严谨。

（二）运用范例迁移法作审美的整合训练

运用范例进行迁移训练，可以形成良好的审美心理定势，使学生由初步的审美感知发展到审美情感、审美想象的积极参与及审美理解的提升，完整的审美的过程一次次稳固着审美实践的结果，即审美心理结构一次次建构、积淀、螺旋式地发展。

比如，以现代诗歌《我爱这土地》为范例，在教学中，通过设置情境，引发联想，体会意境，调动学生的形象思维和感知经验，将各个散乱的具象构成一个画面形象描述，让嘶哑喉咙的“鸟”的形象与“被暴风雨打击着的土地”的形象呈现在脑海，理解了形象的表层意义，领略外观形态的美，这是审美心理结构建构的初级阶段；借此再去品味由这画面上作者特定情感——“爱”所构成的艺术境界，充分拓展想象，激发感情，领略到语言具象组合的特殊魅力以及意义内涵，由表及里，挖掘作品的意象美，即主观的“意”和客观的“象”的统一，或者说，客体的象被心灵化，人性化了。这是审美心理结构的高级阶段，主观感受同作品统一起来，情操的陶冶便寓于审美享受之中，审美的心理结构在实践中建构并完善了。

学生作为审美主体，用自己的心灵去激活那些文字，不只单纯欣赏客体，当新的审美对象与内在的审美心理结构不能协调时，就对自我的心理积极地进行顺应同化的调节，对客体进行再创造，甚至诞生出新的审美意象，这意味着学生主体自身的审美心理结构重新吐纳。在诗歌的阅读体验中，学生不仅经历了激情的洗礼，充实了精神内涵，提高了审美情趣，而且，这种体验与经验内化从而影响新的审美。所以要在此基础上向新的诗歌阅读作迁移，以形成良好的审美定势。比如引导学生进一步阅读《我用残损的手掌》、《祖国啊！亲爱的祖国》，找到形象——“手掌”、“老水车”、“矿灯”等，并与主观的“意”结合，形成意象，融审美感知、审美情感、审美想象与审美理解为一体，以复合的网络式的构造完成多次审美实践，完成审美的迁移，从而积极的构建审美心理结构。

带来愉悦的审美体验应作为写作内容的导向。当学生阅读文学作品得到审美的愉悦，甚至产生了创造的激动，要及时鼓励学生积极表达这种愉悦，转化这种能量。比如，在学习《我爱这土地》后，鼓励学生以“我是……”为题创作小诗，借某种意象表达对自己、对母亲、对朋友，或是对家乡、对祖国的情感，经过这样由读到写的迁移，审美阅读成果内化成为审美心理结构并稳固下来，并进一步影响新的审美。

（三）注意从不同角度启发审美

1. 以情趣启发美

审美需要是审美心理建构的驱动，教学中要积极创设情境，燃起学生审美的需要与欲望，比如《童趣》中，抓住作者“戏蚊”这一情节，激发学生阅读的兴趣，从而感受文章表现的少年儿童游戏玩乐中天真烂漫的情趣美。《社戏》中以“我”与双喜、阿发等小朋友偷豆、烧豆、吃豆的有趣故事为缘起，引导学生理解“再也没有那夜似的好戏了，也再也没有那夜似的好豆”一句中包含的情味。

2. 在诵读中品味美

朗读是语文教学中至关重要的一个环节。通过朗读不仅使学生体会语言文字的韵律美，同时把语言文字化作鲜明的视觉形象再现在学生面前，唤起学生的想象，激发学生情感中真、善、美的因素，让学生与作者、与文本产生共鸣，情感得到美的感召和升华，从中受到感染并建构审美心理。

初中课本中许多文章非常适于朗读，除了古代诗词，一些现代散文、诗歌如《春》、《秋天》、《黄河颂》等都是富于情韵、语言优美、琅琅上口的作品。九年级课本中的《我爱这土地》、《祖国啊！我亲爱的祖国》等诗歌，《地下森林》、《谈生命》等散文以及剧本《雷电颂》等都是能令学生非常投入朗读的作品，要抓住这些契机，以教师范读、学生自读、教师引读、学生议读、分角色读、分声部读等多种方式或浅读，或长吟，既训练学生美读的能力，又在无形中丰富了学生的美感体验，使学生、老师、作者之间产生情感共鸣，体会文章的内涵和其思想、艺术的魅力。有声语言的朗诵美感，便成为构建审美心理的起点。

3. 以形象的板书点化美

每个人都会被形象的事物吸引。以形象的板书启发学生的美感，即使在现代化教学的环境中也永远受欢迎。如教学散文诗《金色花》时，随着课文朗读“假如我变成了一朵金色花，为了好玩，长在树的高枝上，笑嘻嘻地在空中摇摆，又在新叶上跳舞，妈妈，你会认识我么？你要是叫道：‘孩子，你在哪里呀？’我暗暗地在那里匿笑，却一声儿不响”。教师在黑板上简画一支长枝的花朵，并为花朵画上微笑的眼睛和嘴巴，学生全都会心微笑，心里的温馨萦绕着，在这样的氛围下学习《金色花》，感受着自然清新的语言和有声、有色、有香、有情致、有灵气的那样一种境界，足可以达到情景交融、物我合一的地步，给人无限的审美愉悦。

又如《说屏》一课，学生需了解相关的屏风知识，掌握说明的方法、顺序，然后就以此为内容，用竖写式板书各段要点，最后以屏风的样式将板书内容框起，使学生更为直观的了解屏风的形状和情趣，并增添审美的体验和经验，增进对民族文化的了解。

4. 以用心的表演激起审美体验

通过用心的角色表演，学生会渐渐进入人物丰富的情感世界，进而引起情感共鸣。在表演时，可进行适当的分工，有导演、有主要演员和群众演员，有模拟场景，通过揣摩人物当时的表情、动作、心理来表达自己的理解和情感。如教学寓言《蚊子和狮子》时，让学生扮演蚊子、狮子，分别作出飞翔、叮咬、撕咬、扑捕、粘落等动作，同时需要表情和台词的配合。在其中，做观众和做导演、演员的同学都能体会到蚊子的不可一世的性格和骄兵必败的道理。

通过表演课文内容，既激发了学生外在的学习乐趣，又引发了学生对学习活动的内在乐趣，使每一个学生都最大限度地有所收获，有所发展，达到乐学和善学。这是一种强烈的发自内心深处的学习动机和审美情绪。

5. 以现代化手段激发美

现代化环境下，网络媒体成为一种新的有利资源。初中生普遍对电脑、上网有着浓厚的兴趣，但由于我们正面引导不多、监督不力等因素，往往只局限于玩游戏、聊天等，如果能恰当利用，比如引导学生游历博客，建立自己的博客，从拟定个性化名字、设计个性说明、选取设计模板到撰写日志、选择有益的博友形成自己的博客圈、品读天下美文、品读天下风云，审美的天地可谓无限宽广。

总而言之，各种教学手段的变化，既能引起学生的审美兴趣，同时又丰富了学生的审美经验，教学实践中，只要将审美放置在心中，将学生放置在心中，就会发现审美教育的契机无处不在。

第五节 审美心理结构的实践成效及几点思考

一、审美心理结构的实践成效

经过实践，初中生审美心理结构的研究取得了较好的成效，在一定程度上落实了语文课程标准对初中生审美发展的要求，具体表现在以下方面。

（一）学生人文精神悄然滋长

在“好读书、读好书”的实践活动中，原来只爱读日本漫画的学生抱起了《鲁滨逊漂流记》、《骆驼祥子》，读得津津有味，甚至积极地向老师推荐书目，交流心得；有些学生开始大胆写作，踊跃投稿；每日一篇短文书写，使原来书写凌乱不堪的学生的字变得规范美观。在“感悟亲情、感悟孝心”的语文综合性学习中，建议学生与父母一起阅读亲情系列专题文章，学生写了有关中华民族优良传统的感悟，还有很多家长就《散步》一文谈了自己与孩子的感情交流情况以及对孩子的传统教育的看法，从而促进了家庭的和谐。学习《羚羊木雕》这篇有关家庭的文章时，故事深深触动了他们，他们对父母亲情、对友谊、对家庭矛盾、对代沟、对自己作了极认真地反思，既能理解父母的行为，善意地提出建议；又能珍视友情，坚决地维护友谊；还能观照文中的“我”，发觉自己的身影。人文与审美在这里自然地融入他们的心理结构。

人文精神渐渐滋长，精神的家园渐渐丰沃，审美的格调渐渐高尚化，人文熏陶成就了温馨和谐的班集体。语文课堂上学生以强烈的内在情感，深入体验课文，气氛活跃，思维活跃，情感共鸣。情感、态度和价值观目标得到了落实与提升。

（二）学生习作的个性化特点日渐成熟

个性特征总会有一些，但经过有意的训练，学生习作的个性化特点变得更加鲜明，渐臻完善。由于经常引导学生积累语言材料、事件材料，观察自然、感知社会人生、关注世界，引导学生感受内心世界细微而深刻的情感体验，学生积累了丰富多彩的写作素材、真挚细腻的情感体验、高扬向上的人生态度、灿烂锦绣的文采、新奇瑰丽的想象，学生明白了“事事洞察皆学问，人情练达皆文章”。扩大审美内容，加深审美体验，造就了平时习作缤纷精彩。如优秀作品：贾琦《奸商大华》，张薇《我的老师》，马骊骏《一米阳光》，蔺一凡《做人如秋雨》、《中国颜色》，郑越《北斗星》，景泽艳《藤》，刘睿奇《一段木》，吉晶《假如我是您的母亲》，冯瑞鹏《看我72变》、《生活因我而美丽》，陈威仰《轮回》、《送礼》，白凌云《石壕吏》，刘畅《变色龙》等，或以清新的文笔见长，或以深邃的思想给人震撼；或以奇巧的结构展示了敏捷的才思……

学生审美心理结构在一次次审美实践中建构、完善、提升。在各级各类写作活动中、在寒暑假各类征文竞赛中，学生积极参赛，获奖率逐渐增加。

（三）语文课程资源大大丰富，教师审美素质提升

美文、书画作品、美好影视形象、广告、标语、对联、店名、网络博客、文学网站等，生活中的语文学习使学生感到了语文的魅力，语文课程资源的丰富拓展了学生语文学习的视野，指向生活，指向社会，指向人际交往，让学生灵活学习语文，学生便能领略社会的多彩，体悟生活的美，发现语文的博大。

审美化的语文课堂教学促使教师努力学习，学习一切有用的知识，丰富自己的文化素养，厚实人文修养，提高教学水平，积蓄教育机智，不断地修炼自己美的素质，培植人文精神，审美地看待生活和教学事业，每一天都会发现美丽、创造美丽。身为人师，在教育中成长，在教育中成就，正如袁卫星老师所说：对于幸福的教师

来说，教育不是牺牲，而是享受；不是重复，而是创造；不是谋生的手段，而是生活的本身。

总之，实践中如果真正将语文审美功能落实之后，“审美”就会变成动词，是个歌者、舞者，在语文的身前身后悠扬宛转。“审美”使语文的双眸顾盼生姿，灵动流转；“审美”使语文拭去多年的蒙尘，恢复了她本来的美丽容仪。

二、实践过程中的几点思考

（一）个体审美心理结构的差异较大

初中是学生成长发展最快、个别差异较大的时候，初中三年都各有其特点。初一年级学生的心理特点更倾向于小学高年级，初二时是少年期，初三时又向青年早期发展，纵向来看个体审美心理发展有较大差异；而同龄的学生之间也并不相同。具有审美个性的人，他们在审美感知、审美想象、审美情感、审美理解、审美需要、审美趣味、审美理想等方面都表现出鲜明的个人独特性。这些心理特征均非情境性、偶发性的，而是固着在个人审美心理活动中，成为稳定的、经常的、恒久的、反复出现的心理态势，并形成了个人独特的动力定型、思维定势，在各种审美情境中都会自然而然地、重复的呈现出自己的个性心理特征，与其他同学形成了落差。

比如阅读情节离奇曲折的小说，有的同学一目十行，几天就读完，而且可以绘声绘色的再现复述，有的同学却一知半解，理不清头绪；意味隽永的抒情性散文，有的同学读能深入进去，很是陶醉，有的同学却毫无兴趣，甚觉乏味；有的对内涵深刻、思辨性强的哲理散文爱不释手，能充分领悟，有的同学则避之不及，认为枯燥；个别同学喜欢诗歌，玩味不止，诵读起来有声有色，有的却觉得诗歌难解甚至好笑；对于戏剧文学脚本的喜爱少得多，但不是由于不喜欢，而主要是由于接触太少和陌生的形式；有的喜读童话等想象类文章，也有喜欢看解释种种新奇现象的科普、科幻类文字。

有的学生对文学作品的理解感受非常简单，情感不能深入，停留在“有趣”的粗浅感受上。有的学生对抒情性作品如抒情散文难以把握，只是认为“语言优美”、“辞藻华丽”。有的学生的审美已然成型，感知力、想象力、理解力都达到了一定的水平，而有的学生到了初三依然感受力极差、表现力极差，审美能力强弱悬殊。这是我们需要投入更多思考和实验的。

（二）审美的实施直接依赖于教师的审美素质

审美实施有赖于宽松的人文环境——家庭、校园、班级、语文课堂等，要求教材有丰富的审美因素，并符合学生审美心理发展规律，更为重要的是，审美教育的实施更依赖于语文教师。

有的教师认识消极，认为初中教学不应进行审美的学习，而且因难以对学生的审美心理的形成与状态作准确的了解和清晰的描摹，又给审美阅读指导等带来较大的难度。审美的实施对教师提出了较高的要求，教师不只是一个“传道者”、“授业者”、“解惑者”，也不是等待开启的“活词典”。教师自己应当先成为一个善于审美的个体，善于开发课程资源，引导学生由课内走向课外，由书本走向生活。以审美的态度去看待语文教学、学生的成长，要能够洞察教育的问题，巧妙地化解教学中的矛盾。语文教师具备良好的审美素质，不仅可以缩短与作品的距离，而且可与作者的美的情感沟通，正确把握作品的基调和节奏，并从初入到渗透再到共鸣，准确而有效地把它传递给学生，使学生在想象里渗透一种内在的欣喜和满足。

（三）语文与审美脱节的一些表现

1. 教材中议论性选文为了突出创新的思想意义，比如人教版九年级上册的议论文单元，选取了《事物的答案不止一个》等外国的非作家写的文章，而删去以往典型的、学生易掌握的议论文《谈骨气》，创新思想也许有了，但语言、结构、内涵的“美感”却同时丢失了。而且大型考试评价中仍围绕论点、论据、论证来设置问题，教材、考试、学习不能对应，造成了老师与学生极大的困惑。

2. 课程标准要求学生阅读文学名著，是一种人文与审美导向。但学生在紧张的学习之余，往往只能为了考试而读读相关部分，有了这种功利性，阅读审美还存在吗？这成了应试教育的新怪圈。

审美心理结构的建构与发展需要长期的、大量的审美实践，我们要在语文教育教学中认真发掘美育资源，用美吸引学生，用美感染学生，用美陶冶学生，努力提高学生的审美素质，完善审美心理结构，培养学生发现美，理解美，鉴赏美，让美在学生的心灵中绽放。

本编主要参考文献

[1] 杨恩寰:《审美教育学》，辽宁大学出版社 1987 年版。

[2] 邱明正:《审美心理学》，复旦大学出版社 1993 年版。

[3] 朱立元:《美学》，高等教育出版社 2001 年版。

[4] 杜卫:《美育论》，教育科学出版社 2000 年版。

[5] 杨恩寰:《审美心理学》，人民出版社 1991 年版。

[6] 卫灿金:《语文思维培育学》，语文出版社 1994 年版。

[7] 滕守尧:《审美心理描述》，中国社会科学出版社 1985 年版。

[8] 王一川:《美学教程》，复旦大学出版社 2004 年版。

[9] 王纪人:《文艺学与语文教育》，上海教育出版社 1995 年版。

[10] 席勒:《审美教育书简》，上海人民出版社 2003 年版。

[11] 袁鼎生主编:《审美教育学》，广西师范大学出版社 2001 年版。

[12] 庄志民:《审美心理的奥秘》，上海人民出版社 1983 年版。

[13] 王松泉、钱威主编:《语文教学心理学基础》，社会科学文献出版社 2002 年版。

[14] 朱立元:《接受美学导论》，安徽教育出版社 2004 年版。

[15] 王毅、刘绍武:《智者的审美》，上海交通大学出版社 2002 年版。

[16] 曹明海主编:《语文教育学》，青岛海洋大学出版社 2002 年版。

[17] 万福成、李戎：《语文教育美学论》，青岛海洋大学出版社 2001 年版。

[18] 王一川:《审美体验论》，百花文艺出版社 1992 年版。

[19] 陈建翔：《有一种美，叫教育》，四川出版集团四川教育出版社 2006 年版。

[20] 陈慧玲主编：《审美教育》，中国时代经济出版社 2003 年版。

[21] 杨恩寰：《美学引论》，人民出版社 2005 年版。

[22] 李荣启：《文学话语接受的心理机制》，《重庆社会科学》2005 年第 5 期。

[23] 周建兵：《变枯燥的解读为愉悦的审美》，《中国教育研究与创新》2005 年第 5 期。

[24] 陈明华：《文学解读流程中的审美心理机制》，《教育现代化》2001 年第 1 期。

[25] 中华人民共和国教育部制定：《全日制义务教育语文课程标准（实验稿）》，北京师范大学出版社 2001 年版。

[26] 李朝阳：《让语文审美教育激活作文创新思维》，新语文教育网。

第四编　审美趣味

在语文教学中培养学生个性化的审美趣味有着重要的意义，近年来的美育实践也越来重视中学生审美趣味的培养。《普通高中语文课程标准（实验）》在其课程理念基本理念部分提出："注意语文应用、审美与探究能力的培养，促进学生均衡有个性的发展"，"高中语文课程应关注学生情感的发展，让学生受到美的熏陶，培养自觉的审美意识和高尚的审美情趣，培养审美感知和审美创造的能力。"① 《义务教育语文课程标准》第二部分课程目标中提出："在语文学习的过程中，培养爱国主义感情，提高文化品位和审美情趣。"②

审美趣味的形成和时代、民族、环境有着密切的关系，审美趣味具有个性，还有共同性。它既是人类特有的本能，又是社会建构的产物，对于趣味的研究不能过于理性化，它更多应体现在感性化这一特征上。语文课本入选了人类文化的精髓部分，既有古代人类文学精华，也有近当代世界文学宝库中的瑰宝，它是人类共性的审美趣味的外在表现，也是对于当今青少年审美趣味培养的最好素材。学生的审美趣味形成主要是通过对文学作品的鉴赏来实现的。教师要积极启发学生多角度的感受美的能力，培养他们在多元文化

---

① 语文课程标准研制组：《普通高中语文课程标准（实验）解读》，湖北教育出版社 2004 年版，第 214 页。

② 教育部：《全日制义务教育语文课程标准》，北京师范大学出版社 2001 年版，第 16 页。

形态下对不同国度的文学的鉴赏能力，激发学生的审美情感力，积累审美经验，形成健康而真实的审美趣味。

但从当前中学生审美趣味的培养现状来看，主要存在以下两种情况：审美趣味的培养变成思想道德教育，对学生表现出来的喜好或选择，总是以庸俗或是高雅给予评说，以个人的爱好作为审美趣味的普遍标准；有些教师有培养学生健康审美趣味的意识，但是缺乏相关的理论研究，缺乏明确的目标和培养任务及有效的培养策略。这些因素致使审美趣味的培养受到遏制，致使学生的审美趣味水平不尽如人意。

基于上述原因，新课标对学生的审美能力提出理性的要求，但是，在实际的教学中审美趣味的培养仍存在着困惑。本编希望能通过理论和实践的研究，为培养学生健康的审美趣味提供可借鉴之处。

第一节　审美趣味研究的意义与任务

审美趣味的培养对中学生健全人格的树立及发展有着至关重要的意义，这表现在，首先，审美趣味是美育重要的组成部分。审美教育的重要特征是感性教育，美育发展论强调美育在开发个体的感性能力、激发生命活力、发展创造性等方面的积极作用，重视个体的审美需要，注重个体审美素质的提高，其中包括养成高尚的审美趣味和正确的审美观。简单地说，美育就是以促进个体的审美发展（感性教育）为基本任务的，而审美趣味最主要的特征就是感性特征。人的感性方面的能力主要包括感觉知觉、想象、情感、直觉。审美趣味重要的组成部分也是人的感性能力，包括感觉知觉、想象和情感。对于审美教育的发展，应侧重于人的感性能力的教育，对于人感性能力的最好培养方式应该是对人的审美趣味的培养，所以审美趣味正是承担了对人感性能力培养的任务，它是审美教育中的重要组成部分。

审美趣味中凸显人的个性的特点。每个人对于美的感受程度不同，每个人又受到社会因素、家庭因素、教育程度、文化教养的影响，所以审美趣味具有个体性的特点。审美趣味关注的就是个体对美的独特的感受和评价，对于审美趣味的重视充分表现了对人的个性的尊重。

审美趣味激发人的生命活力。审美趣味表现的是人对于美的感受能力，显现为人生命冲动的内在选择。审美趣味的感性特点关注的是生命的内在活力。康德对“力的美”的注重，席勒对“激情”的偏爱、狄德罗对“粗糙的自然”的肯定、尼采对“酒神精神”的崇拜、梵高对原始冲动的展示、鲁迅对“摩罗诗力”的向往等，都显示出在现代文明语境中对感性的生命活力的重新确认。所以梁启超说，趣味是生活的原动力。他进而指出：审美的本能是我们人人都有的。但感觉器官不常用或不会用，久而久之麻木了。……①审美趣味恰恰将人的生命力激活，展示生命的创造力。

审美趣味发展人的情感力。审美趣味是以人的情感力为核心力，具有直觉的特点，在审美判断中情感力对审美主体起到关键的作用，它的敏锐与精细对于审美判断力有着不可低估的作用，使审美主体与审美对象之间形成直觉体验和情感力的相互交流。审美趣味对人的情感力，表现为内在释放，并使之激发成为一种建构性的冲动。

审美趣味影响人的观念意识。审美趣味中人的观念是以一种直观的形式表现出来的，其表现出来的观念要比概念更为真实和丰富，对于人的心灵产生细致入微的影响。审美意识形态直接表现为审美趣味和审美观念，审美趣味正是以这种感性的形式影响着人的观念意识，并赋予它更为丰富的内涵。

其次，审美趣味的培养可以丰富中学美育的内涵。2001 年教

① 梁启超：《美术与生活》，转引自北京大学哲学系美学教研室编《中国美学史资料选编》（下），中华书局 1981 年版，第 423 页。

育部颁布的《全日制义务教育语文课程标准（实验稿）》和2003年教育部颁布的《普通高中语文课程标准（实验）》明确指出了语文课程有重要的审美教育的功能，语文课程应关注学生情感的发展，让学生受到美的熏陶，提高文化品位和审美情趣，培养自觉的审美意识和高尚的审美情趣，培养审美感知和审美创造的能力。这就要求广大语文教育工作者，要加强美育研究的力度，从理论和实践层面作出新的探讨。本编适应新课程的要求，以初中生为研究对象，进行了审美趣味的培养和现状调查。并以此提出了审美趣味培养的原则及策略，在一定程度上丰富了审美趣味的培养理论。

另外，审美趣味的培养可以促进学生的审美情趣健康的发展。审美趣味在社会的发展中越来越被人们所重视，随着感性美学研究的兴起，它的重要性也越来越凸显在世人面前。然而，审美趣味在中学语文教学实践中并没有得到应有的重视，而审美趣味形成的重要年龄阶段又在青少年时期，因此，这一阶段对审美趣味的积极而正确的引导和具体的培养就更显得重要和必须。

审美趣味的培养是一个长期的事情，审美趣味的发展是循序渐进的。按照审美认知心理学的研究，审美趣味的形成和审美认知有着密切的联系。许多心理学家在这些方面作了许多研究，如美国的心理学家加德纳和伍尔夫。加德纳提出审美认知发展的五阶段理论，伍尔夫提出了审美认知发展的三阶段理论，两人的理论中都表现出个体审美能力的三大倾向，即从具体到抽象，从题材到形式，从形式刺激到形式表现；[①] 也都体现了审美趣味形成的过程性与长期性。

当代青少年审美趣味发展的一个基本趋向是：整体上审美范围的扩展和个体审美偏爱的相对稳定相结合。由于信息时代的到来，世界文化的交流日益丰富和迅速，文学艺术空前自由繁荣的发展，不同种类的艺术风格，呈现在青少年面前，为他们的审美选择提供

---

① 张大均主编：《教育心理学》，人民教育出版社2004年版，第385页。

了广阔的天地，正是在这种外部条件下，当代青少年的审美趣味呈现出多元发展的趋势。

审美趣味的特点规定了审美趣味研究的任务，本编在借鉴前人研究成果的基础上，在以下方面开展研究：①在理论上对审美趣味的构成作进一步探讨，对于审美趣味产生的原因，前人已从感性和理性以及社会的角度、生理角度作了一定程度的探讨，本编将审美趣味的研究立足于感性美学的前提下，将对审美趣味的感性构成基础、审美感受力和决定审美趣味取向的内在审美情感力作一定程度的探讨。②在实践上针对中学生审美趣味存在的问题提出可行的培养方法。以初中学生为对象，调查语文学科中对诗歌、散文、小说的审美偏爱，及个人文化素养和审美价值观取向。依据调查结果，对审美趣味中存在的问题，有针对性地提出切实可行的操作之法。

第二节　审美趣味研究的现状

从字面上看，“趣味”是一个感官术语，和人的趣味享受紧密联系在一起，属于身体感官，而不属于审美感官，它的引申义才是一个审美判断术语，我们现在所说的作为美学范畴的“审美趣味”，则是在 17 世纪和 18 世纪经验主义哲学理论产生之后才出现的。

大卫·休谟是英国 17、18 世纪经验论美学集大成者，他的研究揭示了审美趣味的主体性特征。他发扬了英国经验论的传统，从心理方面探讨审美的基本概念，是第一个对审美趣味进行全面研究的美学家，通过《论趣味的标准》和《审美趣味的细致和情感的细致》等论文探讨了审美趣味的标准。休谟希望找到一种“趣味的标准”，他认为：“尽管趣味仿佛是变化多端的，难以捉摸。终归还是有些普遍性的褒贬原则，这些原则对于一切人类的心灵感受所起的作用是经过仔细探索可以找到的，按照人类内心结构的原条件，某些形式或品质应该能引起快感，其他一些引起反感。……在器官健全的前提下，如果人们的感受完全或基本相同，我们就能因之得出‘至美’的概念。”[①] 这种“普遍性的褒贬原则”就是休谟所说的“审美趣味的标准”。但他还没有意识到宗教、文化、政治等外部环境对一个人的趣味的影响。

伏尔泰对审美趣味作过深入的探讨，他认为审美趣味和人的认识有关，“精锐的审美趣味在于对瑕中见瑜和瑜中见瑕的一种敏锐的感受力”[②]。伏尔泰把趣味看成了一种个体的心理直觉本能，把审美趣味看作了一种技术，伏尔泰的趣味研究较深入而具体，指出经验、理性和敏感是构成审美趣味的三个重要因素。

18 世纪康德综合了感性和理性的趣味，对趣味概念进行了语义学的研究。在味觉的基础上，康德将“趣味”一词看成了一种感性的评价能力，这种评价能力已超越了个体性，不仅仅依据个人的感觉来进行评价，还依据一种被想象为适用于任何人的确定性的规则来做选择。审美趣味从生理的角度看是一个十分个人化的术语，但是如果被应用于审美实践，正如康德所言，就必须具有普遍性和必然性，那么审美趣味的社会性就将被提及。

19 世纪，时达尔夫人首开审美趣味的社会美学研究，她肯定审美趣味的存在，同时也认为审美趣味不是一成不变的，它是识别和预见足以产生美好印象的一种艺术。“美”、“清晰”、“秩序”和“法则”等概念是她的审美趣味的重要内容，同时在《论文学》中，她对北方文学和南方文学进行了比较，提出了社会环境对审美趣味的影响。

法国文艺理论家丹纳是 19 世纪后半叶对欧洲文艺学和美学思

---

① 彭立勋、邱紫华、吴予敏编：《西方美学史》（第二卷），中国社会科学出版社 2005 年版，第 398 页。

② ［美］雷纳·韦勒克著，杨岂深、杨自伍译：《近代文学批评史》（第一卷），上海译文出版社 1987 年版，第 51 页。

想影响颇大的艺术家和美学家，他在《英国文学史·序言》中，提出了决定审美趣味三要素：种族、环境和时代，在一定意义上解释了趣味的生成本质。

达尔文站在进化论的角度对审美趣味研究的观点主要概括为以下几个方面：第一，美感非人所独有，人和动物都会产生美感。第二，动物虽然有一定的审美能力，但只有人才有审美趣味，因为美感要受到文化的熏陶和影响，才能形成一定的审美趣味。因此，他反对人类先天就有一个普遍性的审美趣味。他猜测说："在漫长的时间过程里，某些鉴赏的能力或许变得能够遗传，尽管现在还没有利于这样一个信念的证据如果真的可以遗传的话。每个民族就会有自己内在而固有的美的理想标准。"① 在他的论述中我们看到了文化教养对审美趣味的重要作用。

20 世纪初，影响最大的美学家克罗齐提出艺术即直觉，是心灵的活动的表现。克罗齐把审美判断的活动（即审美再造活动）叫做趣味。无论是审美的创造还是审美的再造都是表现活动，正因为他们都是表现活动，所以"不是随意任便而是心灵的必然，它只有一个正确的方法去解决一个固定的问题"②，他指出了心灵的直觉的活动，在审美趣味中的作用。

美国美学家乔治·桑塔亚那是自然主义的第一位代表，《在艺术中的理性》一书中有专章论述有关审美趣味的问题，他在人的本性基础上，从人的整个心理感受和生理感受出发来肯定趣味是多样的。在桑塔亚那看来"所谓审美趣味只不过是每个人的偏好和喜爱"，"无须为自己的趣味低级而感到惭愧"③。因为在他看来较低级的审美趣味却满足了自己的人性需要，这中间渗透了自己的情

① ［英］达尔文：《人类的由来》，蒋孔阳主编：《十九世纪西方美学名著选》，复旦大学出版社 1990 年版，第 121—122 页。

② 朱光潜：《朱光潜全集》（第 11 卷），安徽教育出版社 1989 年版，第 258 页。

③ ［美］乔治·桑塔亚那著，傅正元译：《审美趣味的衡量标准》，中国社会科学出版社 1980 版，第 36 页。

感和理性，自己在审美方面获得了快感，这比什么都重要。他把审美趣味放在了人的自然本性层面进行研究，强调人真实的审美感受。

20 世纪 60 年代后，随着美学社会学的进一步发展，不少社会美学家或美学家都开始用社会学的观点与方法来分析趣味，或将美学用于社会分析，这无疑扩大了趣味的使用范围。在这方面最具影响力的成果为哈拉普的《艺术的社会根源》、布迪厄的《区隔：三趣味批判的社会批判》以及尤卡·格罗瑙的《趣味社会学》等著作。

布迪厄的社会学理论以阶级理论为整体框架，以趣味分析为主要手段，它赋予了趣味概念新的功能。把美学上的趣味和饮食方面的趣味结合起来，把趣味还原到人的立场上，这是对趣味的一次真正意义上人本语义解释。

“趣味”这个词，在中国和西方，都是从味觉的意义上发展而来的。在中国美学史上，很早就出现了用味觉来类比审美感受的说法。例如，春秋时代的晏婴就用羹来讨论“同”与“和”的区别，并认为“声亦如味”，各种音乐要素如“水火醯醢盐梅以烹鱼肉”那样，达到五声之“和”。魏晋之后，“味”、“滋味”、“韵味”等概念被用来形容艺术作品的某种审美特性和风格类型，例如，钟嵘首推五言诗：“五言居文词之要，是众作之有滋味者也。”① 这体现了对某种文体的偏好。司空图虽然列出了“二十四诗品”，但他推崇的是“冲淡”一类，体现了追求深远、含蓄与自然平淡中见深邃意韵的审美趣味。所以，他提出“辨于味，而后可以言诗”，不仅是要求对诗作审美的品味，而且意谓追求一种独特的审美类型或风格。至此，“味”、“滋味”、“品味”，作为一种审美的概念，已不同于单纯个人味觉意义了。

① 转引自郭绍虞主编《中国历代文论选》，上海古籍出版社 1980 年版，第 186 页。

宋代严羽的《沧浪诗话》的中心范畴是“兴趣”。他说：“诗有别材，非关书也。诗有别趣，非关理也。……盛唐诸人惟在兴趣，羚羊挂角，无迹可求。……如空中之音，相中之色，水中之月。”① 严羽认为趣味是诗的生命，是人心灵的外化。

明清之际的王士祯在继承了钟嵘、司空图、严羽诗歌理论的基础上，提出了“神韵说”。“神韵说”认为就创作而言，诗歌应追求含蓄蕴藉的韵味旨趣，提出了诗歌创作的审美趣味标准。

近代梁启超在美的领域作了广泛的涉猎，他指出美能给人以审美趣味，而审美趣味是生活的原动力。他宣称他信仰的人生观便是趣味的人生观：“假如有人问你，你信仰什么主义？我便答道，我信仰的是趣味主义。你的人生观拿什么做根柢？我便答到，拿趣味作根柢。”② 但他认为趣味是有高等趣味和下等趣味之分，他指出审美趣味的功能就是恢复人的审美本能，以维持和增进人生活的健康，并指出审美趣味对于人的心灵和人生的功用。

李大钊是我国近代美学和现当代美学的分界线，他的《牺牲》一文启示我们，审美趣味的产生，除了要有客观的审美对象（生活境界）之外，在审美主体方面，也必须具备一定的主观条件，（包括精神状态、文化修养、世界观、审美观等）。他在文中说：“……至这一段道路上，实亦有一种奇绝壮观的景致，使我们经过此段路的人，感到一种壮美的趣味，但这种趣味，是非有雄健的精神，不能够感觉的。”③

朱光潜有关“趣味”的论述，最早见于他的美学处女作《无言之美》，“美术作品之所以美，就美在有弹性，能拉得长，能缩能短。有弹性所以不呆板。同一美术作品，你去玩味有你的趣味，

① 严羽：《沧浪诗话·诗辨》，转引自叶朗《中国美学史大纲》，上海人民出版社2005版，第314页。

② 梁启超：《趣味教育与教育趣味》，《饮冰室文集》（卷三十八），转引自叶朗《中国美学史大纲》，上海人民出版社2005版，第579页。

③ 转引自叶朗《中国美学史大纲》，上海人民出版社2005版，第654页。

我去玩味有我的趣味……今天玩味有今天的趣味，明天玩味有明天的趣味。”这里的“美在弹性”正是针对“趣味”而言的，它表明美对于不同的欣赏主体具有差异性，即使对于同一个欣赏主体在不同的时间和空间中所感到的趣味也不尽相同。朱光潜不仅把“趣味”用于美学论文中，在一般文章中也常常使用。《给青年的十二封信》中，他认为读书需要趣味，生活也需要趣味，并引朱熹的诗《观书有感》说“趣味”正是生活的“源头活水”。这表明朱光潜的趣味主义人生观，在感情与趣味的复合中侧重于趣的一面，应该强调的是这种趣味源于情而不是理。朱光潜融合中西，把他的审美趣味观称之为“情趣”。

近几年对于审美趣味的研究相对丰富起来，朱立元主编的《西方审美范畴史》将审美趣味编入西方美学的八个主干范畴，较详尽地展示了审美趣味范畴的历史演变。范玉吉的《审美趣味的变迁》分析了不同时期美学家的审美趣味思想，并对当代视野中的审美趣味进行重新审视，结合神经学的研究成果提出：审美趣味是生命内在冲动所产生的，提出在此命题之下审美趣味的鉴别标准。

纵观国内和国外的研究成果，可以看出随着历史的发展、研究的角度不断拓展和深入，他们的研究都强调：①审美趣味具有社会性，社会建构对于审美趣味有着重要的意义。②审美趣味的产生是人自然本性基础上的理性建构，趣味具有变化性，既有个体性又有普遍性，既有主观性，也有客观性。③审美趣味是人的心灵活动的直觉，而促使直觉产生的源泉是情感力，情感力对审美趣味具有深层的指向作用。

审美趣味的培养问题，一直都是研究者们关注的问题。

经验主义美学家休谟找出了影响审美趣味的要素，除了审美主体的心理因素外，还有客观条件，休谟对培养和提高审美趣味的论述，归纳起来主要有以下几个方面：第一，通过不断的训练加以提高和改善。第二，通过比较提高自己的审美趣味。经常对不同类型和审美形态进行比较，并找出它们之间的差异，这样才知道如何恰如其分的进行判断。尤其提出对历代优秀作品和其他不同国家的优秀的作品要经常进行研究和比较。第三，放弃影响审美趣味判断的偏见。重视时间和空间的差异，阅读作品不要满脑子准备的都是自己这个时代的和国家的习俗，从而武断地批评与自己习俗不同的东西。第四，重视理性的作用。

艾迪生（J. Addison）是从经验主义转向新古典主义的作家和文学评论家。艾迪生认为，要有好的审美趣味必须同时具备想象力和判断力。他认为敏锐的鉴赏力是心灵带着愉悦体味作者的高妙和怀着厌恶感受作者的缺陷的一种能力。因此，他提出了三种培养审美趣味的方法：第一，也是最自然的方法，精通最高雅的作者的作品。第二，与高雅的人物谈话。第三，精通古代和现代最杰出的批评家的著作。艾迪生培养审美趣味的核心就是借助杰出的作品来改善读者的心境。

伏尔泰认为审美趣味的培养是有可能与必要的，他把审美趣味的培养建立在对审美对象进行体细察微的分析技能上。

社会美学家布迪厄认为趣味的培养是文化需要的产物，而文化需要又是教养和教育的产物。所有的文化实践（诸如参观博物馆、听音乐会、阅读等）和在文学、绘画、音乐等方面的爱好，首先都和教育水平有着紧密的联系，其次是和社会出身有着联系。

还有一些研究者，他们利用人的大脑思维规律，来培养人的审美趣味，如贝蒂·爱德华在《像艺术家一样思考》一书中，她就是利用了大脑的规律对学生在绘画上的审美趣味进行科学的指导。

我国美学家朱光潜先生则指出对青年人的文学审美趣味的培养，应从读诗开始。在《谈谈诗与趣味的兴趣》一文中，他指出："个人的天资不同，有些人对诗就感觉到趣味，而有些人生来就感觉不到趣味，也有些人只对于某一种诗才感到趣味。但是趣味是可以培养的，真正的文学教育不在读过多少书和知道一些文学上的理论和史实，而在培养出纯正的趣味。培养趣味好比开辟疆土，必须逐渐把本非我所有的变为我所有的。趣味是对于生命的彻悟和留恋，生命时时刻刻都在进展和进化，趣味也要时时刻刻进展和创化。诗是培养趣味的最好媒介。”①

杜卫在他的《美育论》中对于青少年审美趣味的培养提出以下观点：审美趣味的基础是审美经验的积累，审美趣味的形成与发展必须以个体内在的审美需要为根基，是一种自发与自觉相结合的过程。在此活动中没有个体的兴趣和积极性，便不可能形成真正的审美趣味，审美活动是审美经趣味的教育的基本途径。审美趣味良好的基本标志体现为质与量两个有机的联系的方面。审美趣味的范围广泛也有利于审美趣味的健康发展。②

在实践层面对于审美趣味的有关研究的论文也有不少，从调查报告分析审美现状的有：《应重视大学生文化审美趣味的培养》（郑惠生：《美与时代》2005 年第 4 期），文中阐述对于当前大学生审美趣味的调查和对于大学生审美趣味状况的分析和担忧。

《浅谈对青少年学生审美趣味的培养》（安彩文、张海鹰：《雁北师院学报》1994 年第 4 期）一文从理论和实践两方面论述了加强对青少年进行审美教育的重要性和迫切性，指出对青少年学生进行健康的审美趣味培养，是一项复杂的系统工程，也是美育教育一个十分重要的内容。

从实践中探讨审美趣味如何培养的方法，有孙祥、王华的《让美育关怀人的灵魂——谈审美趣味的培养》（《文化视点》2002 年第 2 期），通过对审美趣味的现状分析之后，提出审美趣味如何培养的问题。作者认为审美趣味的培养可以通过加强美育教育的途径来实现；其次，审美趣味的培养要通过构建人文精神来实现；再次，审美趣味的培养还依赖于民主的政治环境。具体到基础教育学科中如何培养审美趣味的有：尤怡红的《音乐审美趣味的培养》

① 朱光潜：《无言之美》，北京大学出版社 2004 年版，第 192 页。

② 杜卫：《美育论》，教育科学出版社 2001 年版，第 229 页。

（《艺术教育》2002 年第 6 期）、顾婷的《小学一年级音乐审美趣味的培养》（《中国教育导刊》2004 年第 8 期）、吴春生的《如何培养学生的味审美兴趣》（《语文教育》2000 年第 5 期）。吴春生指出在语文教学中对学生审美趣味的培养方法：语文教学的基本特点是通过对文本的“解读”来培养学生的审美情趣，从加强语文课人文性入手提高学生的审美情趣；语文课进行审美趣味的培养还有一个得天独厚的条件，那就是学生可以在充分张扬个性的基础上，发挥主体的“审美创造”，来培养审美趣味。以上这些文章对于审美趣味的培养提出了值得借鉴的方法，但又过于简单化，方法不够具体，对实际的教学中该怎样操作缺乏较详尽的论述，理论也停留在较浅层的层面。

综上所述：对于审美趣味的培养应注重以下几个方面：（1）广泛阅读人类文化中优秀的文学作品，拓展自己的审美经验。（2）要重视文化教育和文化教养的作用。（3）在培养过程中关注社会、个性特征对于审美趣味的影响。（4）在培养的过程中要注意利用人的先天性因素，借助科学研究，运用科学的规律和恰当的技术方法来培养。

从前人的研究成果中我们感受到个人趣味培养是时代的需要，也是人类自身发展的需要，人类丰富的文化成果是培养审美趣味最好的中介。

第三节　审美趣味的内涵及特点

审美趣味就是在社会建构下，人类特有的审美感受能力和审美情感相互协调、外化出来的表现形式。这种外化过程不是一种简单的转化，它是在审美感受的基础上，又包括了审美判断、审美想象、审美情感、审美观念等因素。

一、审美趣味的内涵

审美趣味包含了两个层面的含义：一个层面是指个体的“辨味”技术；另一层面是指个体对于审美对象作出“合乎味”的选择。个体的辨味，首先要能感受到“味”，这就要涉及个体的审美感受力，也就是技术层面的能力，它是审美趣味的表层，包含审美感知力和审美判断力、审美想象力。伏尔泰就将审美趣味看作个体的一种技能，他认为趣味能力不仅仅是一种直觉地感到美与丑的能力，也不仅仅是指因美而产生的激动，它还是人们对审美对象体细察微的分析技能。其次还要作出“合乎味”的判断，这一层面涉及个体好恶的情感选择，人的审美情感力指向审美趣味的深层，而左右情感作出好恶选择的则是人内在的价值观取向。这就是审美趣味的深层构成，包括情感态度和个体的价值观取向。价值观的健康与否直接关系到审美趣味的健康与否。对于审美趣味的内涵可从以下几个方面加以界定：

1. 审美趣味是主体对美的感受能力的强弱表现

审美趣味是美感的外在形式，对美的感受和人内在的感官有着密切的联系。哈奇生把接受美的内在感官和“审美趣味”看作是一回事，既然审美趣味是美感的外在形式，那么审美趣味也应当是一种真实的审美愉悦，愉悦是没有高下之分的，它只是审美主体对于美感受力强弱的外现。

2. 审美趣味是习性的直接表征

审美感知的强弱还受到人习性的影响。习性，是指某一社会集团的价值观、社会规则等因素，在一个行动者意识深处的历史积淀，它以下意识而持久的方式在行动者身上起作用，体现为行动者具有的文化特色思维、知觉和行为。习性所产生的行为，总是处于变动中，它不具有严格的逻辑形式，相反是遵循一种含糊不清的实践逻辑的，而一个人的审美趣味恰恰是习性的直接表征。人内在对美的感知能力，受到习性的深刻影响，它使人们的感觉或直觉在一个社会空间占据某一特定位置，使可能（或不可能）遇到什么、适合什么变得可能。

3. 审美趣味是特定生理基础上的社会建构①

审美感知外化的形式是建立在特定生理基础上的社会建构。现在的心理学研究证明，在社会对人脑进行建构之前，人就已经具有了美感。英国的爱克赛特大学的科学家们对新生儿的一项测试表明，洛克的白板论并不正确，人脑并非生来就如一张白板，相反它是带着一个发育完好的审美系统来到人间的，美感其实在子宫就开始孕育了。它为我们对审美趣味的培养提供了科学依据。我们在此基础上，还应看到对审美感受力的强弱还和后天的社会建构有着密切的联系，审美趣味还来自于社会各种因素的影响，社会、政治、经济、文化、教育等甚至是家庭出身都对一个人的审美趣味具有重要的作用。丹纳《艺术的哲学》可以说是最具影响力的成果之一，他经过对艺术进行广泛的研究，提出了著名的种族、环境和时代三要素说。他认为不同的民族、不同的时代会产生不同的审美趣味。美国马克思主义美学家哈拉普明确指出，趣味具有社会性和阶级性；布迪厄指出趣味在本质上是阶级的产物，他进一步指出，趣味不仅仅具有审美判断的功能，同时还具有阶级区分的功能。

4. 审美趣味是来自内在价值观之下的情感选择

审美趣味是表层的审美感受力和深层的审美情感力相互作用下，个体表现出来的情感选择。每个人在创造美和鉴赏美的时候，审美个体会表现出情感好恶、情感愉悦的情感倾向，引起这种情感判断的是个体内在价值观，审美趣味正是在审美价值观建构之下的情感选择。个体的价值观对于审美趣味的取向起决定作用，健康、真实的审美趣味产生应是健康的价值观的表现，这时在一个人身上表现出来的审美趣味，是自己文化、教育、出生和自然传统的自然流露。

---

① 范玉吉：《审美趣味的变迁》，北京大学出版社2006年版，第214页。

二、审美趣味的特点

审美趣味主要有以下四个特点：

一是直觉性。审美趣味是人对于某一审美对象的评价性反应，当人们接触到某一对象时，根本不需要作理性的反思和逻辑的推理就可以给出自己的审美评价。审美趣味之所以会有这样的特性，主要因为它是经验性的和感受性的。在日常生活中，审美观念、审美理想、审美标准等以审美经验的形式存储在大脑的记忆中，当我们面对某一审美对象时，对象的审美特征就唤醒了记忆中的各种审美评价因素，于是在瞬间作出对审美对象的评价。

二是情感性。在审美活动中，人们心里总是伴随着好恶爱憎，充满了感情色彩，所以，审美趣味本身就直接表现出情感性的特征。在对审美对象进行鉴赏时，不是凭借理性思辨和逻辑推理而进行，相反完全是由好恶的情感在推动，审美趣味中的情感是主体长期审美实践的结果，随着主体年龄的增长，这种情感越趋稳定，所表现出来的审美趣味也就越稳定。

三是个体性。审美活动本身就是一个个体的活动，所以审美的时候，面对着同一对象，不同的审美主体会产生不一样的审美反应。审美趣味是主体审美能力的综合反映，而主体的审美能力是一个集个体生理结构、审美观念、艺术修养、生活阅历、思想感情、道德观念甚至政治立场等多种因素于一体的综合体。由于这些因素并不均等的分布于各个审美主体，所以他们的构成差异导致了主体的审美趣味的差异。①

四是共同性。由于审美主体身心的共同特征，也由于人类面临大体相近的环境，以及广泛的交流和沟通，所以审美趣味也存在着共同之处，审美趣味的个体情感丰富了普遍情感，反过来，普遍情感又熏陶和丰富了个体的情感。个体处于不同的民族和阶级就会留

---

① 范玉吉：《审美趣味的变迁》，北京大学出版社2006年版，第254页。

下这一集团与时代的烙印，法国社会学家布迪厄就指出审美趣味具有阶级的烙印，实际上也指出了审美趣味的共同性的特点。

第四节　审美趣味的生理、心理机制及其构成

一、审美趣味的生理、心理机制

审美趣味具有先天的生理基础，首先表现为人的右脑是美感产生的主要部分。人的大脑包括两个半球，即左半球和右半球。大体而言，左脑主要有处理语言、逻辑、数学和次序等作用，即所谓的学术学习部分，掌管逻辑思维；右脑主要处理节奏、旋律、音乐、图像和幻想等，即所谓的创造性活动，掌管形象思维，大脑的两个半球各有分工，同时也相互合作。

人类的大脑构造和艺术创造、艺术欣赏之间有着密切的关系。科学家们经过大量的研究发现，两个脑半球功能尽管各不相同，但都包含了思考、推理以及复杂的智力机能。右脑处理信息的模式虽然是非词汇性的和整体性的，但它仍然可以通过形象进行思维。研究的结果让我们对美感的产生有了更清楚的了解，结果显示，人的右脑对艺术和审美的作用比其他部分重要。这也给我们一个启示，即我们可以通过刺激右脑激活它的艺术感受力，从而提高人的艺术修养和审美趣味。

不同的生理基础形成了人不同的审美趣味。英国科学家对新生儿进行审美感知的测试证明，不同的人产生美感的先天基础不一样，有的人右脑比左脑发达，善于形象思维；有的人左脑非常发达，特别擅长逻辑思维，因此对艺术想象性的事物比较弱，所以，要求每个人的审美趣味都达到一定水准是不现实的。对于不同的人的审美趣味而言，虽然具有先天构成上的差异，但这些差异并不是绝对的，后天的培养也很重要。大脑构造的先天基础的差异，在对他人进行审美趣味的培养时就不能不考虑这些差异因素的存在。

审美趣味的形成也与读者的心理因素有关。这首先表现为与个体的气质、性格因素有密切关系。刘勰曾说："慷慨者逆声而击节，蕴藉者见密而高蹈，浮慧者观绮而跃心，爱奇者闻鬼而惊听。"[①]由此我们看到个性气质的差异与审美趣味之间的差异是巨大的。

英国著名美学家 H. 里德，系统地吸收了荣格的观点和方法，提出了八种审美心理类型，这对于我们探讨审美趣味的心理影响因素是非常有启示的，个体审美类型的划分，帮助我们认识个体的审美倾向，有益于我们培养健康的审美趣味。

其次是时代和民族因素。审美趣味是对于美的感受的外在表现，主体是否能感受到美，关键在于主体的主观感受和理解，但是由于每个民族对美的理解是不同的，一个民族的价值观、社会规则等因素就会在一个行动者的潜意识深处保留历史的积淀，它以下意识的方式表现在行动者身上，同时行动者就会体现为就有文化特色的思维、直觉和行动。丹纳指出，一个艺术家的存在不是孤立的，他的审美趣味不可能脱离他的流派或种族的共同特点而存在，同时它的趣味形成还要受到风俗习惯和周围大多数人的思想感情的影响。因为艺术家的趣味问题总和它周围的社会趣味相一致。

再次是审美观念因素。个体的审美观念，影响个体审美价值观、人生观、世界观。艺术作品中的审美观念一样也影响着个体的审美趣味发展。审美观念参与个体的审美感受、评价和审美创造等审美过程中，它对个体的审美趣味的倾向有着重要的影响。

二、审美趣味的构成

审美趣味是主体审美感受能力的外在表现，对审美趣味的研究要和个体审美感受紧密联系起来，趣味本身就是和味觉有关的一个术语，审美意义上的趣味是饮食意义上的"品尝"或"味道"的

---

① 刘勰：《文心雕龙·知音》，转引自北京大学哲学系美学教研室编《中国美学史资料选编》（下），中华书局 1980 年版，第 206 页。

引申，审美趣味是对食物品鉴的隐喻性表达，所以它是一个感受性极强的词语，休谟的趣味理论中对此有过论述，我们对食物的品尝是一种感觉体验，对艺术鉴赏也是一种感觉体验，也能够唤起我们的快感，对艺术的鉴赏也是一种体验，也能唤起我们的快感。审美趣味的基础应建立在审美感受之上。审美情感是任何审美活动的动力。在审美趣味的构成中它依然是主体感受的内在动力，主体对审美对象感受能力的强弱和主体对审美对象的解码有关，同时和审美想象力有关，克罗齐的直觉主义思想对审美趣味中的审美想象有着很深刻的论述，他说艺术即直觉，直觉即表现，艺术就意味着心灵的赋形活动，心灵只有借助赋形和表现才能直觉，趣味和天才是统一的，这就意味着审美创造和审美鉴赏也是统一的，它们都要借助心灵的想象活动。对审美趣味的研究，不能离开艺术鉴赏，必须像对食物的品味进行研究一样，立足于感性经验之上，这需要敏锐的审美鉴赏力和审美判断力。本编认为审美趣味的构成要素是：审美感受力和审美情感力。审美感受力包含了审美感知力、审美想象力、审美判断力。

审美感受力是主体与对象发生审美关系的第一条件，也是审美趣味产生的基础。正如帕克所说："感觉是我们进入审美经验的门户，而且，它又是整个结构（指审美经验的结构）所依靠的基础。"[①] 审美感受力包括了审美感知力、审美想象力、审美判断力。

感知力包括感觉力和知觉力，感觉是将环境刺激的信息传入大脑的手段，知觉则是信息处理，知觉力是把感觉材料加工组合为整体表象或经验的能力。对于审美趣味来说感觉能力的强弱和审美趣味的产生有密切的联系，审美感觉丰富性和敏锐性成正比。如我们感受到自然界中的光、色、声质地等，未尝不具有珍贵的价值，对于我们许多人来说正在丧失天然的、敏锐的感受力。纯正敏锐的感觉力，把人引向事物的外观，把握其色相，感受自然的赐福。审美

① ［美］帕克：《美学原理》，商务印书馆1965年版，第50页。

感受力是高度敏感化的，它不是粗略地感受外来刺激，而是十分精细、准确地感受，因此它感受到的世界要丰富和生动得多。审美趣味中的感觉力对审美个体感性体验更为重视，文学作品中的审美感受不仅包含视觉和听觉，更包含了嗅觉、味觉、触觉等感官，如林逋的诗句“暗香浮动月黄昏”，苏轼的《记承天寺夜游》中对月光的感受“庭下如积水空明”等诗文都充分说明审美感受的生动性和浓重的主观色彩。发展感官的敏锐性，使之与无限生动的感觉世界保持密切联系接触，是培养真实审美趣味的基础。在审美活动中，对外在的信息接受，同时还产生运动，德国美学家 M. 德索把这种情绪反应称为“感觉情感”。认为这是身体的回声。因为美感包含生理与心理、肉体与精神协调一致的快感。对美的感受我们因调动主体器官的积极参与，审美趣味感性特征由此充分的体现，它和审美感受密切联系在一起。

感觉是将环境刺激的信息传入大脑的手段，知觉则是信息处理，知觉力是把感觉材料加工组合为整体表象或经验的能力，格式塔认为每一种心理现象都是一个格式塔。即从背景中分离出来的整体或结构组织。美国艺术家阿恩海姆断言：“无论在什么情况下，假如不能把握事物的整体或统一结构，就永远也不能创造和欣赏艺术品。”[①] 在审美过程中，我们是带着某种图式来组织加工感觉信息的，因为预成的审美图式影响着人们怎样去看和看到什么。

审美知觉力的建构过程中伴随着相应的内部心理调整过程。审美知觉是一个同化顺应的过程，一方面，主体依据内在的审美图式去规范感觉材料；另一方面，对象的某种独特的性质要求主体修正或调整惯常的知觉方式。

审美知觉的表象性的深层意义体现在内在的审美图式规范知觉的样式中，形成了知觉样式的表现性。而在审美活动中，有内在的审美图式的规范所造成的知觉样式的表现力意义非常深远，并具有

---

① ［美］阿恩海姆：《艺术与视知觉》，中国社会科学出版社 1984 年版，第 55 页。

主观的品格。

总之，审美感受力的差异，审美趣味也出现了差异。审美内在图式对于审美主体对美的感受能力影响很大。

想象力是大脑对记忆中的表象进行加工，创造新形象的能力。想象的过程源于对外在事物的感知，但和感知不同，不是对外界刺激信息的加工，而是对内心储存的表象的加工，更是内心化的过程。从思维的角度来看，想象力的敏锐程度不同，也可以导致审美感受的差异，审美趣味的差异。休谟明确指出："大多数人之所以缺乏对美的正确感受，最明显的原因之一就是想象力不够敏感，而这种敏感正是传达较细致的情绪所必不可少的。"① 而克罗齐把审美趣味看作是审美创造和审美再造的统一。他指出对一件艺术品要做到审美的准确判断必须是审美创造和审美再造的统一。他把这种审美再造活动称为"趣味"，而想象正是在此活动中的主要部分。无论是审美创造和审美再造都是表现的活动，都需要想象的参与。想象力是构成审美感受的重要因素。

审美判断力是个体的心理知觉本能，与人的感性认识有着密切的关系，既体现为主体对整个作品美的判断能力，也体现为主体在判断美的过程中感觉和体验的激动能力，作为心理本能，这里也有先天的成分，这种先天的直觉本能是任何一个时代、任何一个民族之所以能够有相同的审美趣味的心理基础。审美判断同时还是一种技能，它存在着差异，不同的文化、不同的教养、不同的时代都会影响一个人的趣味。

审美判断不具有直接的功利性，不涉及对象的存在、质料和属性，它可以通过与主体心意状态的切合，使主体的想象力和知性等认识能力自由协调地活动起来，并由此产生审美愉悦，对于审美对象来说，产生审美愉悦就是它的目的，这种愉悦就是无目的的合目

---

① ［英］休谟：《论美与丑》，见马奇主编《西方美学史资料选编》（上），上海人民出版社 1987 年版，第 526 页。

的性的体现。

情感力有两个基本含义：其一是一种心理动力；其二是一种体验能力。在心理结构中，情感是一种心理能力，它表现为一种情绪冲动，从内部驱使心理活动的展开，并与需要、愿望等个体特征相联系，控制着心理方向；情感力是审美能力的核心因素，它作为审美心理动力，对于审美创造和审美表现起着决定性的作用，支配着整个审美过程；在审美趣味的产生过程中，它作用于审美感觉、审美知觉和审美想象中，使内在的审美图式被激活，由此形成一种内在的渴望和冲动；它驱使着知觉、想象的发展，唤起和构造着审美冲动，使之外现出来成为审美趣味。

休谟对于情感和趣味的关系曾作过深入的研究，他说："趣味产生美与丑的情感，用制造的从内在情感借来的色彩去渲染一切事物。在这种意义上形成新的创造。"① 他明确指出，趣味涉及情感，情感的敏锐和趣味的精细、敏锐有着密切的联系。桑塔亚那说："当审美感情占有主宰和独特地位时，审美趣味就产生了。"②

中国传统美学一直把情感看作是审美表现的内部动力。甚至诗、歌、舞等不同的形态也是以情感为要求来分类的。在审美欣赏中的情感力，起着非常重要的作用，在感受自然和艺术作品时，情感力不是被动的，它一样具有内驱力的功能，它的发生具有某种自发性特征，正如汤显祖说的"情不知所起"。当主体对具体的审美对象产生主观感受时，我们会触景生情，产生最初的情绪反应，波兰美学家英·加登把它称作是"原始冲动"，这种情绪将内在的审美图式初步激活，它驱动着直觉想象的发展，而

① ［英］休谟：《论人的理解力》，北京大学哲学系美学教研室编：《西方美学家论美和美感》，商务印书馆1980年版，第111页。

② ［美］乔治·桑塔亚那著，傅正元译：《审美趣味的衡量标准》，中国社会科学出版社1980年版，第29页。

审美想象的发展，进一步唤起和构造着审美冲动，但当它成为生命内在选择的冲动时，就变成了审美趣味。由此情感力也是审美趣味的内在动力。

综上所述，审美趣味是由审美感受力、审美情感力构成的，其中审美感受力又包括了审美感知力、审美想象力、审美判断力。它们处于不同的地位，起着不同的作用，但是它们之间不是相互割裂的，而是相互影响，相互联系。其中，审美感受力是基础；情感力是动力；想象力为感受力提供了丰富的表象，使审美主体的心灵能感受到审美对象的形象；判断力是使审美主体感受到审美愉悦性而做出的判断，做出对审美对象美的判断。以上几者协调一体，外化出来成为审美趣味。

第五节　中学生审美趣味分析

中学生审美趣味的培养应当符合青少年审美趣味发展的特点，当代青少年的审美趣味呈现出多元发展的趋势，主要表现在以下几个方面：第一，从儿童情趣向成人情趣发展。青少年正处在走出童年、进入成年的过渡期，他们既保留儿童的审美趣味又开始受到成人审美趣味的影响，青少年审美趣味的发展有年龄阶段的过渡特性特征。第二，从纯艺术向生活艺术和自然景观的审美趣味发展，儿童的审美趣味往往与游戏融为一体，青少年的审美选择范围却开始从艺术拓展到包括艺术在内的一切审美对象。第三，从优美向各种审美形态发展，儿童的审美趣味属于优美一类，而青少年的审美范围不仅仅满足于赏心悦目的审美对象，而且对反映现实矛盾有所意识，导致他们内心矛盾加剧，以及对饱含着痛苦、忧郁、伤感、死亡的艺术类型产生浓厚的兴趣。青少年日益自觉地意识到自己的审美偏爱，并形成了与个性气质性格特征相一致的审美倾向。

中学生审美趣味培养的任务是多方面的，首先是审美趣味中感受力的培养。审美趣味中感受力的培养，表现在语文教学中就是对于文学作品的鉴赏和评价。在审美感受中，对文学作品的形象感受，是需借助想象力的，审美趣味中的感受力不仅是对外在文字符号的感觉，更是对于文字所创造的意象的感知觉，更进一步地对这些形象进行把握，从而触及对文本深层意蕴的感受。审美趣味中的感受对审美个体感性体验更为重视，文学作品中的审美感受不仅包含视觉和听觉，更包含了嗅觉、味觉、触觉等感官。同时还包含和内在审美图式同化、顺应的过程，以及所感知到的形象在审美主体的内心世界唤起情感的冲动。

总之对感受力的培养是培养学生感受“趣味”能力的技术层面，也是建构学生审美趣味的表层能力。

其次是审美趣味中情感力的培养。审美趣味深层次能力的建构，则是需要通过培养学生的深层次的情感力来实现。情感力始终贯穿在审美活动中，在审美想象和审美判断中都需要审美情感的参与，对审美对象的厌恶、喜好等情感的敏感性和审美趣味的产生关系密切。我们的情感之火帮我们揭示自然或艺术中未曾发现的美，使我们的感受力更加敏锐。

对于情感力的培养应引导学生走进文本，感受那些鲜活平凡的人物形象，体验他们身上人性的光彩，感受作者笔下刻画的那些丑陋阴险的人物，发现他们身上人性的阴暗；感受对祖国对故土的无限眷恋之情，对亲人对师长的深深感恩之心，对大川、对急湍的敬畏之情，唤起他们丰富的情感体验，激发他们内心世界的真、善、美的情感，引导他们的价值观取向，对审美对象做出“合乎味”的选择。

审美趣味的产生和人的主观爱好有密切关系。主观爱好包含着情感因素，所以审美趣味和情感有着密切的联系，一个人的审美敏感性和他的审美情感成正比，当审美情感占有主宰和独特地位时，审美趣味就产生了，这时意识中就产生了对审美对象的偏爱，并通过语言进行判断，在这反复的过程中就产生了自己的趣味。

审美趣味的产生和个人的人文化素养及社会环境也有着密切的

联系，在社会文化根源中，不同的文化需要、不同的教育程度、不同的出身，都可以产生不同的文化实践和认可程度，正是由于不同的教育程度、不同的教育背景，个体对艺术的感受也是不同的，文化教育对趣味的影响，是通过一系列的译码或解码的行为而实现的。一个人只有掌握一套用来解码艺术品的代码时，一件艺术品对他而言才是具有意义的，才能产生审美趣味。

目前中学生的审美趣味现状是怎样的呢？审美感受力、审美情感力及个人的文化素养、社会环境对他们的审美趣味产生了怎样的影响呢？我们通过问卷调查的方式来分析中学生审美趣味的现状，并通过数据分析发现学生审美趣味的趋向，为中学生审美趣味的培养找到科学依据。

一、调查

调查目的：通过对三所重点中学调查问卷的分析，了解初中语文教学中学生个性审美趣味的培养现状，为语文教学中学生审美趣味培养的研究找到突破口。

被试对象的选择：

选取初中二年级学生为被试对象，共发放问卷 300 份，收回有效答卷 258 份。被试对象分别是：西安铁中初二学生 100 人，咸阳铁中初二学生 100 人，华县铁中初二学生 100 人。

研究工具：

本研究采用自编的《初中生审美趣味调查问卷》（见附录五）测量初中学生审美趣味能力发展的现状。

问卷的编制：

1. 量表的雏形

根据审美趣味的理论，从审美感受力和情感力两方面入手，编制了《初中生审美趣味调查》问卷。

2. 量表的求证

在向专家和中学语文教师咨询之后，根据反馈意见，对设计不合理的题目进行了删除和修改。

3. 实施试测

第一次试测：被试对象为西安铁中初二1班。测试之后进行了简单的百分比统计，听取其他教师合理的建议，对问卷的部分题目作了适当的修改和调整。对问卷作了初步的统计分析，删除了部分区分度低的题目。第二次试测：被试对象为咸阳铁中初二1班，问卷后听取了本校特级语文教师的建议及其他优秀教师的建议，对问卷结果进行信度、效度分析之后确定了最后正式实测量表。

审美趣味量表的内容：

本问卷选择审美趣味在不同文化形态中的偏爱表现，按照文化形态的不同将分为三个维度。分别为文学类（小说、诗歌、散文）、综合类（包含了文学作品风格、影视作品的风格、音乐风格、园林风格、建筑风格）、校园文化，本问卷经过多次修改和测验，按照利克特量表法，自行设计的调查问卷包括6个量表，它们分别是诗歌审美趣味、散文审美趣味、小说审美趣味、综合素养、校园文化趣味、审美价值观倾向。每个量表的问题不等，诗歌总共7道题，散文为6道题，小说为7道题，综合类共有9道题，校园文化11道题，审美价值观共11道题。测试学生对于不同形态的文化审美趣味的倾向，对美的感受力的强弱，及影响审美趣味的内在价值观。答案选项均按照2分、1分、0分评分。

评分标准：文学类总分设置为40分，综合类为18分，校园文化为22分，综合评价类为20分。每题选项最高分为2分，最低分为0分。总分为100分。按分数标准分为三个水平：第三水平为60分以下，第二水平为60—70分，第一水平为70分以上。

问卷的信度和效度分析：

1. 信度分析

本研究采用内部一致性信度（克龙巴赫a系数）指标来考查问卷的信度，对量表中各题目的得分及总分所作的分析得出Alpha = 0.8735，这一结果表明该量表具有较高的内部一致性。

2. 效度分析

（1）内容效度

问卷中的各个题目均是在理论分析的基础上设计的。而且问卷具有较好的专家内容效度，在该问卷形成之前，曾与专家进行多次讨论，讨论内容包括指导语、结构和具体的维度内容。其中，在形成问卷前征询了有关专家的意见，专家认为问卷的结构较好，具体维度的表述通俗易懂，符合调查对象，用该问卷可以测出本研究要调查的内容。

（2）结构效度

为了考查该量表的结构是否合理，本研究采用 Pearson 相关计算结构效度。以被试在各维度的得分和总分之间的相关系数表示结构效度。各维度之间以及各维度与总分之间的相关系数见表 4－1。

表 4－1　　问卷设计结构效度分析

	诗歌	散文	小说	校园文化	综合	价值观	总分
诗歌	1.000						
散文	0.245*	1.000					
小说	0.239*	0.254*	1.000				
校园文化	0.278*	0.251*	0.311*	1.000			
综合	0.250*	0.262*	0.219*	0.246*	1.000		
价值观	0.238*	0.236*	0.309*	0.282*	0.252*	1.000	
总分	0.456**	0.468**	0.572**	0.590**	0.499**	0.378**	1.000

注：** 表示 P＜0.01，存在非常显著的差异。* 表示 P＜0.05 存在显著的差异。

该表显示，所有维度得分之间的相关系数，均表现为显著性差异，不同维度得分与总分之间的相关系数均高于各维度之间的相关系数，表现为非常显著性差异，所有相关系数的显著性水平均在 0.01 以下，这种结果表明该量表具有较高的内部一致性。

二、中学生审美趣味现状的分析

本研究采用 Excel 2003 和社会科学统计软件包（SPSS for Windows 13.0）进行数据处理，对学生的审美现状的统计数据采用 Independent-simples T Test 分析方法，进行独立因素分析，随机选取参加问卷的被试 100 人进行统计分析，分析他们在各维度上的平均值和标准差，比较他们之间的差异情况。

学生在各维度审美趣味水平的差异：

表 4－2　学生在各维度及总分上的平均值和标准差

分类	N	M	SD	Var	Min	Max
诗歌	100	6.980	1.497	2.242	4.000	11.000
散文	100	7.410	1.627	2.648	4.000	10.000
小说	100	7.690	1.873	3.509	3.000	13.000
校园文化	100	9.140	2.142	4.586	4.000	15.000
综合	100	9.320	2.150	4.624	4.000	14.000
价值观	100	9.190	2.521	6.357	4.000	16.000
总分	100	49.73	4.983	24.825	39.000	63.000

结论：从表 4－2 中可以看到学生在审美各维度上的差异不是十分明显，总分差异不十分明显。审美趣味发展基本处于同一水平。诗歌、散文、小说得分的平均分均处于中间水平，校园文化、综合文化素养、价值观平均分偏低，均低于中间值。总分、平均分没有达到中间值。各维度最高分和最低分之间差距较大，可以看出审美趣味在初中阶段发展不均衡，对审美趣味影响较大的审美价值观更是处于较低水平。

在综合类中学生的分数较低，可以看出初中学生的审美范围较窄，对于文学、音乐、艺术的感受力较弱，文化素养水平较低。

组间审美趣味水平差异：

再从测试者中选取同年级两个班，每班各 50 人作为实验组和对照组，4 班为实验组，2 班为对照组。

采用（One-way ANOVA）进行了单因素分析，比较实验组和对照组在干预前它们之间的差异。

表 4－3　　比较两组间总分、平均差及 F 值

测试	class	M	N	SD	VAR	F	P
干预前	2	50	50.02	4.73	22.37	1.222	0.2425
	4	50	49.26	5.23	27.4		

结论：表 4－3 显示两组间的 $P>0.05$ 表明差异不明显。总分差异非常小，说明两组审美趣味水平在同一水平上，2 班比 4 班总分略高，2 班学生比 4 班学生在各维度的得分差异相对小。

三、中学生审美趣味水平较低的原因分析

1. 学生审美感受力较弱

第一，对于不同体裁的文学作品，存在着审美感受力均不够深入的特点。

（1）对语言外部形式感受力薄弱

如对于诗歌的朗读，37% 的人对朗读不感兴趣，60% 的人偶尔读，40% 的学生不会主动朗读，对于课堂上分角色朗读，56% 的人不喜欢。

如散文类的第 5 题，你喜欢哪一类语言风格的散文？学生较集中地选择了富有哲理性的语言，而对于诗化的语言只有 6% 的人喜欢。

（2）文学体裁感受力发展的不均衡

如综合类的第六题，可以看出对于中外经典名著（诗歌、小说、戏剧、散文）的喜爱人数最少，只占 24%，对于武侠小说、言情小说喜欢的人较多，其次是其他类型的比如科幻的、侦探的等。而在诗歌的审美趣味中对于唐诗外的其他诗歌形式几乎没有人喜欢。即使学生较喜欢的小说题材，学生感兴趣的也只是当代

流行的小说，如问答题中的推荐给其他学生一部喜欢的作品，许多学生几乎不能说出一部自己喜欢的作品，只是说出一些漫画书的名字。

（3）对于不同的风格的作品感受力较集中于某一形态风格

如综合类1题，你对哪类风格的文学作品较喜欢？52%的学生选择幽默讽刺。其他的选项A. 豪放、雄浑，B. 婉约、凄凉，C. 朦胧、清远，所占的人数分别是25%、3%、20%。

如散文的6题，你喜欢哪类味道的散文？许多学生集中的选项是幽默。对于B项辛辣味的选择人数占1%。

（4）只注重浅层的感受，而忽略深层的意缊

如诗歌类的5题，你在读一首诗时，你能品赏到其中味道吗？回答一点的学生占80%。还有对于散文、小说、影视作品、古典名著，对作品的感受还停留在表层的趣味上，没有感受到深层的意蕴。所以学生对于这些作品的感受力是较肤浅的，不能激起真实的生命感受。

第二，对自然的感受力退化。

许多学生对于大自然以及花草、树木的感受力在明显退化，从简答7题可以发现，许多学生对于课余的选择去处是网络，又如：校园文化中对于花草树木喜爱的学生也为数极少。

2. 文化领域涉猎贫乏

对于绘画、音乐、建筑的审美经验太贫乏。语文课本中所涉及的有关的知识，不能唤起学生的共鸣。如综合类的7、8、9题，学生对这几题涉及的内容极为生疏，可以看出他们的文化素养水平不尽如人意，他们缺乏对人类文化领域广泛的涉猎。

3. 审美判断能力较低

在综合类试题中，关于时代特征的问题，如韩流、韩服、韩剧、超女等问题。从回答的答案中可以看见受媒体的影响巨大，而忽略了自己的真实感受。对于文学作品的评价更是不得技法，不知从哪些角度去鉴赏。

第六节 初中语文教学中学生审美趣味的培养

在问卷调查中，学生的审美趣味水平普遍较低的原因，和审美感受力的强弱有关系，许多学生对于文学作品并不能够感受到其语言、形式、形象的美。审美感受力是一个由表层到深层的过程，它本身就是一个同化顺应的过程。在审美感受力的表层、一般的层面，审美对象的表现性存在于知觉样式的“力的结构中”，依据格式塔心理，知觉的大脑皮质机制是一个动力系统。这个系统各个元素在知觉的过程中，是一定的整形过程，即“经验的空间秩序形式与刺激的形式相对应，成为刺激的复写”。审美感受的深层过程则是由知觉表象形式的差异和不同的审美图式造成的。

在语文阅读中许多文字并不能化作感受，不能由抽象的文字化作形象的内在感受。这是由于学生的感受能力得不到应有的发展，自然审美主体对美的感受力就不能唤起内心世界的冲动。所以对美的内在感受力是需要培养的，要使它变得敏锐起来，对于语文教学应充分利用语文学科所包罗的丰富表象，从不同的角度培养学生的感受力。

一、借助文本，培养多向的感受力

（一）通过形式与内容，丰富感受力的层面

语文教学中的审美感受力指的是通过对课文的审美感知，获得从形式到内容的整体的、直接的把握领悟，从而发生审美愉悦的一种能力。它的核心是感知，如果对课文中审美因素视而不见，听而不闻，那就无法对审美对象作整体或部分的反映。人们认识事物是从对事物的感知开始的，美也是通过人的视听感官进入人的心灵的。

1. 从外在形式调动学生的审美感受力

（1）感受节奏音韵美

在诗歌教学中对音韵节奏外在形式的审美感受尤为深刻，学生

通过诗歌的学习和积累，在对四言、五言、七言、长短句的变化，现当代诗歌的句式不规则变化的体验中，会产生不同的美感。诗歌和音乐是不可分的，正如李泽厚说的："盛唐本就是一个音乐高潮"，"盛唐的诗歌和书法的审美实质和艺术核心就是一种音乐性的美。"① 对诗歌的配乐朗读恰恰能唤起学生更加强烈的情感，诗歌的音韵、节奏和音乐的节奏和谐统一，其带给学生的美感是无限的。在教学中我们提供多种音乐形式和多种风格的乐曲，让学生根据诗歌的基调，来选择音乐，进行配乐朗读。如舒婷的《祖国啊！我亲爱的祖国》，学生根据自己的体验和朗读风格选择音乐，有同学选用长笛演奏的悠远、深情的乐曲，有的选用钢琴演奏的宏大、变化热烈的乐曲，有的同学还根据诗歌情感基调进行剪辑组合音乐，使得诗歌和音乐的节奏变化更为和谐。

学生在这种朗读氛围中感受到诗歌外在表现的魅力，并被其美感深深地打动，内心世界被诗歌的美感所吸引，并自觉地表现出对诗歌文学样式喜爱的情感倾向。

如双声叠韵的词，给我们带来特殊的美感，如《木兰辞》中的唧唧、溅溅、啾啾等，模拟声音仿佛有身临其境之感；如《黄鹤楼》"晴川历历汉阳树，芳草萋萋鹦鹉洲"，"历历"、"萋萋"使我们感到景物更加生动。我们在词中体会到长短句交错的音乐美感。如李清照的《如梦令》中"争渡！争渡！惊起一滩鸥鹭"。在教学中我们引导学生品味诵读，体会祖国文字的丰富的底蕴带给我们的多种听觉美感的体验，丰富我们的审美经验，激发对民族文化的热爱之情。

（2）感受结构美

语文教材中的作品一般都短小精悍，结构精巧，即使节选也是如此。我们引导学生对文本的整体感知来感受文本的结构美。如刘成章的《安塞腰鼓》，作者先展示腰鼓表演前的广阔背景，然后极

① 李泽厚：《美的历程》，天津社会科学院出版社 2001 年版，第 224 页。

有层次地描写了雄壮火烈的腰鼓表演场面：先鼓声乍起，后鼓声正酣，再鼓声达到高潮，最后鼓声停止，层层深入地把黄土高原上一场空前的震撼人心的腰鼓表演描写得绘声绘色，让人身临其境。像这样的文章教材中还有《背影》（以多次出现的背影勾连全篇）、《三峡》（文章先山后水，布局自然）等。

（3）感受不同语言风格之美

中学课本中编选了许多名家名篇，不同的作者语言风格差异明显，对语言风格的直觉把握，也是感受能力的强弱表现。对于同类题材的作品，每个作家笔下的语言表达风格是有很大差异的，如宗璞的《紫藤萝瀑布》、张晓风的《敬畏生命》、鲁迅的《从百草园到三味书屋》，即使同类散文如朱自清的《春》、老舍的《济南的冬天》，语言风格的差异也很大。有的作者语言充满睿智；有的语言简洁、清新；有的作家语言洁净、整齐，有些作家语言融进了自己对人生的睿智思索，富有哲理。对于不同类语言风格的感受能力和一个人大脑的信息储存密切相关，换而言之，他的美感能力取决于他的审美信息储存。具有了丰富审美文化信息，他就对审美对象有了更自由的选择使自己与审美对象构成一定的审美关系，进入审美心理结构之中，个体才可以获得这种审美文化信息选择能力而成为多向度的人。教学中，可以将文本的某一话题作为讨论点，激发学生感受不同作家语言风格的差异，如学者型作家宗璞的语言风格和同类作家张晓风的语言风格进行比较，看看他们有何异同，引导学生形成自己的审美经验，加强对语言符号的审美感受力。

2. 从作品内在意蕴中培养感受力

语文学科是渗透着人文精神的学科。言语作品的字里行间往往蕴藉着极其丰富的世间万象、人情事理、思想精神。只有充分地调动学习者的主体意识，对语言现象及蕴蓄于其内部的深厚的文化内涵进行切身的感悟，才能调动他们对审美对象的感受力。语文课文内容美的感受力培养可从自然美和艺术美两方面进行。

（1）自然之美的感受力

在语文课文中随处可见，作者笔下的自然世界，是那样的丰富多彩，有高峻葱郁的名山，有淙淙流淌的山泉，一泻千里的瀑布，还有动人心灵的花草。对于学生来说，常忽略对自然的亲近，在问卷调查中许多学生对于网络的兴趣要高于对自然的兴趣。这对于审美趣味的培养是不利的。

宗白华曾分析说，中国人真正发现自然的美是在魏晋时期，在陶渊明、谢灵运、宗炳这些诗人画家的眼里，“山水质有而趣灵”（宗炳语），山水灵虚化了，也情致化了。正是在这种主客观没有决然分割的观念影响下，中国人对自然总怀着一种亲和的态度。

在教学中我们可以通过以下方法引导学生对自然美的感受力。

①找出自己最喜欢的句子，说说喜欢它的原因，启发学生学会感受自然之美的能力。语文课本中的课文如《济南的冬天》、《山中访友》、《春》等都表现了作者对自然的热爱之情，表现自然界的美妙，那对山的描写、对春草、对春花、对春天雨的描写都唤起我们无限的向往情感。让学生说出这些语句的描写之妙，学生就会结合自己表象的积累，调动被文字唤起的情感，将自己内在生命的情感愉悦融入表达中。

②将音乐和自然美景融入一处，作为写景散文的朗读背景。在语文课文中写景散文有不少篇，对文本的美读，是引导我们走入文本的中介，在这样的背景之下朗读这样的文本，音乐的旋律、斑斓的自然、细腻的情感，形成的审美心理场，带我们走进自然的怀抱，唤起我们对自然的亲近之情，渴望沐浴在自然之美中。

③走近自然感受美。在综合实践课中我们激发学生走进自然，感受美。每学期开展一次图片展，让每一位同学介绍自己最喜爱的一处景物。在学校期间，激发学生开展网页制作活动，相互浏览，写出留言，并评出最美的网页作者和最美的留言者。

（2）艺术之美的感受力

文学作品的艺术美包含很广泛的内容，在本节笔者主要涉及形象美和意境美。形象美，这里主要指文章中人物所表现出来的精神境界。引导学生分析形象来感受人物的形象，从他们身上能够触发内心世界的感受。在教学中可采取以下方法：

①老师引导学生对文本的阅读，让学生说出初读、细读、品读三次读文本的人物形象，感受学生会从一个大概的轮廓慢慢走入人物的心灵世界，自己也会被作者感染，如《勇气》一文寥寥数笔，就生动地塑造了一对热爱和平、反对侵略、勇敢坚强的法国农民夫妇形象。课堂上许多学生都被这样的心灵而感染，他们联系到我们抗日战争中类似的感人故事，从而对人物的形象美的理解更为深刻。

②老师在课堂上采用讨论法，引导学生探究形象美，在讨论中允许学生保留个性的观点。原则为“保大同存小异”。保护学生自己阅读文本的热情。如为爱献身的杰克（《泰坦尼克号》）、冷酷自私的夏洛克（《威尼斯商人》）、自命清高的孔乙己（《孔乙己》）、趋炎附势的胡屠户（《范进中举》），以及“僵卧孤村不自哀，尚思为国戍轮台”的陆游（《十一月四日风雨大作》）、“落红不是无情物，化作春泥更护花”的龚自珍（《乙亥杂诗》）、“长风破浪会有时，直挂云帆济沧海”的李白（《行路难》）、“横眉冷对千夫指，俯首甘为孺子牛”的鲁迅（《有的人》）等，这些形象在课堂上都掀起了讨论的高潮，学生对形象美的不同感受力，得到了充分的展示。

③通过写作训练来展示学生对形象美的创造。学生用他们敏感的心灵融入时代特征，为我们创造了丰富的形象，展示着自己对美的感受力。

（3）对意境之美的感受力

所谓意境，就是作者强烈的思想感情和生动的客观事物的有机结合，它是既不同于生活真实，却又可信可感、情景交融、形神兼备的艺术境界。如吴均的《与朱元思书》，作者抓住此山此水的特征，把动与静、声与色、光与影巧妙结合，为读者描绘出一幅充满生命力的山水图，让读者充分享受到了富春江两岸的“山川之美”。宗璞《紫藤萝瀑布》的意境也十分优美，令人陶醉。那柔美的“淡紫色”弥漫全文，富有诗情画意，让人感到“精神的宁静和喜悦”，从而增添了蓬勃向上的力量。像这样意境美的文章，教学中笔者主要采用审美再现的方法来培养学生对意境美的感受力。

如：《秋思》我们通过学生的朗读，借助多媒体激发他们内在的感受，引导他们去再现画面的内容、画面的图案、画面的色彩、画面的表现的基调。如学生这样设计《秋天》：把诗歌分成不同的场景画面：

第一幅画面是“农家丰收图”。造出松弛、闲适的氛围。背景图用一幅中国画的《秋》。

第二幅画面是“霜晨归渔图”。背景图中国画《独钓图》清凉、冷寂、朦胧。

第三幅画面是“少女思恋图”。背景图《花语》清纯、明净。

诗中各幅画面，以及画面里的各个意象，无不和谐统一；因而这种氛围所赖以形成的清静、清远在朗读中冲击着每个人的内心感受。

总之，外在的形式和内在意蕴的结合，使学生对美的感受层面获得深层发展，同时教学中还要调动多种视角，培养感受力的广度。

（二）通过多种视角，拓展感受力的广度

作家对于美从不同的角度感受，得到的美是不同的。在语文教学中引导学生从不同的视角去感受美，增强美的感受力。

1. 外视角与内视角

外视角是指作者观察客观事物的外部世界，内视角是指作者感受客观事物的心灵世界；外视角是内视角的基础，内视角是经验、知识、修养情趣与心境的多重复合，是外视角的升华。作者的心境不同，就会对事物产生不同的知觉与发现。同时面对落花，不同的人产生不同的感觉，如“无可奈何花落去”，“落红不是无情物”就是很好的证明。内视角决定了个体对事物的不同感受力，决定人们对外视角的不同的审美发现，第七册语文课本所选的如宗璞的《紫藤萝瀑布》中：“我抚摸了一下那小小的紫色的花舱，那里满装生命的酒酿，它张满了帆，在这闪光的花的河流上航行。它是万花中的一朵，也正是一朵一朵花，组成了万花灿烂的流动的瀑布，这里除了光彩，还有淡淡的芳香，香气似乎也是浅紫色的，梦幻一般轻轻地笼罩着我。”正是这种内视角的深度，带来作者对美的不同发现。我们在教学中要启发学生对感官的敏感性，这样引导：“那小小的紫色的花舱，那里满装生命的酒酿，这生命的酒酿指的是什么？”通过问题设置，引导学生内心世界对生命的感悟，由此我们看见的这些藤萝花才会在生命的长河中发出光彩，才会激发我们对生命有了新的认识。使内、外视角水乳交融，激发学生对美的感受力。

2. 空间视角和时间视角

卡西尔说：“空间和时间是一切与之相连的构架，我们只有在空间和时间的条件下，才能设想任何真实的事物。”① 这表明任何一个事物，都具有时间和空间的双重因素。空间视角主要是对现实生活中人事、物象存在的状貌的描写。如《黄河颂》中“望黄河滚滚”的“望”字，一直统领到“把中原大地，劈成南北两面”。而这所“望”的内容，既有写实的成分，也有雄奇瑰丽的想象，条理清楚，章法谨严：先是近镜头特写——“惊涛澎湃/掀起万丈狂澜”；再是俯瞰全景式的总写——“浊流宛转/结成九曲连环”；然后是纵向描写黄河的流向——“从昆仑山下/奔向黄海之边”；最后横向展开到黄河流域两岸——“把中原大地/劈成南北两面”。还如：《沁园春·雪》中的诗句“千里冰封/万里雪飘/望长城内

① ［德］恩斯特·卡西尔著，甘阳译：《人论》，上海译文出版社 1985 年版，第 54 页。

外/惟余莽莽/大河上下/顿失滔滔……”通过对空间视角的感受，使学生获得美的感受。

时间视角是以时间的流程来把握客观事物，从而发现美。如《三峡》就是从四季的变化来写的，在每个不同的季节感受到不同景物的美。

3. 宏观视角与微观视角

宏观视角就是整体视角，微观视角就是局部视角。如我们学习《苏州园林》，对于苏州园林的说明就是先从整体说明，到局部说明。课文从游览者的角度来概括苏州园林的特点，这就是：务必使游览者无论站在哪个点上，眼前总是一幅完美的图画。文章是先从亭台轩榭的布局、假山池沼的配合、花草树木的映衬、近景远景的层次四个主要方面，再从每一个角落的构图美、门窗的图案美、建筑的色彩美三个细微方面来说明，使学生发现它的美。

（三）通过生理和心理感官，发掘感受力的深度

青年作家何立伟说：“我素不善思辨，乃重感觉与情愫。”[①] 女作家张抗抗说：“感觉在文学作品中占有如此重要的特殊的位置，这是我在写小说之后逐渐领悟的。”可见，感觉是主体的人通向外在世界，领受由客观事物引起的知觉感触窗口。比如我国台湾地区作家王武则在散文《道不完的乡情》中写到：“谈起故乡，我就有美不美乡中水，亲不亲故乡人的感念。那青的山、绿的水、红的枫、白的雪，和善的乡亲，敦厚的人情……都值得大书特书。”[②] 这段文字是作者通过视觉，对客观事物的颜色、品质的感受，正如亚里士多德指出的，感觉是“是智慧的第一个也是最后一个源泉”。李泽厚将审美形态分为“悦耳悦目”、“悦心悦意”、“悦志悦神”[③] 三个方面，展开教学时也可从这几方面下手，充分调动学

① 转引自张德林《现代小说美学》，湖南文艺出版社 1987 年版，第 72 页。

② 蓝海文编：《台湾散文选萃》（下），湖南文艺出版社 1986 年版，第 176 页。

③ 李泽厚：《美学四讲》，天津社会科学院出版社 2002 年版，第 165 页。

生眼、耳、口、鼻、心等各种感官，让美陶冶和锻炼学生的心灵。

1. “悦耳悦目”的生理感受力

听觉和视觉是最直接的感觉。课文的朗读，或高亢昂扬或沉郁顿挫，或低徊缓慢或急速热烈，学生在听觉上有了最直接的感受，对作者寄寓的深意和对作品蕴含的情感自然会有更深一层的领会。方法如下：

（1）加强课文的朗读。例如：课文《安塞腰鼓》中表现了热情澎湃、震天撼地的鼓声，让学生用声音再现这样的场面，朗读时，老师先利用音像材料，让学生有直接的视、听觉感受，在这样的背景下，唤起学生热情的朗读，展示学生心中的情感色彩，促使学生对作品有更深入的理解。对课文的朗读指导需要老师做好充分的准备，调动学生的情绪，才能唤起学生对作品情感的领会。

（2）鼓励学生多些实践活动，获得更深刻的视、听觉感受。如《莲文化的魅力》、《背起行囊走四方》这样的综合性活动，让学生亲眼看一看、亲自感受这个世界的美好，绿水青山、花香鸟语、日出日落、江海波涛、春柳、夏荷、秋枫、冬雪……样样都给人耳目的感官愉快，再渗入想象、理解与情感，学生便在耳濡目染中，潜移默化中，形成良好的美感。

（3）除了视觉、听觉以外还可调动多种感官感受力。如《社戏》月夜行舟的美景，“两岸的豆麦和河底的水草所发散出来的清香，夹杂在水气中扑面的吹来；月色便朦胧在这水气里。淡黑的起伏的连山，仿佛是踊跃的铁的兽脊似的，都远远地向船尾跑去了”，“那声音大概是横笛，婉转，悠扬，使我的心也沉静，然而又自失起来，觉得要和他弥散在含着豆麦蕴藻之香的夜气里”。这抒情的笔调，将月下水乡描绘得清新，幽远，如梦如幻，散发着江南泥土的芬芳。在感官的感受中色彩、声音都是审美感受的初级阶段；在作者敏锐的听觉、嗅觉、视觉、触觉的感受共同作用下，山与水的美刺激了生命自身，得到主体审美感受的中级阶段，运用联想和想象超越自身，带入一种新的精神的愉悦，是主体审美感受的高级阶段。教师指导学生对这些段落的阅读，体会作者的感官感受力，对培养学生对于美感的敏感性是非常有利的，也有利于对于审美趣味的培养。

2. “悦心悦意”的心理感受力

耳目审美是生理愉悦，人们还可走向内在心灵，产生心理审美愉悦。这是一种更复杂、更丰富的审美形态。简言之，便是需要从课文中感受和挖掘表现人的愿望、情感、意念进行审美、进行判断，当我们与作品的内容产生共鸣时，便能获得美的享受。如《童趣》展现平常而又奇特的生活情趣，授课时向学生介绍自己幼年时的趣事，并让学生回想童年往事，学生马上精神抖擞，七嘴八舌提起童年有趣之事，往往生活的情趣、对生命的热爱也就此被唤起。综合性活动《戏曲大舞台》通过学生的亲身实践，听戏曲，唱戏曲，搜索整理资料，亲手画画脸谱，他们从中获得的不仅仅是悦耳的乐曲欣赏，也不仅仅是悦目的五彩缤纷，而且是让古老的传统文化在自己的心灵上静谧地流淌。

教育的目的之一便是要对人的意志、毅力进行陶冶和培育，形成良好的道德情操和达成崇高的精神境界。文学作品展示着人类乃至整个生物界震撼的生命力量和超凡精神，和谐宁静也好，苦痛艰涩也好，学会用整个生命去拥抱它，便可获得“悦志悦神”的审美愉悦。《鱼我所欲也》道出中国几千年崇尚的舍生取义的价值取向，为学生指出这世上有比生命更可贵的大义。《斑羚飞渡》中为拯救种群的延续，从容面对生死的那群老斑羚，它们所表现出来英勇气概，使读者受到强烈的震撼。教师调动学生的心理感受力，令学生沉浸其中，学生的灵魂便受到洗涤，对生命的意义也有了更深的理解。

二、借助审美想象，激活表象感受力

作为审美趣味构成要素之一的想象力，除具有一般心理学意义外，还有着更为复杂、更为重要的意义，在审美过程中，想象力是一种意识超越能力，是创造主体与世界自由的观照关系。马克思关于“任何神话都用想象和借助想象以征服自然力、支配自然力、把自然加以形象化”的论述，实质上也深刻的揭示了审美想象的创造性和超越性。审美想象力把知觉形式提升为灌注着精神活力的审美意象，使它成为一种纯粹意识形象，一种自由而有序的心境。

所以审美想象力是一种“化景物为情思”、化实为虚的能力。这里的“景物”、“实”是物质世界，“情思”、“虚”是精神世界。审美想象力以实为本源，又改造和超越了它。

化实为虚，给表象赋予生命的情趣。它使审美主体全身心地投入到审美经验之中，去拥抱、体味、构造、理解审美意象，获得审美愉悦性。如张岱的《湖心亭看雪》对于雪景的描写，此时湖上冰花弥漫，天与云与山与水，一片混沌。惟有雪光能带来亮色，映入作者眼帘的“惟长堤一痕，湖心亭一点，与余舟一芥，舟中人两三粒而已”。一痕、一点、一芥、两三粒，使用白描手法，宛如中国画中的写意山水，寥寥几笔，就包含了诸多变化，长与短、点与线、方与圆、多与少、大与小、动与静，简洁概括，人与自然共同构成富有意境的艺术画面，悠远脱俗是这幅画的精神，也是作者所推崇的人格品质，这就是人与自然在精神上的统一与和谐。

审美趣味中的审美想象正是使审美感知表现为生命追求的理想世界，让心灵达到自由畅达的状态。

对于审美趣味中的审美想象力的培养：一是要抓住空白之处赋予审美表象以生命情趣。二是赋予表象以自由的情感色彩。三是要给予唤起审美想象的特定情境。具体做法如下：

（一）赋予审美表象以生命情趣

语文学科是最富形象性的课程，语文教学的一个重要任务就是，引导学生感受、理解这些语言符号表述的形象，让文本的语言符号表述的形象转化为学生头脑中的形象，让它们栩栩如生的活动在学生的头脑里，这才是语文真正意义上的教学形象性。形象在文学作品中不外三种，人物形象、自然形象、自我形象。在我们初中教材中，有各种文学人物形象，如爱子情深的父亲；善于教子的母亲；爱学生，影响学生一生的老师，活泼、顽皮、善良、乐观的孩子……还有姿态各异的自然形象，那经过劫难的盛开的藤萝瀑布；那夏水湍急，秋水涧肃，春水白绿相间的三峡；秋日登高所见的自然景物“无边落木萧萧下，不尽长江滚滚来”；下过雪的济南小山，像日本看护妇……语文课本中这些鲜活的形象要变成个体心中充满生命的形象，满足学生的审美需求，唤起他们的生命冲动。

1. 情境虚拟法

根据作品描绘的内容，创设相应的情境和氛围、背景和情调，使之成为学生体验形象的平台和心理基础。如：《山中访友》这篇课文中用人格化的手法，把大自然的树木、山川、小桥、流水都赋予了人类的思想和胸怀。我们在学习中，把它改编成童话剧，学生自己扮演文本中不同的角色，他们头戴不同的头饰，似乎真的走进了大山去访问白云、小溪、山泉、古树、小桥……学生如临其境，如闻其声，甚至推己及物。在体验中，物与我的距离缩短乃至消失了，进入物我同一的境界，自我仿佛移入对象中，与对象融为一体。我们知道学生的审美经验是有限的，对于作品中的人或事离学生的生活经验较远时，我们采用情境法引导学生进行审美想象，从而对这些景物赋予个体的生命色彩。

2. 补白法

艺术品的空白正是让欣赏者在创造意义之处，赋予意象一种生命力，一种深邃的意味。作家创造的“艺术作品是符号而不是信号，所以它表现的完全是想象的有感情的形式和意味”①。艺术符号中有许多空白，然而正是伊塞尔所说的：“召唤结构”，希望读者进入其间，用自己的体验填充它。尽管文学有时需要按语法规则制造出来，但文学到处是含蓄的隐喻和丰富的想象，仍然采用显性

① ［日］川野洋著，韩纪扬译：《符号和艺术》，见《马克思主义文艺理论研究》编辑部《美学文艺学方法论》（下），北京文化艺术出版社1985年版，第495页。

符号才能表达文学的意象。如阅读是再创造的过程，学生在阅读过程中往往会有独到的发现，教师要设法鼓励、保护学生的创造积极性，为他们提供一个“天高任鸟飞，海阔凭鱼跃”的学习情景。由于阅读材料是借助语言来描述形象和感受的，本身具有间接性，加上作家在创作中很讲求用语的含蓄、结构的精巧及审美感受的需要，往往在文中留下许多空白。这些空白必须依靠学生的联想和想象去补充、去创造。教学中教师需根据文中空白点拨学生，让学生补白表达。如《皇帝的新装》孩子语言的补白，《石壕吏》结尾的续写等，教师选准这些空白处，放飞学生的思维，让学生自由地联想、想象、创造，并用自己的语言（口头语言或书面语言）把它们表达出来。

（二）赋予表象以情感色彩

艺术形象在各种艺术形式和不同的艺术作品中有复杂的表现形态，从抒情小诗、即兴小曲到小说、戏剧、长篇巨著，艺术形象各不相同，审美主体——学生在体验中将自己的审美情感投射到这些形象上，体现出移情的特征，方可欣赏到形象之美。如对于朱自清笔下的春中的众多表象，我们引导学生自由地想象，如：“各色的野花，像星星像眼睛眨呀眨的……”有的学生说，因为那绿绿的草地就如幕布，所以花儿的色彩闪着光，那样耀眼才会像星星眨呀眨的。多么自由而生动的想象呀！它唤起了更深刻的情感色彩。给予学生的想象空间越宽广，获得的想象情感越自由。

（三）赋予表象以特定的情境

在审美过程中，想象往往是在不知不觉之中浮现出来的，若用意志努力死命地想，恐怕不能展开自由的想象。想象也需要一定的心境，有时我们可以在对诗歌意象的想象中加入音乐或是画面，甚至可以动情地吟诵，以利于审美想象的展开。

对于想象的培养，是为了通过课文中这些内涵丰富的艺术形象感染学生敏感的心灵，使他们和这些美好的艺术形象交流的过程中，丰富自己的人生阅历、审美感受，使自己的心灵更澄明。对美的、善的、真的形象给予认同，对丑的、假的能做出自己审美判断和审美选择。

三、培养审美判断力，建构广泛图式的审美感受力

审美趣味之判断力是个体的心理知觉，这种本能与人的感性认识有着密切的联系，既体现为主体对整个作品是否美的判断能力，也体现为主体在判断美的过程中感觉和体验到的激动能力。判断力和主体内在的审美图式的审美建构有着密切的关系。在这一过程中伴随着相应的内部心理调整过程。判断力是一个同化顺应的过程，一方面，主体依据内在的审美图式去规范感觉材料；另一方面，对象的某种独特的性质要求主体修正或调整惯常的知觉方式。影响审美判断力的主要因素是个体的审美图式，所以我们就从培养审美图式广泛性入手来培养我们的审美判断力。

（一）整合教学内容，扩大阅读范围

为了使学生在课堂能获得更多的信息量，拓展他们的审美视野，我们在教学上采用整合教学内容的方法尽可能为他们多提供一些经典的作品。一是在整合中要注意“精当”、“广博”、“优化”。内容整合以课文为点进行横向和纵向联系，为学生积累审美经验。二是为他们提供有较高审美价值的审美对象，如同一作家不同时期作品的比较阅读、中外著名作家作品的比较阅读，使青少年的审美趣味发展尽量少受到民族、时代的局限，不会使个体的审美偏爱形成一种封闭排外的审美心理定势。

1. 对相同文化背景下作品差异感受

对相同文化背景下的作品比较，从两个角度展开。一个角度从同一作家的对不同的审美对象的感受入手进行比较阅读，另一角度从同类审美对象不同的作家的审美感受入手进行比较阅读。

语文课本选编了不少古今中外名家名作的篇目，如初中课本中选编了李白、杜甫、苏轼、陆游、朱自清、鲁迅、老舍、冰心等名家的作品至少两篇。多学习名家名作对提高学生的欣赏品位、审美

趣味是非常有利的。如果我们就某一篇作品来观照作家的创作风格，了解其整个人生态度及审美价值取向，会对学生产生空洞的说教效应。但是，如果我们把这些有利的资源按照一定的主题整合在一起，再对学生的知识系统加以有效地梳理，就可以扩大学生原有的信息量，提高学生的欣赏品位和审美情趣。在比较品评中学生的审美趣味受到潜移默化的影响，促使其主动明确自己的审美趣味倾向，并使审美趣味向着更广阔的范围发展。

下面就以杜甫诗三首为例，借鉴一位老师的教学设计，将杜甫的三首诗整合在一个主题下进行教学。如：以杜甫诗风初探为主题进行教学。过程如下：第一步：（多媒体）展示引子：杜甫简介“千秋诗圣——杜甫”。第二步：（多媒体）分四个乐章来展示不同时期的主要作品风格的变化。（1）第一乐章：“青年才俊——一览众山小”，朗读篇目： 《望岳》配乐朗诵，学生读《出塞》。（2）第二乐章：“忧国忧民——直面现实时的真情”，朗读篇目：《石壕吏》配乐朗诵，学生朗读《江南春逢李龟年》、《闻官军收河南河北》、《春望》、《茅屋为秋风所破歌》。③第三乐章：“乱世暂安——浣花堂前的微笑”，朗读篇目：学生朗读《绝句》、《江畔独步寻花》、《春夜喜雨》。④第四乐章尾声：“写诗——生命的储蓄方式”，朗读篇目：《登高》（师生齐诵）。第三步：以《望岳》、《春望》、《石壕吏》为材料讨论杜诗歌风格的变化。从裘马轻狂的浪漫到沉郁顿挫直面现实，再到那避难时难得短暂的闲适。学生合作探究：形成杜诗沉郁顿挫现实主义风格的多元因素。第四步：扩充阅读影响《杜甫与中唐诗歌》，有选择性地进行鉴赏。

在以上的教学过程中，学生对于杜甫有了一个全面的认识，同时对他每个时期的诗歌创作也有一个全面的了解，阅读来自课外的内容，范围涉及诗歌、散文，以及影视作品，内涵极为丰富。通过听觉、视觉，唤起学生内在的真实的审美愉悦情感，并且积累了有关杜甫诗歌的审美特征。对于其他很多著名的诗人作家都可以引导学生采用这种做个人作品集的方法积累审美经验。

语文课本是按单元的主题选编课文的，学生会在主题单元里，接触不同文体、不同风格的作品，这很利于学生审美趣味的发展，在具体到每一篇课文时，也有一些主题相似的但出自于不同作家的作品，我们课堂教学中还可以补充进来，比较他们的异同。在比较鉴赏中，学生的审美趣味也会拓展。不同作家的人生阅历是不相同的，审美趣味也相差甚远，对于经典作品的比较、鉴赏，学生可感悟到他们的人生观、价值观、他们审美趣味的倾向。

如《三峡》以凝练生动的笔墨，写出了三峡的雄奇险拔、清幽秀丽的景色。学习本课之后引导学生阅读文段一："江水又东……回望如一"，阅读文段二：江水又东……谓之巫峡；同时，引导学生阅读余秋雨散文《文化苦旅·三峡》。探讨不同作家笔下的审美对象的描写特点。

2. 对不同文化背景下作品的差异感受

不同的文化背景下的审美趣味是有所差异的，但对于学生应该兼收各家之长，朱光潜先生说："艺术和欣赏艺术的趣味都必须有创新，都必须时时刻刻开发新境界，如果让你的趣味囿在一个狭小的圈套里，他将无机会开发，自然会僵死，会腐化……"，"不能欣赏许多派别诗的佳作，就不能充分的真切的赏析任何一派的佳妙"①。

如：如战争题材的作品，我们初中阶段的语文课本选了不少篇。有中国作家的作品，如《白洋淀》、《芦苇荡》等，有外国作家的作品，如《最后一课》、《蜡烛》、《亲爱的爸爸妈妈》等。在教学中讲授孙犁的《芦花荡》这篇课文时，可以补充《最后一课》、《蜡烛》等课文，引导学生在比较阅读中体验中外作家对战争的不同感受。

教师出示这样的话题：比较中外作家叙事人称角度差异；比较环境描写；比较人物形象；比较他们表现的主题；比较语言特点。

---

① 朱光潜：《无言之美》，北京大学出版社 2005 年版，第 197、195 页。

如我们学习高尔基的《海燕》，联系郑振铎的《海燕》比较阅读。①分析两文海燕形象的内涵。②分析语言表达的异同。③分析写作方法的异同。

学生自己选点阅读探究，教师引导学生学会对作品的深层阅读，培养他们个体的知识储存量，培养他们语言和思维、情感的多维发展，对不同民族的优秀作品多角度地体验，有助于个性审美趣味健康的发展，避免审美趣味受到民族文化的影响，阻碍审美趣味范围的拓展。

（二）感受不同形态的美，拓展审美视野

拓展审美视野对个性的审美趣味的建构是非常重要的，不同审美形态对于拓宽学生的审美视野，丰富情感体验，提高审美能力和审美意识，都具有积极作用，一个人审美发展水平的高低常常取决于对不同审美形态的鉴赏力。不同审美形态的美育对不同个体的作用效果也常常是不同的，这就要求具体的美育活动要针对不同的对象选择不同的美育内容。

为了使学生在课堂能获得更多的信息量，拓展他们的审美视野，就要让他们接触各种审美形态。发展他们对各种美的形态的了解，不能仅局限于一种美的形态。教师具体的做法：

1. 在学习课文时对于不同的美的形态，引导学生了解他们各自的特点

优美是一种和谐自由之美，“阴柔”便是优美的本原，阴柔之美正是徐婉、柔和、清丽、雅静的美。优美的实质是主体与环境（自然和社会）之间的自由和谐，我国古典诗文中对此表现最为突出。如陶渊明、王维的诗歌，还有莫扎特的音乐、王羲之的字等。而崇高的对象往往是残缺、无序甚至是无形的。如我们学习张晓风的散文《行道树》，课文中告诉我们：“唤起神圣的事业总是痛苦的，但是，也惟有这种痛苦把深沉给予我们。”它表达了对生命形式的超越，尽管是一种不愉快的感觉。再如我们学习的《斑羚飞渡》，这是表现崇高审美形态的课文。而与崇高一样，悲剧是一种

动态的、过渡性的审美形态，它有挫折的一面，又有胜利和永生的一面。悲剧艺术从来都是对人生意义的探求，通过死亡来思索生的意义，通过痛苦而追求精神的自由，悲剧艺术家由此把悲剧艺术上升到本体论的意义上，使之具有哲学意味。喜剧又称滑稽，与悲剧一样，喜剧也是一个矛盾结构，但这种矛盾结构在本质上是非对抗性和非冲突性的。如我们学过的成语故事“守株待兔”、“刻舟求剑”等，均可作如是观。《阿Q正传》所呈现出来的则是悲剧与喜剧的混合品格。

2. 教师要引导学生从优美的形态认识其他的形态之美

对于审美形态，学生往往倾向优美一类，但对于其他审美形态的喜爱，还需要老师通过课内外审美活动相结合的方式进行引导，如推荐名著《莎士比亚戏剧》、《巴黎圣母院》、《堂·吉诃德》、《老人与海》等，让学生比较理解各审美形态的美。

3. 学生对某一种形态的偏爱，要给予肯定，并提供一定的平台允许学生对不同的审美形态作品谈出自己的观点

对于学生对某一审美形态的偏爱要给予肯定，如指导他们写鉴赏札记等，来表现学生对于美的理解，展示出最能打动心灵的地方。每周评出几篇较好的文章，推荐给同学。

4. 课堂上教师不仅要有意识地提供作品，而且逐渐引导学生自己来提供作品

在对有些课文的学习过程中，老师为学生提供拓展阅读作品时，有意识地选择不同的审美形态的文章，并逐渐引导学生自己选择。在实际操作中，以小组为单位，轮流提供，即调动了学生的积极性，也拓展了他们的视野。

5. 课外开展多种阅读活动，给予学生展示的空间

审美世界是无限的，个人的审美经验却总是有限的，通过名著阅读及评价，使学生对不同层面的审美价值作出选择和评价，审美趣味便也可得到相应的拓展与丰富。

教学中我们分为不同的三种形式来展开这项活动，将课堂文

化、班级文化和校园文化结合起来。做法如下：①每天语文课从一首诗开始，利用5分钟，一位学生推荐一篇自己阅读感悟较深的文章，读出其精彩片断，品评文章的审美价值。②每周利用一次早读时间约30分钟，大家自由地说出一周所读的最优美的、最感人的、最有启迪意义、最幽默的文篇，读出你的感悟，说出你认为美在何处。③每周推荐一篇好的文章，④每周办一份手抄报，手抄报内容包括：精彩片断，推荐影、视节目，写作展示等。⑤每月一次名著鉴赏活动，以组为单位，任选角度或主题写出对名著鉴赏的短文，或就某些大家关注的焦点话题讨论评出最好的一组，给予表扬。

四、蕴染心灵，培养敏锐的情感力

语文学科蕴藏着丰富而深广的人文情感，这正是语文学科的独特性，语文作为母语课程与学生的生活、精神世界总是融为一体的，无论是有意还是无意，作品的情感都会与学生曾有的生活相互作用，与学生曾有的情感相互激荡，教学中就是要抓住学生与课文的融合点，让学生曾有的生活接受课文美好情感的“蕴染”，让课文的美好情思与生活发生联系，进而提升学生富有诗意的纤敏的心灵，使他们富有良知，拥抱真情。对于审美情感的培养应从以下几个方面入手：

（一）挖掘作品情感，强化情感体验力

情感力作为一种体验能力，它具有使审美主体和审美对象相互融合，感受主体心里自由状态的功能。主体总是从自己的命运与遭遇，从内心感情全部积累与先在感受出发去体验和提示生命的意蕴，体验的出发点是情感，而体验的最后归结点也是情感，体验的结果常常是一种新的更深广的把握了生命活动的情感生成。

审美主体与审美对象融为一体，是审美主体对它产生深入理解的必要条件，而且也是审美主体获得审美愉悦的必要途径。审美愉悦具有直接性，那就是审美冲动得以实现、情感得以释放和提升而产生的快感，也就是审美趣味的外在表现，但是另一方面审美愉悦

还具有间接性，那就是处于主客体融合关系中的主体自由状态，这也是内心中敞开的情感之维，主体体验到一种生存自由状态，从而产生审美愉悦。

文章是客观世界的反映，写作的人要反映大千世界中纷繁的客观事物，必然在观察、感受、思考的基础上有自己鲜明的态度，或爱、或恨、或悲、或喜，或赞扬、或同情、或厌恶、或批评……在表述中自然有作者的情感流露，而那些有真情实感的文章，流传千古仍能熠熠发光，可见“情”在文章中的作用之大。大而言之有爱国之情，小而言之，有亲情、师情、乡情、友情等。白居易说：“根情，苗言，花实。”① 情是文章的本，作者内心富有饱满的情感，在文章中由衷地倾吐，因此要在文本中感受到作者的情感，最终要走进他们，和他们进行交流，和文本中的人物心灵交流，和作者的心灵交流。俄国小说家邦达列夫说：“一个人打开一本书，就是在观察第二次生活，就像在镜子深处，寻找自己的主角，寻找自己的思想答案，不由自主地把别人的命运，别人的勇敢精神与自己的性格特点相比较，感到遗憾、懊悔、怀疑，她会哭、会笑、会同情、会参与——这里就开始书的影响。”托尔斯泰说：“这就是感情的传染。”进行情感体验，就是要走进文本倾听作者诉说，倾听作品中一个个人物的诉说，触摸与体会他们的所行、所想、所思，联系自己的生活经验展开联想和想象。

教师可以通过以下途径来进行：

1. 借助朗读、吟诵、多媒体等多种展现方式促使学生进入作品的意境，理解文章所蕴含的思想感情

如学习郭沫若的《天上的街市》，老师可以将这首诗歌的节奏和重音标识，在多媒体中展示，引导学生在音乐的伴奏下通过诵读感受诗歌的意境，唤起学生脑海里呈现出绚丽奇异画面，体验作者对美好生活的向往之情。再如学习孙犁的小说《芦花荡》，也可以

① 白居易：《白香山文集》卷二十八《与元九书》，中华书局1979年版。

先展示白洋淀的优美景色，或是播放电影《小兵张嘎》中白洋淀的片断，将学生带入特定的情境，唤起学生对祖国的热爱之情。

2. 引导学生抓住关键词语，仔细琢磨、反复推敲、欣赏语言的优美，感知语言蕴含的丰富感情

汪曾祺曾说："探索一个作者的思想感情，必须从语言入手，并始终浸在作者的语言里。"如《端午的鸭蛋》最能打动人的是作者在字里行间所流露出来的故乡情结，教学时我们扣住这些表现故乡情结的字句，激发学生的情感体验。"这一条我看后觉得很亲切，而且与有荣焉，我走的地方不少，所食咸鸭蛋多矣……"、"高邮咸鸭蛋是质细软油多……油多尤为别处所不及"，等等。还有如吃咸鸭蛋的句子："筷子头一扎下去，吱——红油就冒出来了"，那种绘声绘色，那种动感快感一个"吱"字就活灵活现地表现出来了。

关键字句对情感体验的激发，在诗歌教学中更为重要，诗歌是诗人生命的冲动，感情的倾诉，"情动于衷而言溢于表"，当人的内在感情与外物交融时，就会产生动人的诗篇，读诗是要进入诗的意境，触摸诗人的脉搏，接受诗人思想、智慧的浸染。诗歌是培养审美趣味最好的中介，朱光潜说："一个人不喜欢诗，何以文学趣味就低下了呢？因为一切纯文学都要有诗的特质，一部好小说好诗文都要当作一首诗来看，诗比别类文学较严谨、较纯粹、较精致。如果对于诗没有兴趣，对于小说戏剧散文等等的妙处不免有些隔膜，不爱诗而爱好戏剧的人们大半在小说和戏剧中只能见到最粗浅的部分。"① 对于诗歌中的情感体验，我们还应引导学生抓住关键诗句去领悟。如杜甫《春望》中的"感时花溅泪，恨别鸟惊心"。诗人因感时恨别而落泪，见花而落泪，听到鸟鸣而感到惊心，为何它会唤起我们的共鸣呢？它的魅力在哪里呢？正是诗人心底流动着对国家和百姓深深的爱打动着我们每一个人，它体现着诗人的人生

① 朱光潜：《无言之美》，北京大学出版社 2005 年版，第 192 页。

价值观。正如于漪老师所说，我国许多诗文中在追寻考问生命价值时，那忧国忧民的思想言行形成浓郁的情感包围着你，启人深思，启人奋进。如辛弃疾的《破阵子》描绘了沙场秋点兵的磅礴气势和壮观景象，一句“可怜白发生”催人泪下。陆游有诗：“一生报国有万死，双鬓向人无再青”，“疆卧孤村不自哀，尚思为国戍轮台”，“王师北定中原日，家祭无忘告乃翁”，这种用血、用身躯、用至诚酿就的精神财富，需要引导学生抓住关键字句去品味，去体验，激发学生去思考自己的生命价值和意义，涤荡他们的心灵，净化他们的感情。

3. 通过情感性的教学语言创设与作品内容相应的情绪氛围，把作者寄托的情感化作学生自己的情感

如我们学习《罗布泊，消逝的仙湖》这篇课文时，老师激情讲述了在人类对环境的破坏中，生物消失的五种类型，激发了学生对环境思考的意识，他们对文中罗布泊今昔的变化表现出痛惜的心情。老师引导学生想象过去的罗布泊，学生在用文字描述他们想象中的罗布泊，学生在知觉水平和想象水平上把主体的情感赋予对象，同时促进审美感性的发展，而审美趣味本身也是一种本己性的情感体验。

通过这些途径，我们激发学生在审美趣味中的审美情感力的发展，丰富学生的审美情感的体验力。

（二）走入生活，强化情感的敏锐性

有些人虽然对作品中的人物、情节都了解，但就是说不出它的美，因为美产生在情感和趣味中，这需要培养审美情感的敏锐性，使情感更加精细，能感受到作品的独特之处。可以通过以下途径来实施。

1. 增强学生的审美实践，丰富审美情感体验力

教师可用的方法有：一是开展一些参观和郊游的活动接触自然和社会，引导学生发现自然美和社会美，丰富情感积累，丰富情感经验。二是在学生的审美创造实践中促进情感的发展。我们创建了

“春芽文学社”、“校园之星”、“校园广播站”、“话剧社”等多种形式的文学社团活动，让学生走入生活，走入社会，丰富学生的审美情感体验。

2. 加强作文教学，培养审美情感的敏锐性

“生活就如源泉，文章就如溪水，泉眼丰盈而不枯竭，溪水自然活泼泼的流个不停歇。”① 作文教学中，学生的作文常出现情感贫乏、语言平淡等问题，其关键原因是对生活感悟能力薄弱，不能在生活中捕捉瞬间而逝的情感，学生的情感过于粗犷，不够精细敏锐。

加强作文教学，培养审美情感的敏锐性。首先，我们要引导学生关注一些生活中细微的小事，如我们的口头作文训练，常常从身边小事入手展开训练。话题有“我最喜欢的一处景物”，“我最开心的一刻”，“感恩”，“我感受到……”，等等。

其次，引导学生走进生活，在生活中感悟，提升情感的敏锐性。如：学习朱自清的《春》，就带领学生在郊外观察自然，寻找季节的特征。学生敞开心灵感受到自然之美，老师通过写作方法进行引导，使学生的情感愈加细腻敏锐。如：写《我的家乡》这篇作文时，我们先指导学生收集一些能展示西安历史变迁的图片，大到文化名胜，小到庭院古树，既有时尚的风貌，还有关中民俗，在这些丰富的图片收集过程中，激发学生对故乡的热爱之情。老师再指导学生写作文时，许多学生感到有话可说，有物可写，内心对故乡充满的热爱之情，从字里行间流淌出来，深情、细腻而敏锐。

（三）探究教学，指向情感的深层——价值观

价值观念决定着人们的价值取向与价值标准，不同国家、不同民族、不同地域的人们，因为价值观念不同而形成不同特色的文化传统，产生不同的审美趣味取向。在文化中，价值观念作为稳定的

① 叶圣陶：《叶圣陶语文教育论集》，教育科学出版社1980年版，第363页。

模式，居于深层，从而影响到整个社会生活。在人的情感中，价值观念也居于深层，对于个体审美趣味指向起着决定作用。价值观凝结了最高的价值信念、价值追求、价值目标、价值取向、价值标准，对人们的思想、言行具有决定性的影响，是主宰人们灵魂的精神支柱。

学生价值观的建构和个体的情感、态度紧密联系在一起，我们要充分利用语文凸显的人文性特点来建构学生的情感、态度、价值观，这也是我们语文教学三维目标的具体体现。

1. 探究文本作者的价值观，触及学生深层情感，形成健康的价值观

文本作者的价值观，总是能透过文本影响着学生的价值观建构。在创作中，作者是以自己的眼光、心态、人格、气质、思维方式和价值观等去统摄诸多事务，从而使作品鲜明地留下了作家个人的东西，印上作者本人的影子，他在表现自我时，就是对一种价值的体现和肯定。这样的表现就在某种层次上挣脱了自我本能的驱使的轨迹和纯粹个人的性情羁绊，而迈向自由的情感和精神。由本能迈向社会化转化之途，从而使他在作品中达到自我表现和情感真理双重超越性，升华为社会的情感和美的价值。乔伊斯这样描述："艺术家的人格，最初不过表现为一声喊叫或是一种节奏或是一种短暂的情绪，接着他却变成了滚动闪烁着光辉的叙述，最后他使自己升华而失去了存在……永远遁迹与艺术品之内、之后或之外。人们看不见他，他使自己升华而无处不在。"①

文学家的精神世界、人生态度、价值观，对于今天的学生价值观的建构，是宝贵的资源，老师要充分利用这些资源，在学习过程中，指导学生通过探究作者的精神世界和价值观，受到有益的影响。在现代文阅读教学中，我们学习《故乡》这篇课文时，老师

① ［英］乔伊斯：《一个青年艺术家的画像》，天津科技翻译出版社 2004 年版，第 245 页。

指导学生在文本整体的感悟和主题的理解基础上，作深层次的探究，出示探究话题：探究文本底层作者的情感世界，思索这对于今天我们的价值观形成有何作用？[教师提供参考文章篇目：①《精神“故乡”的失落——鲁迅〈故乡〉赏析》（王富仁）的重点阅读段落：“故乡”与“祖国”的同构。选自《新讲台：学者教授讲析新版中学语文名篇》，中央编译出版社 2001 年版。②《精神的故园在何方——鲁迅小说〈故乡〉意蕴新探》（靖辉），选自《名作欣赏》1998 年第 3 期。③《哀人间之隔膜，探人生之新路》（沈振煜），选自《中国现代文学采英》，湖北教育出版社 1988 年版。]

在我们学习海伦·凯乐的《再塑生命》这篇课文时，引导学生找出文本中表现作者对“爱”理解的句子，列举如下：

“爱是花的香味吗？”，“爱是不是太阳？”，“爱有点儿像太阳没出来以前天空中的云彩。你摸不到云彩，但你能感觉到雨水。你也知道，在经过一天酷热日晒之后，要是花和大地能得到雨水会是多么高兴呀！爱也是摸不着的，但你却能感到她带来的甜蜜。没有爱，你就不快活，也不想玩了”。

引导学生探究海伦的内心世界对于爱的看法，引导学生感受文本美好的情感和海伦充满爱的情感世界，引导学生形成健康的价值观。[教师提供配读材料《假如给我三天光明》（李汉昭译，华文出版社 2002 年版）；《我生活的故事》（中国盲文出版社 2002 年版）]。

我们引导学生去感受情感底层的人生态度、价值观，对个体的审美价值取向有着深刻的影响，激发学生去思考自己的生命价值和意义，涤荡他们的心灵，净化他们的感情，从而形成健康的审美趣味。

2. 探究文本中丑形象，拨动学生深层情感，形成学生健康的价值观

教学中对学生个性审美趣味的培养，不仅要学会审美，也要学

会审丑，学生趣味的视野开阔，才会有真实而高尚的审美趣味，因此我们不能回避丑。

对学生人生观，审美价值观的建构，不能只引导学生欣赏美好的正面形象，更重要的事还要学会分析批判反面的、丑的形象，不能认为“近美者则美，近丑者则丑”。甚至认为稍有不当，丑就会污染孩子纯洁的心灵世界，甚至丑还常常泛化成道德之“恶”，将道德伦理中的“恶”驱赶出课堂。美国当代美学家 H. 帕克感叹道：“无怪乎那些希望只是纯洁和神圣的事物才美的道学先生们要害怕艺术。”①

事实上只要不是站在泛道德的决定立场，只要在真正深刻的意义上关注人的存在，关注人生命的价值，就难以回避丑的存在。雨果那篇带有宣言性质的《〈克伦威尔〉序言》对此作出了很准确的表述：“他会感到现实中的一切并非都是接近人情的美，他会发现丑就在美的旁边，畸形靠着优美，丑怪等在崇高的后面，美与恶并存，光明与黑暗相共”②。由此看来，在生命感受生命的层面上，美丑皆有价值，缺乏审丑能力，个体审美价值观，将会匮乏，它表现为情趣狭窄，眼界不开阔，情感体验流于淡薄，对审美震撼缺乏承受力，更谈不上回应能力和自审能力。

对于荒诞、苦难、丑陋、邪恶等视而不见，或轻率地将其“浪漫化”以求心理平衡和虚假和谐，对于个性审美趣味的健康发展，是不利的。

初中课文中对于表现丑形象的课文有《孔乙己》、《变色龙》、《故乡》、《皇帝的新装》、《丑小鸭》、《范进中举》、《杨修之死》、《威尼斯商人》、《我的叔叔于勒》、《海燕》等。课文中

---

① ［美］帕克著，张今译：《美学原理》，广西师范大学出版社 2001 年版，第 88 页。

② 蒋孔阳主编：《十九世纪西方美学名著选》（英法美卷），复旦大学出版社 1990 年版，第 373 页。

的这些人物形象形态各异，往往给学生留下深刻的印象。语文教材中的丑形象有助于学生更完整地认识自身，促进审美趣味的健康发展。如：课文《老王》中的老王在临终前为“我”送来鸡蛋、香油的场景，老王的外表是那样的丑陋，面色死灰——两只眼都结着一层翳，分不清哪只眼瞎，哪只眼不瞎，从面色到眼睛到肢体，“简直像从棺材里倒出来的僵尸”，更令人可悲的是“从胸中涌出的是骷髅上绷着一层蜡黄的干皮”，而就是这样一个临死的人，却把弥足珍贵的东西送给作家，“我不吃”，“我不要钱”，这两句话中包含着对自己最崇敬的人的一片心意。然而我毫无知觉，几年下来才深悟到这具有金子般善良的心的人对友情的渴望与企盼，意识到友人的真挚情意要平等对待、真诚相待更为可贵。这就启示我们不断地自我反省，从而不断地完善自己。

又如：《故乡》中的豆腐西施杨二嫂是一个可恨而又可怜的人。她的眼里只有“物”，只有“利”，只有“钱”，而没有“人”，她是没有感情、道德、精神需要的人。在这个世界上，她是能捞就捞，能骗就骗，能偷就偷，能抢就抢。

人类社会是在相互关联中存在和发展的，人类为了共同的生存和发展，需要心灵的沟通，也需要感情的联系，也需要道德的修养和精神品质的美化。像豆腐西施杨二嫂这样一个毫无道德感的人，时时刻刻都在做着损人利己的勾当，不能不引起人们的厌恶乃至憎恨。所以，就她本人命运的悲惨，她是可怜的，而就其对别人的态度，她又是可气、可恨的。她的可笑在于长期的狭隘自私使她已经失去了对自我的正常感觉，她把虚情假意当作真情表现，把小偷小摸当作自己的聪明才智。她是属于世俗社会所谓的“能说会道”、“手脚麻利”、“干净利索”、“不笨不傻”的女人。但在正常人眼里，她这些小聪明、小把戏都是瞒不了人、骗不了人的。所以，人们又感到她的言行的可笑，人们无法尊重她、爱戴她，甚至也无法真正地帮助她。她是一个令人看不起的人。

教师引导学生复述杨二嫂丑陋的外貌、刻薄的话语，学生抓住她到“我家”来的这一特定场景时的言行、心理活动、神态来复述，将这样一个内心世界丑陋的人展现在我们的眼前，这样，学生在笑声中对杨二嫂的人生价值观产生了鄙视，在轻松的氛围中获得了审美敏感性，从而丰富了审美情感。

我们在教学中采用口头复述法、剧本表演法、辩论法等不同的形式探究文本人物，引导学生对人物形象的理解，唤起他们内心深层的情感选择，促进个体价值观的健康发展，培养学生健康真实的审美趣味。

综上所述，审美趣味的培养是通过对审美感受力、审美情感力的培养而实现的。这两者之间存在着相互影响、相互融合的密切关系。只是为了便于论述，采取分别叙述的方法，在实际的运用中它们是相互融合的。

第七节　培养实践

实践对象：

实践对象选取西安铁中初二年级两个平行班，每班均为 50 人，初二 4 班为实验班，初二 2 班为对照班（这两个班均参加了问卷调查，并参与随机抽样的统计）。

实践方法：

在语文教学中对于学生个性审美趣味培养主要从以下几个方面展开：

（1）在课堂教学中，注意培养学生的审美感受和审美情感力，运用课内与课外相结合的办法，指导学生在课堂做拓展阅读和比较阅读。

（2）在课外做实践活动感受自然美，感受社会美，在校园开展校园文化的创办，如开展文学社团、话剧社、校园广播站等活动。

（3）在课堂教学中注意引导学生对诗歌、散文、小说等多种文学样式鉴赏，指导学生的朗读、阅读、积累等活动。

(4) 在写作教学中，指导学生构建正确的情感态度和价值观。

实践效果：

1. 实验班审美趣味水平的变化

本研究对实验组的实践策略是不断改进和发展的，所以实验效果也是不断提升的。表4－4列出了实验班和对照班在总分上的变化。表中实验组与对照组作了审美趣味总分上的平均值和标准差及其F值比较。

采用（One-way ANOVA）进行了单因素分析，比较对照组和实验组在各维度及总分之间的差异。

从结果可以看出实验组，得分明显高于对照组，说明试验策略效果明显。学生在课外的阅读量明显扩大，从他们的读书笔记中反映出来，学生对于文学作品的涉猎范围比实验前有明显的变化。

表4－4 实验组与对照组审美趣味总分上的平均值和标准差及F值

测试	Class	N	M	SD	Var	F	P
实验前	4	50	49.26	5.23	27.34	1.222	0.2425
	2	50	50.20	4.73	22.37		
实验后	4	50	68.4	6.74	45.47	1.642	0.0428
	2	50	52.16	5.26	27.69		

结论：实验组与对照组在干预前 $P>0.05$，可见两组之间没有明显差异；而在实施干预手段后两组间 $P<0.05$，可见差异明显，证明干预手段有效。从实验班在干预后和干预前总分、平均分的比较中可以看出，差距较大，实验效果明显。

2. 学生审美趣味在各维度上的变化

实验组与对照组的审美趣味在各维度上得分及总分的数据统计依旧采用 Excel 2003 和社会科学统计软件包（SPSS for Windows 13.0）进行数据处理。所使用的问卷量表和前测相同。采用 Independent-simples T Test 进行独立因素分析，比较实验组和对照组在干预手段之后，学生审美趣味水平在各维度上的差异，以及平均分和标准差之间的差异大小。

表 4-5　实验组与对照组的审美趣味在各维度上的得分及平均差及 F 值

分类	Class	N	M	SD	F	P
诗　歌	4	50	9.70	1.50	1.797	0.0213
	2	50	7.78	2.01		
散　文	4	50	11.06	1.38	6.364	0.000
	2	50	7.84	3.47		
小　说	4	50	10.26	2.62	1.192	0.2705
	2	50	7.66	2.40		
校园文化	4	50	13.16	2.42	1.027	0.4630
	2	50	10.52	2.45		
综　合	4	50	13.46	2.45	1.398	0.1221
	2	50	9.92	2.90		
价值观	4	50	11.22	3.55	1.476	0.0883
	2	50	9.38	2.92		
总　分	4	50	68.86	6.74	1.642	0.0428
	2	50	52.16	5.26		

结果分析：实验组和对照组在后测中各维度上的平均分均有所提高，实验组和对照组相比，各维度的平均分均高于对照组，总分两组差异较大，可以看出实验组学生的审美趣味水平比对照组要高出一个水平。对照组的审美趣味水平仍处于第三水平，而实验组的审美趣味水平处于第二水平。

通过各维度 P 值的比较，在散文这一维度上两组之间的差异最大，其次是诗歌维度、总分两项差异明显，$P<0.05$，而学生的审美价值观差异不够明显。

各纬度差异表现如下：

（1）诗歌维度：4 班平均分为 9.70，2 班平均分为 7.78，差异明显；

（2）散文维度：4 班平均分为 11.06，2 班平均分为 7.84，差异明显；

（3）小说维度：4 班平均分为 10.26，2 班平均分为 7.66，差异明显；

（4）校园文化维度：4 班平均分为 13.16，2 班平均为 10.36，差异明显；

（5）综合类维度：4 班平均分为 13.46，2 班平均分为 9.92，差异明显；

（6）价值观：4 班平均分为 11.22，2 班平均分为 9.38，差异明显；

（7）总分：4 班平均分为 68.86，2 班平均分为 52.16，差异明显。

从以上维度分析看出 4 班审美水平已高于 2 班，达到第二水平，证明本策略是有效的。

实践后的思考

通过对初中学生审美趣味的培养结果分析发现，学生对诗歌、散文的审美趣味水平，有了较明显的提高，但是对于审美趣味有潜在影响的、文化修养及审美价值观，在本文的实践策略中，没有取得较明显的提高。原因分析如下：

1. 教师的影响

初中语文教学中诗歌和散文的鉴赏力的培养要求，处于较低水平。本次实践策略中对于诗歌、散文的审美感受力，能从多个角度引导学生由外在的形式到深层意蕴的探究，实践时间虽然较短；但教师有意识地培养学生对于诗歌和散文美的鉴赏技巧，在散文审美趣味的维度测试中效果体现较明显。

2. 文学体裁自身的魅力

诗歌和散文在六个维度中效果较其他维度明显，其原因是诗歌和散文往往能唤起个体生命中最真实、最动人的审美感受，往往打动人的心灵世界。散文，是一种书写主观情感心灵的文学形式，它是一种“自我”的文学，“个性”的文学。“情感——性灵——心灵——生命体验”，这种不同的层次，都能激发学生对美的感受力，这种文学体裁往往能受到学生的偏爱。

散文的篇幅长短对于初中学生来说，是比较合适他们课余时间来阅读的，在实际的教学中，散文教学也最能引起学生的兴趣。对于小说的阅读在本次实践中主要体现在对名著的导读上，对于学生来说，需要一定的时间和阅读次数才能感受到它的魅力，学生对名著的阅读，一般也只能在非常有限的课余时间和假期，效果不是很好。

3. 审美价值观的形成需要长期性

内在的审美价值观的形成需要长期的时间，初中生的审美价值观极易受到环境的影响，消费时代的社会审美趣味倾向已对他们产生强大的诱惑力，因此对于审美趣味中审美价值观的培养还需继续作研究。

另外，审美趣味和个体文化素养水平的高低也有关系。

总之，通过对审美趣味的内涵和构成的探讨，我们确定了中学生审美趣味的培养原则及培养任务，又通过对中学生审美趣味现状的调查问卷，利用统计方法分析收集到的原始数据，总结学生审美趣味的发展倾向，为培养学生健康的审美趣味找到突破口；在中学语文教学实践中，将审美趣味理论和新课程标准对学生审美趣味能力的要求相结合，通过对审美感受力、审美情感力的培养来建构中学生健康的审美趣味。通过具体的实践，再次对学生进行问卷测试，通过实验组和对照组的比较，证明本研究的培养策略是有效的，同时发现对审美趣味深层次的培养不是太有效，还需继续研究和改进培养方法。

本编主要参考文献

［1］语文课程标准研制组：《普通高中语文课程标准（实验）解读》，湖北教育出版社 2004 年版。

［2］教育部：《全日制义务教育语文课程标准》，北京师范大学出版社 2001 年版。

［3］梁启超：《美术与生活》，转引自北京大学哲学系美学教研室编《中

国美学史资料选编》（下册），中华书局1981年版。

［4］张大均主编：《教育心理学》，人民教育出版社2004年版。

［5］彭立勋、邱紫华、吴予敏编：《西方美学史》（第二卷），中国社会科学出版社2005年版。

［6］［美］雷纳·韦勒克著，杨岂深、杨自伍译：《近代文学批评史》（第一卷），上海译文出版社1987年版。

［7］［英］达尔文《人类的由来》，蒋孔阳主编：《十九世纪西方美学名著选》，复旦大学出版社1990年版。

［8］转引自叶朗《中国美学史大纲》，上海人民出版社2005年版。

［9］朱光潜：《朱光潜全集》（第11卷），安徽教育出版社1989年版。

［10］杜卫：《美育论》，教育科学出版社2001年版。

［11］范玉吉：《审美趣味的变迁》，北京大学出版社2006年版。

［12］刘勰：《文心雕龙·知音》，转引自北京大学哲学系美学教研室编《中国美学史资料选编》（下），中华书局1980年版。

［13］北京大学哲学系美学教研室：《西方美学家论美和美感》，商务印书馆1980年版。

［14］［美］帕克著，张今译：《美学原理》，商务印书馆1965年版。

［15］［美］阿恩海姆著，滕守尧等译：《艺术与视知觉》，中国社会科学出版社1984年版。

［16］［英］休谟著，关文运译：《论美与丑》，载马奇主编《西方美学史资料选编》（上卷），上海人民出版社1987年版。

［17］柏拉图著，朱光潜译：《理想国》（第三卷），人民文学出版社1963年版。

［18］李泽厚：《美的历程》，天津社会科学院出版社2001年版。

［19］胡经之：《文艺美学》，北京大学出版社2004年版。

［20］转引自张德林《现代小说美学》，湖南文艺出版社1987年版。

［21］蓝海文编：《台湾散文选萃》（下），湖南文艺出版社1986年版。

［22］李泽厚：《美学四讲》，天津社会科学院出版社2002年版。

［23］［日］川野洋著，韩纪扬译：《符号和艺术》，见《马克思主义文艺理论研究》编辑部《美学文艺法论》（下），北京文化艺术出版社1985年版。

［24］白居易：《白香山文集》卷二十八《与元九书》，中华书局1979年版。

［25］朱光潜：《无言之美》，北京大学出版社 2005 年版。

［26］汝信：《西方美学史》（第二卷），中国社会科学出版社 2005 年版。

［27］休谟：《道德原则研究》，引自《西方美学史》（第二卷），中国社会科学出版社 2005 年版。

［28］叶圣陶：《叶圣陶语文教育论集》，教育科学出版社 1980 年版。

［29］［英］乔伊斯著，田万一译：《一个青年艺术家的画像》，天津科技翻译出版社 2003 年版。

［30］宗白华：《美学散步》，上海人民出版社 2005 年版。

［31］黄良：《现代美学范畴建构》，中国社会科学出版社 2004 年版。

［32］陶文鹏：《唐宋诗词美学与艺术论》，南开大学出版社 2003 年版。

［33］张智辉：《散文美学论稿》，中国社会科学出版社 2004 年版。

［34］孟建锋、陈雪虎：《审美层次在中学语文教学中的意义》，《内蒙古师范大学学报》2005 年第 2 期。

［35］朱于新：《语文在审美教学中伸展无穷的魅力》，《课程·教材·教法》2005 年第 4 期。

［36］童庆炳：《语文教学与人的建构》，《课程·教材·教法》1990 年第 5 期。

［37］俞国方：《整合教学培养创新人才的有效途径》，《湖南师范大学教育科学学报》2005 年第 3 期。

［38］李新华：《文学作品的韵外之致》，《语言研究》2005 年第 8 期。

［39］杨晓梅：《人教版八年级下册第二单元教学设计》，《语文教学参考》2004 年第 12 期。

［40］汪文萍：《中学语文“丑形象”文本的研究综述》，《内蒙古师范大学学报》2005 年第 2 期。

［41］郑惠生：《应重视大学生文化审美趣味的培养》，《美与时代》2005 年第 4 期。

［42］尤怡红：《音乐审美趣味的培养》，《艺术教育》2002 年第 6 期。

［43］顾婷：《小学一年级音乐审美趣味的培养》，《中国教育导刊》2004 年第 8 期。

［44］吴春生：《如何培养学生的审美兴趣》，《语文教育》2000 年第 5 期。

［45］安彩文、张海鹰：《浅谈对青少年学生审美趣味的培养》，《雁北师院学报》1994 年第 4 期。

第五编　审美情感

社会的进步要求现代人具有更高的综合素质，具有更高的求真、求善、求美的能力，而求美则是求真与求善在更高层次上的统一。以陶冶感情为目标、按照“美的规律”塑造人的美育，无疑是培养人具有崇高的审美理想、正确的审美观念、健康的审美情趣、敏锐的审美感知力、明晰的审美鉴赏能力及丰富的审美创造能力的最佳方式。现代教学改革也认为，不具有审美能力的人不是全面发展的人。有专家对现实的语文教育表示担忧：急功近利的题海战术，只讲分数的肢解语文机体的阅读教学，华而不实的作文指导。长期以来，人们过多地关注语文教学中的认知因素，而忽视了对情感因素应有的重视，这种失衡现象违背了教学活动的客观规律。现代语文教学要加速发展，应以适应社会和时代的需要为务；语文教学改革的视线不能只囿于认知领域，而应拓宽到包括情感因素在内的广阔视野里。这样，作为教学中一种重要的非智力因素——情感，尤其是审美情感，越来越引起现代教学改革者的重视。那么什么是审美情感？它与一般情感的区别体现便成了我们首先要面对的问题。

第一节　审美情感的界定及其产生

一、审美情感的界定

情感是一种非常复杂的心理现象。心理学上又常定义它为：人对客观事物的态度体验及其相应的行为反应。情感又是影响人类生活的一个重要内容。在我们的生活中，几乎时时处处都会有各种各样的情感体验：早上锻炼，享受着清新的空气，顿觉神清气爽；回家路上，一不小心，被石子绊倒，又觉得晦气；上课了，学生精神振奋，又会感到欣慰；课间，不经意间得罪了某一位同事，又觉得气愤；走进家门，闻到香喷喷的饭菜，看到可爱的儿女，又不由地感到温馨袭身……这样充满了喜怒哀乐等的感受就是情感的不同表现形式。

情感不是无端产生的，是一种以需要为中介的反映形式。人们面对客观世界，总是不由自主地，根据对象是否符合自己的需要而产生相应的情感。宋代洪迈《容斋四笔·得意失意诗》：“久旱逢甘雨，他乡遇故知；洞房花烛夜，金榜题名时。”读到其中蕴涵的人生四大喜事，人们就会感到愉悦；反之，如果面对亲人离世、朋友不理解、工作不顺利，就会感到苦闷。可见，人的活动总是从一定的目的出发，即带有满足各种需要的指向性。而这在马克思“饥饿是个自然的需要；因此，为了得到满足，得到温饱，它的需要在它之外的自然界、在它之外的对象。饥饿是我的身体对于存在于我的身体之外的、为了保全自己、表现自己的本质所不可缺少的对象的公开表露的需要”① 的论述中也可见一斑。人类社会发展的复杂性，决定了人们各种不同的需要，同时也决定了人们丰富多彩的态度和情感体验。

情感的产生和认知因素关联密切，所以它的主观性很是鲜明。我们在认识外界事物时，会根据是否符合自己的需要加以褒贬，即使是相同的情境，也有可能产生完全不同的情感。例如，同样是面对学生 70 分的语文成绩，有的老师可能会因其低于及格分而不满；有的老师会因为看到这个学生的进步而欣慰；也有的老师会认为是这个学生的真实水平而理解、接受。这其实就是审美情感产生的

① 马克思：《1844 年经济学哲学手稿》，人民出版社 2000 年版，第 121 页。

标志。

这些日常生活中的情感，我们根据对需要的满足程度而肯定或否定的情感，就称之为一般情感（或自然情感）。审美情感是在一般情感的基础上，经过审美反思形成的。费尔巴哈说："理论的对象就是对象化的理性，感情的对象就是对象化的感情。如果你对音乐没有欣赏力，没有感情，那么你听到最美的音乐，也只是像听到耳边吹过的风，或者脚下流过的水一样。"① 作为审美主体，如果你对眼前发生的或感觉到的没有产生一般情感的，就不会有审美感受和体验的产生，也就没有审美情感的产生。

总之，审美情感是以一般情感（自然情感）为基础，它来源于生活中的自然情感，但又高于自然情感，是自然情感的升华和净化。如太阳不会笑呵呵，大海不会呻吟，杨柳本无情，都是人的审美情感所致。李泽厚先生认为："自然有昼夜交替季节循环，人体有心脏节奏生老病死，心灵有喜怒哀乐七情六欲，难道它们之间（对象与情感之间、人与自然之间……）就没有某种相映对相呼应的共同的形式、结构、秩序、规律、活力、生命吗？……孔子曰：仁者乐山，智者乐水，智者动，仁者静。山、静、坚实稳定的情操；水、动、流转不息的智慧，这不正是形式感上的同构而相通一致？……'望秋云，神飞扬；临春风，思浩荡'，'喜气写兰，怒气写竹'……不也都如此？欢快愉悦的心情与宽厚柔和的兰叶，激愤强劲的意绪与直硬折角的竹节；树木葱茏一片生意的春山与你欣快的情绪，木叶凋零的秋山与你萧瑟的心境；你站在一泻千丈的瀑布前的那种痛快感，你停在潺潺小溪旁的闲适温情；你观赏暴风雨时获得的气势，你在柳条迎风中感到的轻盈；你在挑选春装时喜爱的活泼生意；你在布置会场时要求的严肃端庄……你看那画面上纵横交错的色彩、线条，你听那或激荡或轻柔的音响、旋律，它们

① 引自北京大学哲学系编《西方美学家论美和美感》，商务印书馆 1980 年版，第 210—211 页。

之所以使你愉快，使你得到审美享受，不正由于它们恰好与你的情感结构相一致？声无哀乐，应之者心，不正好是你情感的符号化、对象化、物态化？”①

新的《语文课程标准》把情感、态度和价值观作为义务教育语文课程的目标，而这三者之间的关系又是相辅相成的。一个人的人生态度、价值观是他情感产生的根，而反过来，情感又可以记忆、积累，加强人的人生态度和价值观。也就是说，只有一个人的人生态度、价值观达到一定程度时，人才会有审美的需要，有了这种需要，才会有审美意识的产生，也才会有情感的产生，才会有更高层次的超出一般情感的审美情感的产生。又反过来，一个人对生活的理解和认识越高，即他的审美情感远远超越了一般情感，那么，他对人生的态度以及他的价值观也会达到一种高的境界。所以，情感、态度和价值观之间，可以说，没有对生活对人生的态度，没有自己一定的人生观，就没有对生活的情感的产生，当然也就不会有审美情感的产生。没有情感，也就不会有健康正确积极的人生态度和价值观。可见，义务教育阶段的目标要实现，还要从培养学生的情感入手，达到一般情感向审美情感的转化。

二、审美情感的产生

审美情感是如何产生的呢？审美情感的产生同人的所有需要一样都是为人所意识到的一种需要。“推动人去从事活动的一切，都要通过人的头脑，甚至吃喝也是由于通过头脑感觉到的饥渴引起的，并且是由于同样通过头脑感觉到的饱足而停止。”② 只有当审美需要被人清楚地认识到，并表现为一种自觉的精神追求时，它才真正成为推动审美产生的一种积极力量。

---

① 引自北京大学哲学系编《西方美学家论美和美感》，商务印书馆1980年版，第443—444页。

② 《马克思恩格斯选集》（第四卷），人民出版社1972年版，第228页。

一般情感向审美情感的转化是在审美活动中完成的。审美活动实际上是人的一种精神活动，而这也决定了主体在审美中主要是一种精神性的存在方式。即人对一切活动的情感转化依赖于审美活动进行。这样转化之后，才会有审美情感的产生。

而要探究在审美活动中人作为精神性的存在是如何通过对象而现身，如何在与对象的交往中显露出自己的，即追问在审美活动中人如何成为现实的审美主体，而主体在审美活动中的精神存在特征主要表现在原始唤起（一般情感）、内在体验（审美体验）、情感表现（审美情感）三个方面。

原始唤起（一般情感）既是人从其他活动的主体向审美主体转化的开端，也是审美对象开始显现自身的契机。例如：我们常常对于一个词语、一句优美的句子、一件漂亮的衣服、一本高质量的书、一个美丽的背影而感叹，那么，审美就有可能发生了。又如：父亲买橘子的背影引起了朱自清先生的感叹，西北的白杨树引起了茅盾先生的感叹，等等。其实，感叹并非一种单纯的感性刺激反应，不只是一种主观的乐意，而且是主要表现为一种内在的精神召唤。可以说，感叹之为感叹就是一种动力表现，一种永不停息的追问，它不仅把主体带入审美世界，而且召唤他在审美世界中经历、生活。例如：春回大地，万物复苏，百花争艳，风和雨细、柳绿桃红、蝶戏蜂喧，面对春天特有的勃勃生机，人们不由想走出家门，走出萎靡，走进大自然，于是人们浮想联翩，生发感叹；夏天，骄阳似火、荷香阵阵、蛙鸣田间、原野盈绿，夏的痴热、安静、闲适、朴实、真诚、火一样的激情，促使人们情不自禁；秋天，遍地金黄，硕果累累，可是秋天也万木凋零、满目苍凉，看惯了春花，听惯了蛙鸣，人们的情感不由失衡，无奈，凄戚，愁苦伤悲；冬天，大地叶落草枯，银装素裹，寂然无声，大自然一片空茫渺然。这种无声、无色、无形，让人们寂寞、忧郁。这样，当主体真正把自己融入审美的世界与花鸟同悲欢、与草木共风雨的时候，他就进入了内在体验（审美体验）的状态。

所谓内在体验，就是主体在对外界事物有所感触，产生一般情感的时候，被具有某种独特性质的客体对象深深地吸引，情不自禁地对之进行体味、咀嚼、领悟，以至于陶醉其中，心灵受到触动和震撼的一种独特的精神状态。在审美体验的瞬间，主体的各种心理因素都充分活跃起来，处于紧张和亢奋状态：感知、体味、想象，欲望、情趣、意志，伴随着回忆、幻觉、潜意识，在情感的驱动下形成了一股强大的生命激流，从而使主体产生出一种意象纷呈、言难尽意，既形象又理性的复杂情绪。因此，审美体验离不开情感和想象。例如：面对春天之景，人们浮想联翩，难怪俗话说“一年之计在于春”，孟浩然要说“春眠不觉晓”，高尔基要说“春天就是圣母”，那是因为春天太重要、太温柔、太美妙了；面对夏天，人们情不自禁：如果说春是温柔的母亲，那么夏就是痴情的诗人，它惟恐世间情意淡冷，于是，火一般扑向大地，扑向人间，以自己满腔的激情呼唤着、感染着那些情感几近淡漠的人们，使他们的心灵回暖，情思重萌，激情满怀；面对秋天的萧瑟，秋成了无数诗人笔下悲凉的见证。可是，事实上，秋的绚丽并不亚于春，春娇嫩，秋深沉。秋是春天美的收获。秋天遍野的红叶，那不只是美丽，简直是灿烂，是看了让人会感慨、奋发、狂热的；冬天的这种无声、无色、无形，让人们寂寞、忧郁，但也给人们领略万物之源的契机，那就是泰然处之，体悟人生的真义，从看似空无的世界中深悟人生的真谛。所以，内在体验（审美体验）必将带人进入情感表现（审美情感）之境。

所谓情感表现（审美情感），就是人的情感由一般情感经历内在体验，即审美体验之后，达到了一种较高的、敞亮的对人生以及价值观理解的境界，而人只有在审美的凝神体验中，这样的境界才会自动显现出来。只有在审美中，人才以完整的“我”与完整的世界直接相遇，人与世界之间的一切遮蔽均被敞开，从而使主体进入一种澄明之境，一种最高的生存状态。那就是人在审美活动中对人生、对世界的领悟。例如：有了对春天的内在体验，于是春天唤起了人们浓烈的审美情感，人们踏青、游春，舒展筋骨，贪婪地汲取新的一年所需要增添的奋斗之力，精神焕发。春天是新的开始，是新的希望。所以朱自清先生在《匆匆》中也要如此感叹：鸟儿的歌声/划过黎明/停泊在我的窗口/是谁正弹拨着春的琴弦/将悦耳的歌声/飞扬在如虹的晨曦/那贪婪的梦/折叠起阳光般的心事/挽留着嘴角的笑容/是谁叫醒了仲春的黎明/将绿色的精灵/放飞在希望的晨光。人们经历了夏的洗礼，终于领悟到她使一切万物获得能量，沐浴着阳光，蓬勃向上。她默默无闻地奉献着她的阳光、她的雨露……毫不吝啬地抚育着万物。因此，在多情的智者眼中，“夏天的热情给了世间生命拔节的契机”。“夏天是人类生活中，最雄伟的一个阶段。”面对萧瑟深沉的秋，从来的大智者恋秋胜似恋春，他们从秋的奉献里比照审度自己，以比量自身尚属稚嫩的思绪，他们深信：“秋是成熟的代表。”看似孤独的冬，原来是这样，于是人们有了这样的冬：冬是冷艳的洁，是沉静的思，是蕴积的美。是万物生命链环中新旧交接的关节点，是情感四季开始新的循环的另一个起点。她是圣洁的天使，她以酷寒之力使人们的情感纳入冷静的轨道，使之不致偏离人生的大义。一年四季，自然，生活，人生，大义，如此等等，无不是一般情感经历内在体验之后的一种升华，审美情感油然而生。

可见，一般情感经历内在体验之后，升华为审美情感。油然而生的审美情感也是审美体验发生和实现的内在动力。

第二节　审美情感在初中语文教学中的问题

审美教育就其本质属性来说，是一种情感教育，情感教育的最高境界是审美，那么，可以说，审美教育的最终是审美情感的养成。列宁曾经说：“没有‘人的感情’，就从来没有也不可能有人对于真理的追求。”[①] 当然，列宁所说的情感是就一般意义来讲，但这一情感同样适用于审美领域，也应该同样适用于语文教学中的审美情感教育。

同时，中学语文课承载着对学生进行审美教育的责任。在语文教学中，实施审美教育的目标是提高学生对形象的感知能力，培养学生发现美的能力；提高学生识别美丑的能力，培养学生鉴赏美的能力；要诱发学生的审美情感，培养学生表达美、创造美的能力。由此可见，中学语文教学必须重视审美情感教育，或者说，学生审美情感素养的养成，和语文教学有很大的关系。

新《语文课程标准》定义语文课程性质为：“语文是最重要的交际工具，是人类文化教育的重要组成部分。工具性与人文性的统一，是语文课程的基本特点。”从强调“工具性”到兼而重视“人文性”，今天的语文教育正朝着“以人为本”的素质教育前进。《语文课程标准》对语文美育的目的作了十分明确的规定，初中阶段的目标是“提高审美情趣”。语文课承载着对学生进行审美教育的责任，语文课文又以其人文性和艺术性而成为美的形象的载体。但语文课文只是为提升学生的审美情趣创造了情境，学生审美情趣的真正提升还需教师的启发、激励，教师应利用精湛的教学艺术去唤醒学生的生活体验、情感体验，使学生在情感的审美中实现思想的升华和灵魂的净化，培养学生高尚的审美情感。

那么目前初中语文教学中审美情感教育的现状又如何呢？冷静观察，我们发现存在的问题还真不少。

一、教师方面的问题

在对同一市区的10名农村中学的语文教师、10名一直在工厂子弟学校工作的语文教师、10名市重点初中的语文教师的审美情感情况的问卷调查中，笔者发现：无论工厂还是农村学校，中高级

---

① 列宁：《书评》，《列宁全集》第20卷，人民出版社1961年版，第255页。

（一般工作年限最低 7 年）语文教师对审美情感的认识情况较年轻教师要好，一直在工厂里担任语文教师的教师的审美情感情况较一直在农村工作的语文教师对审美情感的认识情况要好，市重点初中的语文教师对审美情感的认识情况整体相对最好（其中很多人在工作以前是同班同学），但问题还不少。

首先，审美情感淡然是初中语文教师较为明显的一大缺憾。

教师的审美情感不仅是教师个人的一种基本素养，而且是一种重要的教育资源。可以说，一个教师审美情感素养的高低，决定他能否成为一个合格的语文教师。教师的高的审美情感素养是他献身教育事业的动力源泉，是他在教育教学中建立良好师生关系的重要基础，是他最终取得良好教育效果的基本条件。

考试巨大的压力导致教师对职业的倦怠，教师对职业的倦怠导致教师心态的不平衡，生活的不快乐，导致教师对教育教学的积极性减弱，导致教师和学生之间不能建立良好的关系，最终导致教师审美情感素养的减退或不能。语文教师在教学过程中感知的主要是教材中那些古今名篇的情思，其思想深邃，情感充沛，教育意义显著。这就需要语文教师在教学的过程中怀情思而教。可是，教师如此的心态又怎么能真正地去解读文本，愉快地感染学生呢？从问卷中可以看出，三类学校的各层次的教师都有这样的倦怠情绪，其中农村学校的教师最为严重。

语文教师对审美情感概念无知，或对其概念认识模糊。三类学校的 30 名教师对审美情感概念的认识各执一词：①是一种真善美能力的培养。②审美情感首先应该有积极上进的心态，在教学中引导感染学生，树立积极的人生观价值观。③美是需要体味的，只有用欣赏的眼光才能领略到它带给你的精神享受。如此等等。90% 的教师表示没听过这个名词，100% 的教师又在不自觉地运用。可见初中语文教学中审美情感教育任重而道远。

其次，审美情感素养欠缺。语文教师的审美素养，指教师获得符合美的规律的品质，并按照美的规律塑造完善自身和学生所必需的感受、鉴赏及创造美的能力。其实质是对符合个性发展的、符合语文教师职业需要的、按照美的规律进行的自我完善和塑造的检阅。在语文教学中，教师审美的对象包括教学内容、教学手段、教学实践活动、教学关系、教学主体自身，等等。因此，在教学中，教师的言谈举止反映着他的审美素养，教师的人格美、仪态美、语言美、教学美等都体现着一位教师的审美素养。语文教师的审美素养是决定语文审美教育施行的关键因素，它直接关系到学生对美的认识、体验，关系到学生的全面发展。苏联教育家赞科夫在《和教师的谈话》中曾指出：教师本身要具备能够领会和体验生活中和艺术中的美的能力，才能在学生身上培养出这种品质来。可见，“所谓大师就是这样的人，他们用自己的眼睛去看别人看过的东西，在别人司空见惯的东西上发现出美的东西来”①。

发现美的前提是审美主体必须具备相当的审美素养。教师的审美素养低下，就无法发现、把握语文教材的美。而一般来说，教师审美素养的高低又与能否发现美、发现什么层次的美、发现多少美，是成正比的。没有审美素养，就会身在美中而不知美。语文教材中有许多古今中外的文学艺术精品，无不体现着作家的美学理想。没有深厚的审美素养，就不能按照审美的规律，创造教学艺术之美，传达语文之美。这就要求语文教师必须加强美学修养，并与教学实践相结合，按照美的规律创造教学艺术之美，最终传达语文之美。而在实际的调查中，大多数的语文教师只是教参的“宣传者”，几乎没有自己对文章的独特的审美观。或者说，几乎没有自己对文本的真正意义上的领会和高层的认知，真正的审美解读，所以，学生也很难有很高的审美认识，也就难以养成高的审美素养。

语文教师的审美情感素养有待提高。教学大纲强调的语文学科的人文性中，审美情感的培养这一环节不能忽视。苏霍姆林斯基在

---

① ［法］罗丹述、葛赛尔著，傅雷译：《罗丹艺术论》，人民美术出版社 1978 年版，第 65 页。

他的《帕夫雷什中学》一书中写到：学校的中心任务之一就是培养学生审美的、高尚的情感。而学校的这一任务的完成只能靠教师，靠教师的“晓之以理，动之以情”，而教师要很好地做到“晓之以理，动之以情”，自己首先要具有丰富的审美情感。教育学博士肖川对良好教育的看法：一个人如果从未读过一本令他激动不已、百读不厌的书籍，从未走进过丰富美好的精神世界，从未感受过人性光辉的沐浴，从未苦苦思索过某一个问题，从未有过令他乐此不疲、废寝忘食的活动领域，从未有过让他刻骨铭心的经历或体验，从未对自然界的丰富与和谐产生过深深的敬畏，从未对人类创造的灿烂发出过由衷的赞叹……可以说，他没有受过货真价实的教育。这段描述，包含了太多的体验！融入了丰富的审美情感！而这种审美情感的产生更多又来源于语文课堂教学，来源于语文教师。可见语文教师的审美情感素养在语文教育以及整个教育过程中的重要作用。

然而，在实际的教育教学中并非如此。语文教材中包含自然美、社会美、艺术美等审美形态，壮美、优美、滑稽等审美范畴，形式美、内容美等美感形态，语文教师在教学中应能正确把握它们的性质和特点，准确体会它们不同的美，而不应凭自己的好恶来评价。令人遗憾的是，在现今的中学语文课堂上，审美情感素质的培养仍未得到足够的重视，依然是满堂机械地讲授，剥夺了学生放飞想象，用美的眼光感知世界、审视世界的机会。

调查中，曾经听过这样的一节课：教师用了整整一节课时间讲析《皇帝的新装》，讲皇帝的新装到底是什么样子的，讲故事中到底谁骗了谁，讲皇帝和他的大臣们为什么会上当受骗。不可否认，这位教师的口才、文采都很好，但是，这样的故事，对初中一年级的学生，早已经是耳熟能详的了，而教师在学生们早就读懂了故事的情况下还大讲特讲，那还有什么意义！倒不如让学生们自己针对故事的情节，谈谈自己的读后感，或者针对故事中的情节，找找自己的生活中是否有这样的例子，这些事情给自己的启发是什么。还有的老师在讲《丑小鸭》一课时，利用多媒体，给学生放动画片，然后一节课就这样热热闹闹地结束了，可在笔者看来，学生失去了对文中一些意味深长的句子的诵读揣摩机会，就不会对《丑小鸭》这则故事有更深层次的理解，就没有真正地完成教学任务。这样，学生对社会、对人生、对世界的认识就没有上升到审美层次上来。可见，学生只有在教师对文章审美认识的基础上，对文章审美地处理，才能形成自己正确的情感、态度、价值观。

二、语文教学中审美情感落实方面的问题

笔者曾经和诸多语文教学上的优秀教师、骨干教师交流发现：很多大家公认的伤脑筋的问题，其实一直还在困扰着大家。为此，很多人都在想，到底从什么地方入手，才能最终解决这些问题。著名的特级教师于漪老师在这个方面有着自己独到研究。她把“教文”纳入“育人”的目标。在她看来，要培养健全的人，光“教文”是不够的。于漪老师认为：“语文教师应树立鲜明的‘育人’目标，教文要纳入‘育人’这个大目标。只见文，不见人，充其量只在鸡虫得失上兜圈子，很难成为学生生活的导师，道德的教员。认为‘教文’是语文教学的硬任务，‘育人’不过是招牌或幌子的看法是不可取的。”并且引用德国教育家第斯多惠的话：“任何真正的教学不仅是提供知识，而且是予学生以教育。”她提出：“离开‘人’的培养去讲文的教学，就从根本上失去了教师工作的制高点，也失去了教学的真正价值。”语文教学要通过“教文”，春风化雨般地对学生进行熏陶感染，从而达到“育人”的目的。于漪老师多年的教文育人，就不是简单地对学生进行思想教育，而是启发学生的思想，熏陶其情感，发展其个性，使其聪明才智充分发挥，她的“育人”真正实现了对人的全面唤醒。而其中，对学生审美情感的培养起着明显的作用。由此看来，语文教学中的问题就很明显了。

对文章情感认识陈旧偏狭。“很久以来，虽然人们已经认识到

情感在文学活动中的重要性，但在具体分析文学活动的时候，却又自觉不自觉地把情感看作是情加上思想认识。这种看法直接导致的结果便是作品分析的单一化，几乎千篇一律地从作品浓缩思想。无比丰富的艺术世界却在批评家的镜片之下变得贫乏、单一、无味。本来存在的众多的分析渠道几乎都被堵塞。”① 时至今日，我们的语文教师依然在以如此的情感加认识在千篇一律地概括着每一篇文章的中心思想，给学生传达着自己这亘古不变的话题。这样的情感素养怎么和在日新月异的社会中生活的学生在情感上接轨，又怎么能获得他们的认可和接受。

文章是作者在观察、感受、思考基础上认知大千世界中纷繁复杂的客观事物的产物。是作者的情感、态度、体验、价值观的体现。教材所选文章特别是初中教材所选课文大都是流传千古的情真意切的富于启迪的文章，是饱含爱国情、亲情、友情、师生情的文章，对学生的成长举足轻重的文章。对于这样的文章，教师不仅要认真阅读课文，而且要走进课文，如英国女作家弗吉尼亚·伍尔夫所说：“要尽力与作者融为一体，共同创作，共同策划。如果你不参与，不投入，而且一开始就百般挑剔，那你就无缘从书中获得最大的益处。”对于这样的文章，教师的情感素养如果不到位，是很难走进课文，走进作者心中，走进学生心中的。

所以，教师对课文的情感认识既要符合作者，又要符合初中阶段学生的实际情感需要，这样的情感才能真正走进学生心中，融文章与学生为一体，使学生从文章中真正汲取生活所需，有自己的寄托，有自己的理解，有自己的领悟。

传统语文教学文本解读中存在着较深的误区。传统语文教学只注重文本的阐释，而无视读者与文本对话的交流反应活动。只是单纯地静态地观察，机械地图解，割舍艺术生命的鲜活感，导致文本失去生命的丰盈，成为逻辑解析的刻板尺度。

① 林岗：《符号·心理·文学》，花城出版社 1986 版，第 82 页。

语文教学文本解读是一种读者与文本对话的活动。读者通过对文本的解读及其意义的认知把握世界，同时也建构自我世界。作为读者的学生和教师，可在解读体验中用自己那跳动不安的心灵去激活文字，激活文本，因而使文本成为主体情感、意志、生命和灵肉的载体，并诞生出新的审美意义。

语文教学文本解读过程中要实现读者的建构，核心是激活读者审美情感的反应。鲁迅先生曾经说："凡人之心，无不有诗，如诗人作诗，诗不为诗人独有，凡一读其诗，心即会解者，即无不自有诗人之诗……惟有而未能言，诗人为之语，则握拨一弹，心弦立应，其声澈于灵府，令有情者皆举其首，如睹晓日。"这段著名论述生动地说明，解读主体在文本解读活动中的动力，就是与文本进行碰撞交流产生的情感反应。而这种情感反应与文本积淀的审美情感是基本一致的。

文本解读应是语文教学过程中最重要的程序，特别是初中语文教学，学生年龄小，阅历浅，对语文学习的认识还停留在小学阶段的字、词、句等内容上，老师如果不针对初中语文教科书的特点及教学大纲的基本要求，对课文进行详细的解读，那就会直接导致学生对语文课学习的肤浅，乃至对课文的诸多误解，而课本所选的文章是以"文学、经典"为核心，让学生"摸索到通向古今中外文学经典的一条道路，让学生与人类最优秀的心灵进行对话""真正的阅读是与文本作者的心灵对话"（钱理群语），这是塑造心灵，激发生命力、创造力，丰富学生的情感及实现审美情感教育的根本，实现学生生命健康成长的过程。

但是，最近几年，语文教学中对文本的解读却被严重地冷落，课堂上一味地追求热闹，有声音，有画面，学生像在老师的指导下看演出似的，没有了琅琅的读书声，没有了对文章细细的品读，取而代之的是漠视文本，一篇课文，不作解读，一节语文课就在一些画面中热闹而简单地结束，这成了一些有先见的教育工作者对语文教学表现的最大的担忧：一位教师讲《安塞腰鼓》，声、光、电样样俱全，课堂热闹非凡，然后让学生讨论，腰鼓的韵味与丝竹管弦乐的异同，与西洋乐的异同，一节课下来，学生连瞄一眼书本的时间都没有，文本形同虚设。且不说学生对老师所讲述的内容是否已懂，单从情感上看，学生不见得就对此感兴趣，更何况对声乐乐器的对比远不是初中一年级的学生所能理解、接受的。讲《木兰从军》，一位教师播放的竟然是美国版的动画片，然后大谈木兰的形象和意义，虽然在对话中，学生们一个个看似侃侃而谈，但所谈的对性格、情节、细节的审美几乎与文本无涉。很难想象，这是在给年仅十几岁的初中学生上课！又很难理解，这是在进行语文审美教育！

特别是受十几年来语文考试模式的影响，受十几年来语文复习资料的导向，教师普遍以做练习来代替完成对语文课文的解读教学，中考考什么类型的题，教师就指导学生学会做什么样的题，使语文教学不能真正面向学生，不能满足学生的自我需要，完全为了考试进行的单一试题练习。初中学生正处在对生活对人生的情感、态度和价值观的审视和形成的关键时期，我们却舍本逐末，反过来极端追求学生的语文成绩，殊不知，语文试卷最终考的还是一个字，那就是“情”。学生没有形成正确的积极的情感态度价值观，就不会有真正意义上的语文成绩。

语文教学与学生自我需要存在矛盾。多数语文教师教学中重思想轻情感，备课，讲课，总是擅长一味地挖掘作家在作品中所体现、揭示的思想，写景为了抒情，写物是托物言志，语文教学中不涉及审美情感教育，只讲究形式的多样热闹，没真正走进文本对文本进行解读、在品读中进一步体会文章，和作者交流，和自己交流。进而解决学生思想上的盲目问题，帮助树立远大的理想，树立健康向上的人生观和价值观。

语文教学与现实社会需要存在矛盾。现实社会需要的是内在美的公民，而语文教学却没有从审美情感的角度出发，从根本上提高学生的内在美，为社会的健康和谐发展作出语文教师应有的贡献。

内在美指人的内心世界的美。它包括人的性格、品行、理想、情操等，体现在人的言谈举止中。人的言行受思想支配，想使自己的言谈举止符合美的要求，其内心世界必须是美的。人只有在内在美形成以后，才能真正进入一种美的境界。那么，如何才能形成内在美呢？语文教学中对学生的审美情感教育至关重要。

人的美主要表现为性格美，性格美是人的美的核心。没有美的性格，就不可能有美的言谈举止，也不可能有美的为人处世。性格是一个人最鲜明的并且区别于他人的个性心理特征，是指人对现实的态度以及与其相适应的行为方式。性格不是一朝一夕所能形成的，也不是一朝一夕能改变的，而学生的性格正处于形成的过程中，可塑性很大。应该通过一篇篇文章的解读不断地养成学生宽容、忍让、积极向上的性格，养成学生能在适当的场合将情感控制在合情、合理、合法的范围内的素养，既不损伤自己，又不危害他人。

三、中学语文审美情感教育落实中学生方面的问题

在分别对三组35名来自农村的学生、工厂的学生、市重点中学的学生的问卷调查中，笔者发现：孩子们不同程度地存在着情感、态度、价值观方面的问题。

很多老师都有这样的感慨：现在的学生，缺乏青年人应有的朝气、活力及热情，对什么事情都早熟地看得很淡，没有应有的激情，什么样的结果都可以，情感早衰，老师在课堂上的讲述，在他们看来都是假的、空的，没有真实意义的。他们相信自己的眼睛或者父母的“忠告”。可问卷调查证明，学生们之所以会有这样的认识，和我们的语文教学也有很大的关系。

在对学生的调查中，笔者发现学生们对一些问题的回答，在情感把握上只是浮于故事或事物现象的表面。如谈到：在人生的路上常常会遇到意想不到的困难，莫顿·亨特的《走一步，再走一步》让你感到生命应该怎样对待时，学生们就只看到文章最直接的表面，认为是“从一小步开始”。如看着正在结茧的蚕，你会想到什

么？学生们则只看到蚕的勤奋。如亲眼目睹或面对圆明园遗址的照片，你有什么感想？学生们多回答“耻辱”。如千手观音这个节目留给你的更多是什么？学生们回答“她们不向命运屈服的精神力量”，却没有透过这个节目看到，如今社会的残障人也可以有自己的事业，也可以给他人带来快乐，没有看到社会主义社会带给他们的安然幸福、祥和美好。如你听过王秀兰、武俊英二人的戏吗？你的看法是什么？从对这个问题的调查中可以看出，如今的学生对中国古典戏曲的冷漠甚至于摒弃。在对近年来热播韩剧的调查中发现，学生们喜欢看的原因，大多是由于其中演员的青春靓丽、服装新潮等。从这些例子中不难看出，我们的学生无论是对语文教材上文章的理解还是对生活中的点点滴滴的理解都浮于事物的表面，没有真正深入到文章或者事物的深层次去理解，即没有上升到一个审美的高度。因此，在情感的理解和把握上，也就不会上升到一个高度。也难怪学生在学习和生活中都表现出了一些让人难以理解的行为。同时，从这些数据中也可以看出，市重点中学的学生对文章的理解和把握较工厂子弟学校和农村中学的学生要好一点，这与上文中对市重点中学、工厂子弟学校以及农村中学的语文教师的问卷调查的情况相一致。由此可见，学生的情感及审美情感的生成情况和我们语文教师的审美情感素养有很重要的关系。

对学习没兴趣，不想学习，不愿学习，这是缺乏责任心的表现。在问卷调查中，同学们的表现无不让人担忧。例如：面对竞争与合作，你选择什么？选择竞争或者先竞争再合作的大有人在。问到你喜欢上网的理由是什么时，学生们竟出乎意料地回答舒心而非刺激，可见他们对上网玩游戏已经失去了原有的热情，只是出于不愿意学习或者无事可做的一种无奈选择而已。对学习积极性的调查则更多人认为学习要学自己喜欢的或是在老师（父母）的监督下学习。因为讨厌学习，所以对老师的要求就很苛刻，老师要绝对尊重他。否则，一不小心伤害了他，就会成为他不学习的强大理由。另外要说明的是，工厂子弟学校的学生在回答问题时，90%以上的学生选择了多项或者干脆全选，一个方面说明初中阶段，学生不能从根本上把握文章或者事物现象的本质，另一方面说明学生在语文学习上的态度不是很积极，以致认识问题模糊多面，认为什么都是，什么又都不是，不能直击问题的核心。这种现象在农村中学和市重点中学的学生中也普遍存在，但没有工厂子弟学校的学生严重。这也从另外一个方面反映出了工厂子弟学校学生的学习态度，相对农村中学和市重点中学的学生较差。在回答“对你影响最大的老师是谁？为什么？”时，农村中学中 10% 的学生回答没有，50% 以上的学生没有回答是语文老师，工厂子弟学校学生的回答几乎都是对自己人生或者学习有过帮助的老师。而提到老师的帮助，则无一例外是自己处于困境中时，所以心里很感激，也就认为是对自己的人生影响最大；而市重点中学的学生却认为哪一位老师能在教学中坚持平等对待每一位学生，哪一位老师能坚持要求学生全面发展，那他就是对自己影响最大的老师。这样的调查结果应该是和这个学校在教育教学上的主导思想是相一致的，由此可以看出，我们的学生在看待老师的问题上，是从自己缺少的方面出发的，而学生们缺少的，往往正是他们需要的，而往往正是这些他们迫切需要的，影响了他们对事物的认知，以至做出不当的或者错误的判断。在回答“初中阶段，对你的人生影响最大的是哪一篇文章？为什么？”时，农村中学中 50% 以上的学生没有回答这个问题，或者说不知道；回答问题的同学答得很散，涉及很多篇文章，但几乎没有重复。同时，从学生们的回答中，很明显看出对自己喜欢的文章，对自己影响很大的文章理解得肤浅甚至偏离文章的主题。例如，有同学认为朱自清先生的《背影》对他影响很大，原因是希望他和他的父亲能成为朋友，而这个看法应该在《傅雷家书》中体现；有同学认为《变脸》对自己影响大的原因是好玩等等。工厂子弟学校学生的回答和农村中学几乎相同，市重点中学学生的回答情况稍微好一点。如此这般，可见我们的学生学习语文的态度消极！可见语文教学最终带给学生的是什么！

部分初中生的人生观价值观片面消极，也是导致审美情感教育难以为继的原因之一。

一些初中生认为人生一定要对得起自己，及时行乐思想严重，看问题做事总以自己为中心。对《羚羊木雕》一文中“我觉得我是世界上最伤心的人”的原因，几乎都嫁接到父母的不理解上，而没有针对此问题，对自己的思想行为进行反思，可以说，如果像这样的文章，学完后，学生没有深入到自己的实际生活中，反思自己，那么我们的教学可以说就是失败的。对伤心崖上斑羚飞渡的场面，学生们忘不了的有镰刀头羊的沉着，有老斑羚的牺牲精神，有年轻斑羚的义无反顾，却少有对那一道道灿烂无比的生命弧线的心灵感悟或者反省。不是认识不到，而是因为学生本身就还没确立高尚的人生观、价值观，所以他们的情感就达不到审美的高度。同时，对于爱情的理解也是十分的自私，总认为相互之间首先要诚信，却忘了产生并且坚守诚信的前提是彼此之间的欣赏，如果没有彼此之间的欣赏，那么，别说诚信做不到，就连一般的关怀都不会长久。在回答“中国传统的节日诸如春节、元宵节、清明节、端午节、重阳节、中秋节等节日，你最喜欢哪一个，为什么?”时，三类学校中60%的学生的回答是春节，原因几乎都是团圆或热闹，没有同学对此有其他更好的想法。而30%的同学回答不知道或没感觉。在回答“向同学们介绍你最喜欢哪一张音乐光盘，哪一位歌手，哪一位作曲家，哪一首曲子或哪一首歌，为什么?”时，50%的学生的回答是没有，回答的同学答案几乎没有相同的，原因却都是喜欢，没有更多的解释说明。在回答“你的理想是什么?你决定如何为实现理想而努力?”时，三类学校中80%以上的学生回答是考上理想的高中或大学，说到如何为此而努力时，回答又是不断努力、坚持不懈、决不放弃等等。从以上的问答中，我们不难看出，我们的学生的人生观和价值观是唯我的，城市较农村严重。既然是针对语文教学的问卷调查，虽然区域不大，但还是说明了一些问题。我们的语文教师确实应当首先行动起来，改变自己的教育教学思想，为自己，为学生，为祖国和民族的未来。

第三节　审美情感教育实施的可能

从以上语文教师存在的问题，语文教师在教学中存在的问题以及学生存在的问题中不难看出，我们的语文教师、学生都需要审美情感素养的养成和提高，但这并不等于中学语文审美情感教育的落实无望，发现问题恰是为了更好地前行，何况现行的初中语文教材无论内容或形式都为我们提供了一个很好的平台，使教师和学生审美情感素养的养成和提高成为可能。语文教材为审美情感教育提供了极为有利的条件。让我们从教材的内容与形式两个方面开拓我们的视野，增强我们的信心。

一、审美情感体现在教材的内容方面

语文教材的内容可以说应有尽有，丰富多彩，它们可以从不同的角度来丰富和培养学生积极健康的感情，同时抑制和克服消极、邪恶的感情，使学生的感情纯洁化、高尚化，从而进一步陶冶他们的生活情趣，完善人格。在语文教学过程中，教师除完成认知目标的教学任务外，还应深入发掘教材中的情感因素，以陶冶学生的审美情趣。语文教材中表现的情感美，在审美情感教育中，起着感染学生、美化心灵的作用。这其中既有人类的本能情感：喜、怒、哀、乐等；又有感性情感：亲情、师生情、朋友情、自然情；还有理性情感：爱国情、阶级情、事业情等。

教材中描绘大自然美景和祖国壮丽河山的诗文很多，都是古今中外文质兼美、历久不衰的优秀文学作品。在这些作品中，作者用绮丽秀美的文字向读者展示了一幅幅绚丽多彩的画卷，字里行间无不表现出作者对大自然的独特感受和对祖国河山的热爱之情。曹操的《观沧海》中："水何澹澹，山岛竦峙。树木丛生，百草丰茂。秋风萧瑟，洪波涌起。"这六句在描绘生气勃勃的大海风光的同

时，也在歌颂祖国壮丽的山河，透露出诗人热爱祖国的感情。宋代著名作家欧阳修的散文《醉翁亭记》，在其笔下，醉翁亭俨然是一幅山水画。山、泉、林、亭交织在一起，各尽其美。“蔚然而深秀”的琅琊山，风光奇秀，迤逦连绵，苍翠欲滴。山与泉相依，泉与亭相衬，辉映生色，别有一番风光。诗人在这融融和美的大自然中，将人格美寓于自然美之中。天人合一，大自然陶冶了人的性情，净化了人的灵魂，又启迪了人对生活的思索。朱自清的《春》，则描绘了花卉争荣、生机勃勃的春天，是赞美、抒唱春的创造力和带给人们以无限希望，从而激励人们在大好春光里辛勤劳作、奋然向前的赞歌。老舍的《济南的冬天》中，那山、那水、那阳光、那白雪……都给人一种美的享受。《山中访友》中，作者借访古桥、树林、山泉、小溪这些自然界的朋友，抒发了对大自然的热爱之情。《钱塘湖春行》、《西江月》、《大自然的语言》引领我们走向美妙的世界，感受四季的交替，顿悟生命真谛；《三峡》、《小石潭记》、《岳阳楼记》、《归园田居》展现山水田园的灵气与大自然的鬼斧神工，诸多入选诗文展现或清朗、或奇伟、或耀艳、或雅致的大自然风物，真可谓“举首处处好景观”啊！这些诗文都是作者对大自然美的独特感受，是作者用绮丽秀美的文字向读者展示的一幅幅绚丽的画卷。教师通过引导，用作者寄寓在意象中的情感激发学生的情感，就能使学生逐渐领悟到自然美的真谛，激发他们热爱大自然的情感，促进其审美情感的生成。

初中阶段不仅是一个学生的学习成绩向何处走的关键时期，也是一个学生将选择什么样的人生的重要时期。针对初中学生的这一极易迷茫、徘徊的特点，帮助学生及早树立正确的积极的人生观、价值观，教材中有大量的作品表现了这一点。

两千多年前孔子的教育名言：见贤思齐焉，见不贤而内自省也；三人行，必有我师焉；己所不欲，勿施于人等，无不体现了立身做人的基本准则。诗歌《在山的那一边》中：诗人用大海比喻理想，用群山比喻重重困难，用爬山比喻艰苦奋斗，意象壮阔，意蕴丰富。由一个山字，从一个意境上升到一个新的意境，给人以深刻的启迪：一个人要想到达理想境界，是要历尽千辛万苦的。唯有不怕困难，百折不挠，才能实现人生理想。《假如生活欺骗了你》是普希金在被沙皇流放的日子里写成的。那时俄国革命如火如荼，诗人却与世隔绝。在这样的处境下，诗人没有丧失希望与斗志，他把对生活的热爱，对理想的执著追求，对未来的希望，都在诗中化成了对人生的一种积极的态度：当生活欺骗了你时，不要悲伤，不要心急；在苦恼之时要善于忍耐，一切都会过去，未来是幸福美好的。生活中不可能没有痛苦和悲伤，欢乐不会永远被忧伤所掩盖，快乐的日子终会到来。并告诉人们，当越过艰难困苦之后再回首那段往事时，那过去的一切便会变得美好起来。这是诗人对人生经验的总结，也是人生的真谛。宗璞的《紫藤萝瀑布》也告诉人们：当遭遇不幸的时候，不能被厄运压倒，要对生命的长久保持坚定的信念。厄运过后，面对新生活，振奋精神，以昂扬的斗志投身到伟大的事业中去。还有刘沙河在《理想》中对理想的哲理思考，美国诗人弗罗斯特借自然界的道路对人生之路的思考等，无不让人对生活、对人生产生无尽的遐思。《走一步，再走一步》告诉我们：无论怎样的危险和困难，只要把它分解开来，分解为一小步一小步，困难就不大了。

《生命　生命》作者呼唤“生命”，表达自己强烈的生命意识和积极的人生态度，愿每个人珍视生命，坚强勇敢，让有限的生命发挥出无限的价值，让人生更有意义，更有光彩。《我的信念》居里夫人把自己的科学事业称为“纯粹研究”，是纯粹为着探讨真理而研究的，丝毫不存名利之想。镭的发现，本可以获得一笔巨大的财富，然而，居里夫妇淡然处之，连申请专利的想法也没有。《第一次真好》告诉学生：“生命中的第一次愈多，生命也就愈多姿多彩。”《人生》则表达了作者对人的生命本质、对人类社会生活的深刻理解，体现了他珍爱生命的情感。《人生寓言》通过白兔和月亮的故事，启迪人们：不配拥有而拥有，就会生出无穷的得失之患，可谓现代版的《塞翁失马》。《荒岛余生》再现了鲁滨逊的创造、进取精神及他创业过程中所折射出来的人类理性思维之光。以上所选课文多在初中语文第一册，可见，培养学生对生命的热爱并提高学生对人生的认识，是初中一年级学生的大事，也是初中一年级语文教学的重任。

《黄河颂》中，黄河一往无前、无坚不摧的气魄；“两弹”元勋的邓稼先一心为国为民的精神和朴实而又伟大的人格力量；中国登山健儿登上地球之巅珠穆朗玛峰，书写世界登山史上的新记录；鲁滨逊战胜困难跨越生死的勇气与智慧；都足以让人佩服。《安塞腰鼓》西北汉子热情奔放的腰鼓表现了生命中奔腾的力量；丑小鸭在别人的歧视和嘲弄下，没有放弃生的意愿和对美的追求，经过种种的挫折和打击之后，终于变成了一只美丽的白天鹅；闻一多先生的言行一致；鲁迅先生对儿时风筝风波的深深自省；“乐圣”贝多芬对不幸命运的顽强抗争，都足以影响一个人的一生。

《珍珠鸟》是人和自然之间爱的颂歌；《马》是对在“无垠的草原上”“自由自在地生活着的马匹”的由衷赞美，对“被人养育”“经过训练”“供人驱使”的马的同情；《童趣》体现了幼年时已有的自发的审美意识和审美情趣等，都是对人性美的体现和歌颂。

情感之美。爱国情，南宋爱国诗人文天祥在不幸被俘的孤独处境中，借《过零丁洋》一诗表明自己以死明志的决心。当代著名的诗人舒婷在她的代表作《祖国啊，亲爱的祖国》中，通过“我是你……”、“我是……”的句式反复，强调“我”和祖国一同走过艰难困苦、一同经历风雨沧桑，“我”和祖国生死相依、血肉相连。“我”的形象，是熔铸在祖国的大形象里的，并承担起为祖国取得“富饶”、“荣光”、“自由”的重任，表达了强烈的爱国之情和历史责任感。《我爱这土地》中，诗人艾青在国难当头之际，坚定地汇入民族解放的洪流中，并成为时代的“吹号者”，他的爱刻骨铭心，至死不渝。莱蒙托夫的《祖国》，写的是平平淡淡最平常的景色，最普通的农家生活，但处处可以感受到诗人对俄罗斯祖国真实、本色、深切的爱。《艰难的国运和雄健的国民》、《土地的誓言》强烈的爱国情感充斥全篇。

思乡情，王湾的《次北固山下》一诗中，旭日东升，春意萌动，诗人放舟于绿水之上。这时候，一群北归的大雁正掠过晴空。诗人想起了“雁足传书”的故事，淡淡的乡思愁绪笼罩全篇。余光中的《乡愁》，诗人借小小的邮票、船票、一方矮矮的坟墓、一湾浅浅的海峡等意象将“我”个人的故乡之思上升到了一群人的家国之思。

真诚的爱情，《关雎》中，写一个男子对一个女子的思念、追求，写他求之不得的痛苦和求而得之的喜悦之情，把人类美好的情感抒发得淋漓尽致。《蒹葭》则表达了诗中主人公心中的那份“朦胧的爱”，展现了爱情中那种“朦胧”、“距离”的美感，真正是“言有尽而意无穷”。

亲情，冰心在《纸船·寄母亲》中，以孩子般的纯洁和天真，从儿童的游戏世界中找到了一个可以寄托对母亲无限恋念的中介物——纸船，并以此展开自己的情思。表达远离家乡的游子对日夜思念的母亲的深情呼唤，是献给亲爱的母亲的一曲深情的颂歌。《金色花》一文让我们感受到母子情深，母子之爱，那么亲昵，那么亲热。为什么孩子那么快乐，那么天真，那么活泼，那么可爱？因为他沐浴着母爱。爱是交流的。小孩子享受着母爱，也想着怎么回报母爱。他想到变成一朵金色花，让妈妈嗅到花香，让妈妈看书不伤眼睛。从孩子对母亲的爱，可以想到母亲对孩子的爱。《爸爸的花儿落了》，主人公经历了那么多人生世事，在爸爸去世之时，终于体会到自己长大了，不再是小孩子了。爸爸的爱使“我”意识到不能懒惰，要处处严格要求自己，为“我”以后的成长上了很好的一课。朱自清的《背影》写的是父子亲情，借助“背影”，将父子间的真挚情感表现得淋漓尽致，感人至深。《风筝》抒发了兄弟情，《散步》中的幸福家庭洋溢着浓浓亲情，《我的母亲》、

《傅雷家书两则》体现了母亲、父亲对孩子的谆谆教导，戏剧《枣儿》，描写了一棵挂满红枣的老树下，一位老人对儿子的思念，一个小男孩对父亲的盼望，浓浓的亲情通过小小枣儿的呼唤，溢于言表。《台阶》一文，从儿子眼中，我们读到了对创业维艰的父亲的无限关怀。

鲁迅先生的《藤野先生》、魏巍的《我的老师》，都抒写了师生情；《故乡》、《社戏》、《羚羊木雕》则体现了友情美。

科学美，《化石吟》让人倾听化石的奇幻神话，探索亿万年前神秘的世界；《看云识天气》教人依不同形态和光彩的云识别天气；《绿色蝈蝈》中，法布尔用一枝笔活灵活现了蝈蝈的家园；《月亮上的足迹》真实呈现了美国宇航员对月球的探索，这些都是科学探索带给人们的精神享受。

教材中还有许多美：《安塞腰鼓》中热情澎湃、震天撼地的鼓声以及《口技》中口技艺人的高超技艺表现的是音乐美；《观舞记》中卡拉玛姐妹以身体、神态、服饰表现的是光艳、曼妙、神韵的舞蹈美；《竹影》中有绘画美；《苏州园林》、《中国石拱桥》、《核舟记》表现的是人类巧夺天工的建筑美、雕刻美……这些美都可以培养学生的审美情感。

另外，语文教材中还有大量的反映社会生活的文学作品，如《一件小事》、《荷花淀》等，都从不同角度表现了不同时代、不同人的思想和生活，从而展示了作者的审美理想，体现了作者对是非、善恶、美丑的评价和爱憎。学习这类课文，可以帮助学生认识社会，辨别美丑，激发他们热爱生活，树立奋发向上的崇高理想的感情。

二、审美情感体现在教材的形式方面

教材形式方面，审美情感主要体现在语言美、构思美、意境美等方面。

语言美。语言是交际的工具，是作家创作的材料，高尔基说：

“语言把我们的一切印象、感情和思想固定下来，它是文学的基本材料。文学就是用语言来表达的造型艺术。”可见，美的语言就是语文审美情感的立足点。这种语言的理解、分析，不仅要从认知学习的角度去体会，而且要从审美的角度、即情感的角度去感知。如郭沫若《雷电颂》，通篇运用拟人、呼告的修辞手法：“风，你咆哮吧！咆哮吧！”“你们风，你们雷，你们电”，“啊，电！你这宇宙中最犀利的剑呀！”，等等，这些语句，热切地呼告和歌颂风、雷、电；而“你，你东君，你是什么个东君”等语句，无比愤怒地斥责恶神。这样，增强了语句的气势，直接有力地表达了作者的爱憎之情。另外，反复、排比等方法的运用，既有诗的形式美，回环往复，荡气回肠，也增强了整个独白的抒情效果，有力地表达了作者的爱憎之情。余秋雨的《信客》，语言美的表现一是质朴而典雅。如“他读过私塾，年长后外出闯码头，碰了几次壁，穷愁潦倒，无以为生，回来做了信客”中就兼有质朴与典雅的特点。文中典雅的词语随处可见，如“破烂灰黯”、“风尘苦旅”、“感叹唏嘘”、“劲厉的山风”、“满脸戚容”、“猝然昏厥”、“无穷的幽怨和紧迫的告急”、“破碎和焦灼的心”、“满纸幽怨”、“此公”、“赋闲在家”、“身体不济，恕难从命”、“绘声绘色，效果奇佳”、“深察世故人情”、“属于上乘”，等等。

构思美。即审美情感的另一种表现形式。初中语文教材中很多名篇佳作，在构思上各有千秋：点染烘托，曲折多变，大开大阖；出人意料之外又在情理之中；围绕中心，一步一步，严密谨慎。例如朱自清的《背影》无论记人、叙事、抒情都十分平实，在平实当中蕴藏着极为精巧的构思。父亲的背影是全文描写的焦点，为此，作者前后安排了许多巧妙的衬托与铺垫。文章开头写父子一同回家奔丧，从表面上看似乎只是为了交代事情的开端，和背影没有什么直接关系。其实不然，这个开头为整个作品设置了暗淡的气氛，悲凉的环境，父亲的背影就是在这样的环境气氛中出现的，这暗淡的气氛，悲凉的环境，与父亲对儿子满腔的温情形成对照，显示出父爱的崇高。父亲当时正处于丧亲、失业、典卖、借钱这样“祸不单行”的境遇中，然而，即使在这惨淡的光景中，父亲并不怨天尤人，一如既往地爱护着自己的儿子，为儿子做了一件又一件的事情：送儿子上火车；爬过铁道去买橘子。在父亲的心目中，这些事都是非他亲自去做不可的，而且做得那么认真、自然，又那样甘之如饴。比如过铁道“他用两手攀着上面，两脚再向上缩；他肥胖的身子向左微倾，显出努力的样子”。只描写攀爬的起始动作，不再写下去，在这特写中，定格了父亲的背影，格外感人：“我的泪很快地流下来了”。然而父亲做完之后，“扑扑衣上的泥土，心里很轻松似的”。父亲送儿子上车站一段，父亲考虑再三，觉得非亲自送儿子不可；儿子却不以为然，觉得自己“已二十岁，北京已来往过两三次，是没有什么要紧的了”，并没有懂得父亲的心思。所以，父亲和脚夫讲价钱，儿子“总觉他说话不大漂亮”；父亲嘱托车上的茶房，儿子又暗笑他的“迂”。父亲饱经世事，比儿子更清楚“他们只认得钱，托他们真是白托”，但知不可为而为之，正是爱子心切的缘故。然而儿子却为父亲的举动心生怨气。至分手后，伫望着离去的父亲：“等他的背影混入来来往往的人里，再找不着了，我便进来坐下，我的眼泪又来了。”这一次对背影的定格，包含无尽的牵挂。父亲晚年，境况不好，不能像过去那样为儿子奔走操劳，但他那颗疼爱、关心儿子的心并没有变，“只是惦记着我，惦记着我的儿子”。末段回顾父亲这些年来的境遇，回顾这些年来的父子关系，最后又落脚到背影上来，与开头呼应：“在晶莹的泪光中，又看见那肥胖的、青布棉袍黑布马褂的背影”，像一尊塑像似地矗立起来，完成了形象的定格。文章在构思上着眼写最动情的细节，突出最动情的瞬间。这个背影，寄托了儿子对父亲深沉的思念。

意境美。即因情感而生发的美的境界。罗丹说：“艺术就是感情。”王国维认为：“词以境界为最上，有境界则自成高格，自有名句。”所谓意境美就是情和景的和谐，意和境的统一，也就是作者所写的对象和思想感情融为一体而产生的一种艺术境界。一切优秀的文学作品不仅要有优美动人、和谐完整的艺术形式，还要有丰富而深刻的思想内涵，读后使人振奋、深思，更加热爱真善美，憎恶假丑恶。如马致远的《天净沙·秋思》一诗，“枯藤老树昏鸦，小桥流水人家，古道西风瘦马。夕阳西下，断肠人在天涯”诗人一口气借十种景物，描绘了一副荒凉孤寂的画面，但末一句“断肠人在天涯”，就把整个意境点染出来了，此前的十种景物都因影射了“断肠人”的主观情感而成为意象。至此，景和情和谐，意和境统一。又如杜甫的《登高》，前两联“风急天高猿啸哀，渚清沙白鸟飞回。无边落木萧萧下，不尽长江滚滚来。”写登高见闻，涉及秋的形、声、色、态、神，渲染了秋的沉郁悲凉，不由人生出韶光易逝，壮志难酬之感。为后两联直接抒情作了铺垫，“万里悲秋常作客，百年多病独登台。艰难苦恨繁霜鬓，潦倒新停浊酒杯。”沦落他乡，年老多病，艰难潦倒，国难家愁，悲愁难以排遣。诗作借景抒情，情景交融，意境壮阔沉郁。

第四节　审美情感培养目标与措施

根据上文中对初中学生的审美情感情况的调查问卷的分析，我们发现，目前在校的初中学生在情感、态度、价值观上存在这样的几个问题：审美情感认识趋于表面；学习态度不够端正；人生观、价值观片面消极。对于这些问题，我们的初中语文教材又为其审美情感的培养以及树立正确的人生观价值观提供了可能，那么，我们就应该在语文教育教学的过程中，结合初中学生身心发展的特点，找对找准方向，培养学生的审美情感，帮助其树立正确的人生观价值观。

首先，初中生的生理发育十分迅速，在2—3年内就能完成身体各方面的生长发育并达到成熟水平，但其心理发展的速度相对缓慢，心理水平尚处于从幼稚向成熟发展的过渡时期。这样，初中生的身心就处在一种非平衡状态，容易引起种种心理发展上的矛盾。这些矛盾主要表现为强烈的成人感和独立意识，渴望获得成功的体验，渴望得到他人的认可、赞赏和鼓励。同时，开始追求自己外在的形象，有强烈的对“美”的追求。

其次，初中生的思维品质中也显示出明显的矛盾性，主要表现为有强烈的求知欲望和探索精神。他们兴趣广泛，思想活跃、敏感，表现出强烈的创造欲望。在教学活动中能够表现出极高的创作热情。这种创造欲望，主要来自于他们心理上强烈的成人感及高涨的自我意识。他们要摆脱过去那种“被动接受”式的学习以证实及展示自己的能力和才华。再者，初中生思维的片面性与表面性依然存在，不能全面、辨证地分析问题，解决问题，在分析问题解决问题时常被事物的个别特征或外部表象所困扰。

另外，初中学生已经意识到自己是一个“大人”了，很看重情感，也容易动感情。于是他们积极要求参加到成人的行列中，对很多活动都表现出极大的热情。高兴时欢快跳跃，不高兴时怒气冲天。因此，初中生的情绪状态比较多地处于一种兴奋状态中，很容易冲动。情感的外部表现比较明显，而且带有明确的两极性。初中生的情绪情感既有强烈粗犷的一面，又有温柔细腻的一面；有高亢激情的一面，也有平和含蓄的一面；有善良爱心的一面，也有冷漠麻木的一面。虽然从外部表现看，初中生的情感尚未成熟，但他们情感的内容比起小学生则是丰富多彩，情感体验也日渐深刻。有一定的自控力，是中学生出现了小学生少有的外向情感与内心体验不一致的表现。也就在这个过程中，他们的高级情感在日渐形成和发展，不过尚未占据主导地位。

初中生的情感，充满了热情、朝气和明显的两极性，而且自控力相对高中生要差些。对于初中生这些特点，在实施情感教育时，教师要注意从认识入手，帮助学生提高对自身情感发展特点的认识。正确认识人生，正确认识挫折和不良情绪的危害。要关心、爱护、尊重学生的情感。不要轻易地用不良言语去刺激他们。当他们出现与异性之间不正常交往现象时，教师要正确对待，循循善诱。不要讽刺挖苦，而要以心换心，以情换情。要教给学生调控不良情绪的技巧和方法，以促进情感更加成熟。

鉴于初中学生身心发展上存在的这些特点，我们在审美情感教学过程中，就要抓住这些特点进行培养。

一要发展并完善学生的审美认知结构。审美分析认知结构作为审美心理机制的认知机制，主要负责审美信息的加工分析过程。其主要成分包括审美认知、审美认知策略等。其中很多审美认知成分都是后天学来的。这就要求我们在日常的语文教学活动中，针对初中学生身心特点而导致的一些审美认知结构上存在的问题，通过有目的、有计划、有组织的训练，有针对性地影响改善学生的审美认知结构，完善他们的审美认知结构。从而使学生达到从一般情感向审美情感的转化。审美离不开美的事物，对美的形象性把握，又确实总是离不开"直觉"或"直观"感受。但仅仅停留在直观上是远远不够的。因为，对美的认识有一个从形式到内容、从现象到本质的转化过程，审美情感素养的转化和培养也是如此。

二要丰富学生的审美情感。在学生的生活、学习中，他们能实现从一般情感向审美情感的发展转化时，我们在语文教学中，就要想办法尽可能丰富学生的审美情感。即除了挖掘教材中的审美形象以外，还要培养学生对抽象出来的形象深层次意义的认识。以达到对形象和抽象的统一认知，最终促进学生审美情感的全面形成和发展。

三要帮助学生形成审美价值观。学生审美价值观的形成是语文教学审美情感教育教学的最高境界，也是实现新的课程标准中对情感态度价值观所要求的最好结果，这也是社会的需要。学生审美价值观的形成将直接影响学生审美认知结构的形成，影响学生对事物、社会、人生的一般情感的产生，也将深深地影响学生情感从一般情感向审美情感的转化。而学生审美价值观的形成又是一个从低层次向高层次渐进的过程，首先是形成正确的审美认知结构，形成健康积极的一般情感，才会有审美情感的产生，也才有可能实现审美价值观的形成。这就要求我们的教师在一节节的看似普通的教学过程中，通过不断地熏陶，不断地渗透，最终潜移默化，养成学生的审美情感，帮助学生形成审美价值观。

审美情感教育的具体实施要从教师、学生两方面入手。

一、语文教师的审美情感素养

语文教师的审美情感素养，是语文教师独特的魅力表现，对语文教学具有重要的意义，这就要求每一位语文教师努力提高自己的审美情感素养，以达到以己之真启学生之真，以己之美展语文教学之美的目的。

语文教师只有拥有健康丰富的审美情感，才能感知欣赏到文章中春的妩媚，夏的艳丽。才能缩短自己与作品的距离，面对面与作者的思想情感沟通，一颗心随着作者感情的起伏而起伏，从切入到共鸣，并准确地将其传递给学生，使学生产生不可言喻的美感，从而触动学生的心弦，使之在“想象里渗透一种内在的欣喜和满足”（爱迪生），使学生感到学习语文是一种美的享受。由此看来，做一名合格的语文教师，就应该做到以下几点。

建立审美型师生关系。审美型师生关系，是指在共同的教学过程中，教师和学生通过相互影响而形成及建立起来的一种达到了美的境界的特殊人际关系。易言之，审美型师生关系是将师生双方——教师和学生转化为彼此的审美对象，把整个师生交往过程转化为美的创造表现和欣赏的过程，也即实现立美和审美的统一。审美型师生关系也是发挥审美活动的独特功能，以审美为纽带，以情感迁移为动力，使整个教学过程对学生充满吸引力，使其全身心投入审美学习中，在一种美的欣赏和美的愉悦的心境中完成学习。

审美型师生关系是把教师的教和学生的学作为审美对象，清楚认识到教学美是一种特殊形态的美，因而把教学过程和审美过程有机地结合起来，让学生在美的享受中获得知识、完善人格。审美型师生关系是一种特殊的美的关系，它具有和谐、个性、自由、超越等特性。

审美型师生关系是语文教师审美情感素养养成的基础，师生之间建立了和谐的审美关系，就预示着双方在审美情感的认识上达成了共识，这就给审美情感的培养创造了良好的条件。它可以激发学生的学习积极性，提高学生的学习效率，陶冶学生的情操，引领学生的生活态度，促进学生审美情感的生成、审美人格的养成。也为教师及时发现欣赏学生的“美”创造了机会。最终为培养学生正确的情感、态度、价值观打下坚实的基础。

转变教育教学观念。语文教师审美情感素养的养成，与语文教师教育教学观念的转变有很大的关系。《全日制义务教育语文课程标准》（实验稿）中明确指出：“工具性与人文性的统一，是语文课程的基本特点。”并且提出从“知识和能力”、“过程和方法”、“情感态度和价值观”三个方面出发设计课程目标。诚然，工具性是语文教学的本体特性，即讲授、研究语言和文字，应是语文学科的基本内涵。但是，长期以来，由于受应试教育的影响，我们的语文教师们几乎把语文教学完全当成了工具性学科，提起语文，就是字、词、句、段、篇的问答练习，把语文教材中所选的优美的经典的文章肢解，搞得老师教得无趣，学生学得没劲，这是一种不正常的现象。所以我们的语文教学一定要做到工具性和人文性的统一，既要让学生掌握必要的语文知识，更要让学生在语文学习中体味古今中外的优秀文章，从中汲取精神营养，实现审美情感的生成和发展。

教师审美情感素养的养成与教师思想素养的高低有很大的关系，甚至是决定性的关系。而教师的教育理念、教学思想又不是从天上掉下来的，也不仅仅是从书本上读来的，更不是他们头脑中固有的，而是从他们一天天的教育生活、教育实践、教育反思与研究、教育良知和教育责任、教育梦想与教育追求中来。应试、功利、分数崇拜、知识授受主义，折磨着教师的意志，讥讽着教师的良知，压抑着教师的创造情怀。使为数相当的教师出现“职业倦怠”，浮躁不安。因为，做一个有思想的教师，需要心中有梦想，胸中怀信念，需要与现实和困境抗争，需要坚守教育的良知和底线，思想是行动的指南。一个人思想有多远，就能走多远！一个有思想的教师，不会照本宣科，不会按部就班，不会人云亦云，不会甘愿当“传声筒”，不会心安理得教给学生“一碗水”，不会满足于替教参编写者教书而忘却了自己才是真正的教育家。

要保持对教师职业的热爱。“当一名语文教师首先对所从事的语文教育事业要满腔热情满腔爱。宋代大词人辛弃疾在《贺新郎》词里说得好：‘我见青山多妩媚，料青山见我亦如是。情与貌，略相似。’语文教师和语文教育知交、知心、知己，心心相印，课堂里就会产生教育的能量，给学生以温暖。如果对语文缺少情感，冷淡、冷漠，做一天和尚撞一天钟，教学中就不可能激发学生的学习热情，更谈不到有共振效应。”① 可见，要当一名受学生欢迎的合格的语文教师，首先就是对语文教师职业的尽职尽责，充满情感。

教师要对教学不断地反思研究。一名语文教师要真正走向成熟，就需要经常反思自己的教学，并在反思中研究哪方面做得效果显著，哪方面下一次怎么做，效果会更好。正如孔子所说“吾日三省吾身”，将那些反思研究一天天地积累下来，总结出来，不断地取其精华，去其糟粕，在扬弃中使自己的教学思想一天天走向成熟。正如布迪厄说的那样，反思就是把自己的实践活动当成自己的观察对象，让实践者成为自己行为的观察者，并让“观察者的位置同样面对批判性分析，尽管这些批判性分析原本是针对手头被建构的对象的”②。对教师而言，这种反思性的批判是建立在对学生全面理解的基础之上的，也是建立在对自己教育行为进行改善的基础之上的，而这正是我们教师专业成长所期待的。

---

① 于漪：《钟情　倾心　精神家园》，《中学语文教学参考》2005 年第 1、2 期合刊。

② 皮埃尔·布迪厄、华康德著，李康、李猛译：《实践与反思——反思社会学导引》，中央编译出版社 2004 年版。

据有关部门调查，六年来我国国民图书阅读率持续走低：1999年为60.4%，2001年为54.2%，2003年为51.7%，而2005年为48.7%，首次低于50%。造成图书阅读率持续走低的原因是多方面的。识字的人为什么不读书？中年人多数说“没时间”，青年人多数说“不习惯”，还有人说“买不起”、“没地方借”。与图书阅读率走低相反，网上阅读率正在迅速增长：1999年为3.7%，2003年为18.3%，2005年为27.8%（2004高考作文材料）。

读书是教师专业成长的重要动力。读书是教师在新课改形势下，能取得长足发展的基本保证。可从现实来看，许多教师在长期的“应试”模式下，已变得不太善于读书、学习、思考了，一些教师对身边的人和事，也丧失了新鲜感，这是一个人生命活力和创造力匮乏的重要原因和主要表现。而勤于读书和善于学习，正是教师重新激荡起生命激情、学会创造，从而完善自我素养、提升生命质量的重要方式之一，也是教师再一次找到并实现教育梦想的另一个制胜“高地”。朱永新教授曾经感慨：在学校这样的环境中，教师与图书就是最重要的部分。学校给大家提供了一个读书的空间，一个学生在教师的指导下读书的空间，而学生读书的兴趣与水平又直接受教师的读书兴趣与水平的影响。因此，教师的读书不仅是学生读书的前提，而且是整个教育的前提基础。读书让教师在课堂上总是思接千载、神采飞扬。所以，教师读书，丰富自己，提高自己，完善自己，继而影响学生，让学生在耳濡目染中得到熏陶，养成爱读书的好习惯。

科学的理论是教育教学实践的指导。科学的理论是实践经验的总结和理性思考的智慧结晶。语文教师自觉、系统地学习美学、审美教育理论知识等，不仅可以提高完善自身的审美素养，而且可以使语文审美教育的品位实现自觉性、主动性和创造性，使语文教学达到良好的效果。

美学是实现语文审美教育最基本的理论基础之一。一个人对美学理论的了解和掌握情况，直接关系到他的审美修养水平。如果语文教师具备丰富的美学理论知识，那么他就善于感知、鉴赏语文中的各种美，在平淡处挖掘美的真谛，而且善于适时把这种语文美传递给学生。如果语文教师懂一些美学基本知识，比如了解一些线条、色彩、声音的审美特征，掌握一点比例、均衡、节奏的特点，那么他就容易从审美的角度去分析把握审美对象，提高自己的审美修养，从而自如地进行语文审美教育活动。

有专家认为，审美教育是美的规律在教育领域中的实际应用，与美学理论相比较，审美教育理论与语文审美教育有着更为直接、紧密的联系。语文教师只有掌握审美教育的理论知识，懂得审美教育的性质和特点，懂得审美教育在全面发展教育中的地位和功能，及审美教育实施的一般原则、方法和途径，才能在语文审美教育的各个环节发挥其主导作用。因此，在系统掌握美学理论的同时，重点学习审美教育理论知识，对提高语文教师审美素养有着更为迫切、更为重要的意义。

语文教学具有冶情励志的情感因素，情感是文章的主旨。刘勰《文心雕龙》“夫缀文者，情动而辞发；观文者，披文以入情。”语文学科内容的情感性要求语文教师教学语言要具有情感性，要把情感贯穿于语文教学的始终。关于语文学习的情感性，苏联教育学家苏霍姆林斯基说：“孩子们不仅用理智，而且用心灵感知周围世界，他们深深感到词语的感情色彩，词语似乎变成了点燃思维火药的火花。在语文课上，孩子们不只是听，而且用感官去感知词语。如晚霞、夏日黄昏、繁星闪烁……我感到我的工作中最幸福的时刻，就是充满了丰富的思想和创造精神的那些时刻，是词和思想在孩子的心灵中汇合成湍急的洪流的那些时刻。”

语言素养是教育工作者的重要素养，是教师借以传播知识和影响成就学生的主要手段。教师的语言应做到文明、明白、文雅、生动、优美、富于情感等，但是，面对中学生，特别是语文教师，在做到文明、明白、文雅、生动、优美之外，更应该注意语言的情感魅力。

教师的语言是人类最美的语言。教师的语言是教师审美情感素养的真实体现。特别是对享有世界最有魅力的语言的语文教师的审美情感素养的大检阅：抑扬顿挫的节奏美，诙谐幽默的机智美，声情并茂的情感美，逻辑严密的理性美，启迪心灵的道德美。语气平和的稳重美，语气温和的耐心美。优美的语言是给学生最美的教育享受。

有人认为，教师的语言是一种技术，更是一种艺术，清新优雅、音韵和谐、绚丽飘逸、亲切柔和……教师的语言是一种知识，更是一种思想，豪放旷达、沉郁顿挫、质朴自然、慷慨悲壮……言语交流是师生互动的基本方式，语文教学中，教师的语言不仅具有教育功能，还有激发学生产生审美情感的功能。生动的语言，能激起学生的兴趣；准确的语言，能激发学生的求知欲；理性的合乎逻辑的充满激情的语言，能启迪学生的智慧，陶冶学生的心灵。讲授中语句的停顿能提醒学生注意，语言的渲染可调动学生的情绪丰富学生的情感；明显的疑问语气好像在告诉学生“请动脑筋想一想”，有意识地放慢语速意思是说“这里是重点，请同学们千万别错过”。寓情于理和寓理于情的语言，能解开学生的千千心结；有条有理的语言，能解除学生的重重疑惑。用语言去启蒙，用语言去启智；用语言去激励，用语言去引领；用语言去赞美，用语言去督促。可见，语文教师的语言是实现审美情感教育的基本途径。

因此，语文教师的语言显得尤为重要，教学中教师的语言首先是要准确、明了、有逻辑性，其次是要富有感情，有感染力，另外要富有个性，体现自己的独特风采。

教育是一种需要信念的活动，因为教育的对象是学生。教师的信念是教育场景中应该坚守的基本教育理念。教师的信念蕴涵着教师的理想、教师的激情，还包含着教师的责任真情、坚持不懈与持之以恒。

美国教育家杜威从 1896 年创建他的芝加哥实验学校开始，就一直坚守着他的五大教育理念：教育即生活；教育即生长；教育即经验的不断改造或改组；学校即社会；从做中学。应该说，无论是一位大家的教育信念，还是一个普通教师的信念，大抵都内在地蕴涵着对教育的理解，对学生及其发展的理解。就当前我国基础教育的现实来看，无论目前中学语文教学中存在什么样的问题，关键是作为一名教师，即便普普通通的一名中学语文教师，也有责任有义务自觉地学习，不断反思自己的教学，在反思中追求进步，而不要总是怨天尤人，其实，鲁迅先生早就说过：世上本没有路，走的人多了，也便成了路。回望我们的中学语文教师，走出自己的风采的人也比比皆是。可见信念素养对一名合格的中学语文教师的成长举足轻重。

二、学生审美情感素养的培养

一般情感是表层的，而审美情感是深层的，这是因为一般情感偏重于对作者所创造的美的表面意义的体会、理解，而审美情感则偏重于对学生内在美的激发，以此来唤起他们对美的创造。白居易认为“感人心者，莫先乎情”，是说没有情感这个品质，任何笔调都不可能真正打动人心。因此，审美始终是伴随情感的一种活动，而情感也是始终伴随审美的一种活动。

语文教师在语文教学中，有意识地把学生带入大自然和生活中那有声有色、变幻无穷的广阔世界中，形象地、情感地，润物细无声地对学生产生影响，引起他们情感的共鸣，而一个审美情感丰富的人，就比较容易达到这一境界，因为他们懂得美，能有意识地为愉悦身心、净化心灵而创造情境。要撒播阳光到别人心中，总得自己心里有太阳，学生情感的弦被拨动了，就会自觉地纳入学习轨道，而长期的情感熏陶，是能够丰富学生的审美情感的。

审美情感培养固然可以使人得到愉悦，但更重要的是净化人的心灵，培养正确的人生态度和积极的价值观。这一理想要贯穿在日常的语文教学及审美活动中。

把语文学习变成审美体验。

语文教学中，要想真正激起学生的情感，使他们通过对文章的品读，达到审美情感的状态，那么，首先要从唤起学生学习语文的兴趣入手，而实现这一愿望，那就从改变课堂的教学模式，改变学生在课堂的主体地位开始。即还课堂给学生，让学生做课堂的主人，做分析品味文章的主人。只有这样，学习才会变成一种审美的过程，学生对文章的学习从一般情感上升到审美情感的飞跃才可能实现，因为这时他们有了真正的审美意识和审美体验。

兴趣是一个人走向成功的最好的老师，也是唤醒学生自我学习意识、自我体验意识的良师益友。学生有了学习的乐趣，这时，学习就是一种自觉体验完成的过程，而自觉体验本身就是一种审美的过程。这就是说，把学习变成一种审美体验，那么我们的语文教学可能就不会有如今众多的尴尬，就不会有众多学生对语文学习“无觉”了。

把语文学习变成审美体验，那就是让学生真正成为课堂的主体。为此，笔者特别进行了一个学期的尝试，其结果是令人震惊而欣喜的。每节课上课前，我先确定本课时的学习目标，一般一到五个，根据课文的难度和目标的难度系数，目标及目标数目不等，例如教学《蚂蚁》、《我若为王》、《听听那冷雨》等文章，学生容易理解，一课时可以完成，我就确定五个目标。一般是：①积累生、难字词；②探讨本文主旨；③作者是如何实现主旨的表达的；④本文的“亮点”；⑤写作启示。目标确定后，学生在了解目标预习的基础上，以4人为一组，进行讨论，互相补充，总结生、难字词，写到作业本上，对文章的主旨及作者是如何实现主旨的表达，则通过讨论，写在一张纸上，最后由小组各派一名代表把所写内容放到投影仪上，显示给所有的同学，然后进行讲解，另外的小组会针对发言学生提出自己相应的不同意见和建议，这时，另外的小组会针对两个小组的发言再进行争辩、补充、总结。一般情况下，三个小组下来，问题基本就解决了。特别是对文章的“亮点”，学生的理解和扩展有时真让我刮目相看。学习《蚂蚁》一文时，学生仿照

“说一只蚂蚁畏畏缩缩地爬上了我的书桌，如同一个成功的偷渡者。”写出这样的句子“说一只蚊子肆无忌惮地叮住了我的手背，如同一个得意的小人。”学习《我若为王》学生仿照文末体现作者思想核心的句子“我若为王，将终于不能为王，却也真地为古今中外最大的王了。”表达了这样的认识“假如我是林黛玉，我将终于不能成为林黛玉，却也真地成为古今中外最美的林妹妹了。”学习《听听那冷雨》，仿照“大陆上的秋天，无论是疏雨滴梧桐，或是骤雨打荷叶……”学生这样写“北方的冬天，无论是密雪舞琼枝，或是寒冰卧瘦水……”“江南的春天，无论是黄鹂鸣翠柳，或是细雨绿荷塘……”

常常，我会感叹，谁说我们的语文教学是“误尽苍生”，谁说语文是橡皮课，谁又能说语文给予学生的不是人类最高的智慧呢?只是我们太自以为是，太不相信我们的孩子，太固步自封了。

是的，这样的改革在一开始时是有难度的，很多学生不够大胆，只怕讲错，但是，一旦还给孩子课堂“发表”的权利，他们就是无畏的牛犊，敢冲敢闯，敢越雷池，真是不拘一格，各抒己见。而这，正是我们寻寻觅觅反反复复研究的审美体验，也正是我们一再探讨而又不得其真知的审美情感的真实再现。

诚然，有些难懂的文章，学生在理解上还是存在着一定的困难，但是有一点是可以肯定的，即便每一节课只解决一个问题，如《紫藤萝瀑布》一文中，语言美在哪儿?学生可能回答不全，但他们很容易就把握了“每一朵盛开的花就象一个小小的张满的白帆，帆下带着尖底的舱，船舱鼓鼓的；又象一个忍俊不禁的笑容，就要绽开似的。”“这里除了光彩，还有淡淡的芳香，香气似乎也是浅紫色的，梦幻一般轻轻地笼罩着我。”等比喻修辞带来的语言美。至于通感，学生从来没有接触，不会是自然了。但学生自己真正动起来了，他们思考了，讨论了，总结了。这不能不说也是一种审美的体现，也是一种审美情感的体现，而这种体验一旦加入了教师适时的讲解，那么这种知识才真正融会贯通，实现了真正的审美体验和审美情感的产生。因为，还课堂给学生，使学生成为学习的主体，而学习主体的趋美冲动，必然要求在学习活动中得到充分的发挥和满足，也就是强烈的求知欲望，强烈的审美趋向，而这正是实现审美情感的基础。

高尔基曾经说过，想象是创造形象的文学技巧中最重要的方法之一。任何一篇文章都是作者在观察现实生活的基础上进行思考、想象、加工、提炼的结果。李清照《如梦令》："昨夜雨疏风骤，浓睡不消残酒。试问卷帘人，却道海棠依旧，知否？知否？应是绿肥红瘦。"其中，"应是"就表明诗中所述"绿肥红瘦"并不是作者亲眼所见，而是作者想象的情形，而联想和想象的产生，本就是一种审美情感产生的过程和体现。

在阅读时，为了使学生的情感从一般情感上升到审美情感，教师要有意识地引导学生进行联想和想象，从而使学生耳濡目染潜移默化地受到熏陶感染。叶圣陶先生认为，我们鉴赏文艺最大的目的就是学习美的经验，而要达到这个目的，必须驱遣我们的联想和想象。读者和作者就像站在一座桥的两头，只有跨越了这座桥，读者才能和作者会面，才能和作者的心灵相契合。而这座桥正是用联想和想象搭建而成的。可见，没有联想和想象，就不能完整把握作品中的形象，进入作者所创造的美的情境，与作者交流，与作品中的人物交流，与自己的阅读生活所得交流。使学生的思想在美的世界遨游，学生才会获得美的体验，才能激起学生的情感共鸣。陆机在《文赋》中说，当人进入到联想与想象中时，便"情曈昽而弥鲜，物昭晰而互进"。这时，众多的形象纷至沓来，空虚的、具体的、无形的、有形的、寡情的、多情的，通过想象活动，把自己的情感熔铸到外物中去，从而加深对外物的认识与理解，也加强着审美感受，形成对作品的情感共鸣。一般情感要是始终伴随着联想与想象，那么也就促进了审美情感的产生。

从审美心理学的角度讲，想象是审美情感的形象外化。如果不能再现作者作品的艺术想象，就难以感受到作者作品的审美情感。

而想象的实现，需要借助作品中人物的语言、动作、外貌、神态等进行心理想象；借助通感、拟人等修辞进行比较想象；借助虚实相生等表达技巧进行扩充想象。

心理想象是借助作品中人物的语言、动作、外貌、神态等描写揣摩人物心理世界的想象能力。如小说《武松打虎》中的一段描写：说时迟，那时快，武松见大虫扑来，只一闪，闪在大虫背后。那大虫背后看人最难，便把前爪搭在地下，把腰胯一掀，掀将起来。武松只一躲，躲在一边。大虫见掀他不着，吼一声，却似半天里起了霹雳，振得那山冈也动；把这铁棒也似虎尾倒竖起来，只一剪。武松却又闪在一边……其中大虫“一扑，一掀，一剪”，就在告诉读者老虎的凶猛，形势的威急，武松“只一闪，只一躲，又闪在一边”的动作神态描写，学生只有通过心理想象，才能深刻理解武松此时复杂的心情：一个人，一根梢棒，一只猛虎，怎么办？机警敏捷地回旋，等待时机，武松超于一般大汉神威的英雄形象就鲜明地呈现出来了。《孔乙己》一文中，孔乙己“是站着喝酒而穿长衫的唯一的人”“长衫又脏又破，似乎十多年没有补，也没有洗”“你怎么这样凭空污人清白”“他从破衣袋摸出四文钱”……这一系列外貌、语言、动作描写，写出了孔乙己的贫穷、迂腐等，但学生通过心理想象，就会发现，鲁迅先生塑造这样的一个处处被人嘲讽的孔乙己，最终的意义在于告诉人们，谁才是最该可笑的！

比较想象是指借助通感、拟人等修辞进行的想象。通感是一种感觉上的转移，即用另外的一种感觉来比喻现实感觉的一种修辞方法。使人通过对两种感觉的比较，更具体形象地体味现实感官的感觉，产生一种心灵的震动和想象，从而获得一种审美体验。如《紫藤萝瀑布》中“这里除了光彩，还有淡淡的芳香，香气似乎也是浅紫色的，梦幻一般轻轻地笼罩着我。”作者化嗅觉为视觉，通过比较，读者体会出了紫藤萝香的清淡、隐隐约约、若有若无。又如《蚂蚁》中，作者把“蚂蚁”和“畏畏缩缩”“偷渡者”联系起来，借助“畏畏缩缩”这种人的心理活动和“偷渡”这种人的行为，把蚂蚁爬上书桌时的动作神态活灵活现地表现出来了。这一过程让我们充分地联想和想象，获得审美体验，产生审美情感，准确地理解了句子的含义。如《我的空中楼阁》中“使小屋显得含蓄而有风度”，通过对小屋和“含蓄而有风度”的人的比较，我们不难体会小屋高雅深沉的绅士形象。正是感觉、形象的比较，让我们充分地联想和想象，获得审美体验，产生审美情感，准确地理解了句子的含义。

扩充想象是借助虚实相生等表达技巧进行的想象。如王之涣的《登鹳鹊楼》“白日依山尽，黄河入海流。欲穷千里目，更上一层楼”一诗，诗人在诗中写落日时分黄河的壮观景象，初读似乎没有人的踪迹，但借助诗中实写之景，认真品读“欲穷千里目，更上一层楼”两句诗，不难感觉处处有人的思想和动作。一种上升到人生哲理高度的思想。要想达到更高的境界，就需付出更多的努力。又如“松下问童子，言师采药去。只在此山中，云深不知处”一诗。实写诗人和童子的对话，师父什么样似乎没有涉及，但通过“只在此山中，云深不知处”两句，可以扩充想象这是一位隐士，一位生活在高山云海、山涧小溪旁的隐士。又如断臂的维纳斯，她的美恰恰就在于缺失了两条胳膊，因为这断臂给读者以无限的想象和联想。而这些作品成功之处，都在于以实写虚，化虚为实，虚实相生。

中国人说话“语贵含蓄”、“言不尽人意”，这就给读者留下了许多“空白”，读者可以通过扩充想象去创造，去“填空”，寻出更多的美来。当然，这样的想象并不是“空中楼阁”，它要按照意象寄托情感的轨迹，在具体的情境内去想象，即在一般情感的基础上去扩充想象。由此，教学中重点要从语言着手去引导学生寻找意象，体悟情感。如宋代爱国诗人陆游《十一月四日风雨大作》中的两句诗：“夜阑卧听风吹雨，铁马冰河入梦来”，诗人巧借“风雨”抒情，把现实与梦境自然地联系起来。这大作的“风雨”之声进入诗人的梦境后，幻化成了沙场上疾如骤雨的“得得”马蹄声，诗人正率领骠勇的骑兵，跨过冰河，在中原大地上与金人血战！“风雨大作”的自然界经扩充想象，转化为“铁马冰河”的意境，形象再现了诗人“僵卧孤村”而壮心不已的内心世界，深刻表达了诗人深深的爱国情感。扩充想象可以激发学生的情感，通过自己的想象去领悟，体验诗文博大精深的内容，从而培养其审美情感。

鼓励学生表达真情实感。无论是书面表述，还是口头表达，教师都要引导学生表达实感，抒发真情。这在中国近代的新文化运动时期，鲁迅先生就曾经有过这样的表白：我们要说现代的，自己的话，用活着的白话，将自己的思想、感情直白地说出来……真自然是不容易的……只有真的声音，才能感动中国的人和世界的人；必须有了真的声音，才能和世界的认同在世界上生活。（《三闲集·无声的中国》）北师大王富仁教授说：只有真实的表达才有健全的人格。特级教师于漪也呼吁：作文教学中要摒弃单纯讲求技术、急功近利等做法，要鼓励学生抒发真情实感，让学生在作文的过程中学会做人。当前中学阶段的作文教学现状不尽如人意，突出的佳作并不多见，在应试教育的压力之下，教师“照着教学法办事，做得冷冰冰，干巴巴的”。学生的作文普遍失去了自己本身独特的情感感受，却形成了几乎千篇一律的固定模式，有的辞藻华丽，但给人的感觉是“戴着镣铐在跳舞”，如果教师一味地讲所谓的作文技法，任凭学生作文中空话、套话、谎话泛滥，这必将使学生的人格失范，用钱理群先生的话说是培养“奴才”，这与我们的培养目标是背道而驰的。

写作要写真话，抒真情，那么学生就必须从对自己的生活有所观察有所感动做起。如果对生活中那些让人感动的事情一一视而不见，那么感动将无从谈起，对生活、对自己、对人生的反思也将无从谈起，作文时写自己的生活也将是不可能的。苏轼诗言，横看成岭侧成峰，远近高低各不同，是观察所致。一千个读者就有一千个哈姆莱特，也是观察所致。可见，观察是思考的开始，是一个人认识事物思考事物的开始。也将是一个人反思自己，认识人生、社会的开始，而这其间，其实就是一种审美体验，一种审美情感的形成。

一次作文，材料是这样一则故事：枭（猫头鹰）逢鸠（斑鸠）。鸠曰："子将安之?"枭曰："我将东徙。"鸠曰："何故?"枭曰："乡人皆恶我鸣，以故东徙。"鸠曰："子能更鸣，可矣；不能更鸣，东徙，犹恶子之声。"作文要求根据以上材料，自选角度，自定立意，自拟题目，写一篇不少于800字的文章。几乎所有的学生都积极支持鸠的观点，选择让猫头鹰"更鸣"。显然，这样作文是无可挑剔的。问题是所有的学生都认为环境的变化不是重要的，关键是改变自己，可是反过来，猫头鹰的叫声是他生下来就如此的，改不了，非得让它东施效颦，弄不好将会落个邯郸学步的下场。文如其人，文道其声，而这其"人"其"声"是学生真实的面目吗?事实证明，不是这样。是因为在平时的教学中，我们总强调，不要埋怨环境的好坏，总想学"孟母三迁"。当今社会高速发展，只有调整自己，适应这个时代，这个社会，那么你将是这个时代这个社会的"弄潮儿"，可其实，我们口口声声称道的"弄潮儿"是几乎千篇一律的"应试高手"，却让我们的学生一个一个失去了自己。固然，中考的指挥棒约束着你，家长的期待约束着你，可是，这个社会到底需要什么样的"弄潮儿"，你真正想过吗?反思过自己的做法吗?

观察生活，体会生活，反思生活，多少真话、真情被我们扼杀在摇篮里，又有多少真正的"弄潮儿"被我们锁定到一个模式上。

写真话，抒真情。观察固然重要，可教师的导向更重要，如何让孩子们说真话，请从培养一个个鲜活的、光明磊落的、真正的"弄潮儿"做起，只有这样，学生作文才会百花齐放，审美情感贯穿学生的写作人生最终才能实现。

作文是一个人心灵世界的再现，这个世界是个性化的、自然的、未经人雕琢的，是充满了特别的感情和情趣的，是心灵的喜怒哀乐。一切美的光来自心灵的源泉，没有心灵的映射，是无所谓美的。作文是抒写心灵的园地，是联系社会人生的纽带，是人生的一个重要组成部分。行文中要真诚地、无拘无束地敞开心扉。每个人都是以一种特有的独立的态度面对着世界，以自己的方式，按自己的本性和力量，走自己的道路。学生要学会去捕捉生活的新鲜事物，用新角度去观察问题，用新眼光去分析问题，深切抒写独特的内心感悟，这样才有可能写出鲜活思想，写出个性色彩。鼓励学生写生活中的细节。李准曾说，生动的细节本就是一场戏。细节描写必须真实，真实是细节描写的灵魂。既要符合生活真实，又要描写得逼真。真实细腻的细节描写，向来是动人情思的。在生活中，有许多令人感动、令人捧腹、令人切齿的美妙细节，经过构思提炼，完全可以入文，细节描写成功了，离“感情真挚”也就不远了。审美情感的实现也就不远了。

通过这一系列的培养，最终让学生成功做现代人的合格者，现代社会是以机器为标志的先进的生产力的社会，是社会化商品经济占统治地位的社会，是等量劳动交换关系占统治地位的社会，是以平等作为价值观和权利关系的社会，是单一的社会关系的社会，是承认人的独立性（即独立人格、人权）的社会，是民主和法制的社会，是科学和理性统治的社会，是具有开放型文化的社会。联合国教科文组织教育丛书《教育——财富蕴藏其中》一书中提到终身教育的四个支柱，即现代人的基本特征。要做现代社会的合格者，就需要做到：①learning to know ②learning to do ③learning to live together ④learning to be 。即学会认知，学会做人，学会合作，学会生存。由此可见，成功的现代人都有一颗健康向上的心态，明白现代人应该学习掌握的一切，有积极的价值观。

文章结束的时候，笔者想讲一个小故事给大家：

拿破仑有一次同贡庞夫人交谈时问：“传统的教育体制似乎一无是处，但为了使人们受到良好的教育，我们缺少的又是什么呢?”

“母亲。”贡庞夫人回答说。

这个回答深深地打动了皇帝的心。“不错!”他说，“在这一个词里包含着一种教育体制。好！请您费心，务必培养出知道怎样去教育自己孩子的母亲。”

是啊！母亲的品质决定着孩子的未来。一个家庭，即使穷得家徒四壁，但只要有一个善良、节俭、乐观和整洁的女人料理，那么，这样的家庭就仍是心灵的圣堂与快乐力量的源泉。母亲为社会贡献的最主要的产品就是她的孩子，除了自然的爱以外，母亲必须学习一定的教育艺术，否则，任何教育改革都将是徒然。

贡庞夫人的话无可非议。可我觉得：一个家庭除了要有一个伟大的母亲之外，还应该有一个负责任的父亲，这样的家庭才是真正和睦幸福的，才是一个孩子健康茁壮成长的根本所在。可见，家庭对一个孩子的成长举足轻重。我们的教育目标，无论语文教学的目标，还是其他科目，都应该锁定学生的终身素养的培养。我们的教育要培养的是能为社会的发展作出应有贡献的人，是社会的合格公民，是未来社会合格的父亲母亲。

本编主要参考文献

[1] 朱立元:《美学》，高等教育出版社 2006 年版。

[2] 万福成、李戎：《语文教育美学论》，青岛海洋大学出版社 2001 年版。

[3] 曹明海、潘庆玉：《语文教育思想论》，青岛海洋大学出版社 2002 年版。

[4] 戚廷贵:《美学：审美理论》，东北师范大学出版社 1992 年版。

[5] 曹利华:《美学基础理论》，北京师范学院出版社 1991 年版。

[6] 刘芳、贾晓波:《心理健康教育与教师心理素质》，中国和平出版社 2000 年版。

[7] 陈虹:《中小学心理健康与心理咨询》，中国人事出版社 2005 年版。

[8] 程一凡、叶红:《新课程：中学语文课堂教学如何改革与创新》，四川大学出版社 2005 年版。

[9] 陈琦、刘儒德：《当代教育心理学》，北京师范大学出版社 1997 年版。

[10] 邵瑞珍：《教育心理学》，上海教育出版社 1995 年版。

[11] 陈菊先：《语文教育学》，华中师范大学出版社 1998 年版。

[12] 卢家楣：《情感教育心理学》，上海教育出版社 1993 年版。

[13] 王道俊、王汉澜：《教育学》，人民教育出版社 1998 年版。

[14] [美] 诺尔曼·丹森：《情感论》，辽宁人民出版社 1989 年版。

[15] 童庆炳：《文学活动的美学阐释》，陕西人民出版社 1992 年版。

[16] 宾敬：《初中语文活动课研究》，湖南师范大学出版社 1999 年版。

[17] 张玉能：《美学要义》，华中师范大学出版社 1998 年版。

[18] 杨道麟：《语文教育学导论》，湖北人民出版社 1999 年版。

[19] 钟为永：《语文教学心理学》，浙江人民出版社 1983 年版。

[20] 蔡起福：《语文教学心理学》，北京语文出版社 1994 年版。

[21] 沈蒲仲：《语文教学散论》，上海教育出版社 1983 年版。

[22]《初中语文课文分析集》（第二册），广东教育出版社 1990 年版。

[23] 教育部基础教育司组织语文课程标准研制组编写：《语文课程标准解读（实验稿）》，湖北教育出版社 2002 年版。

[24] 林崇德：《发展心理学》，北京人民教育出版社 1990 年版。

[25] 张大均：《教育心理学》，人民教育出版社 2004 年版。

[26] 郭元祥：《感悟"教师人生"》，《中国教育报》2006 年 2 月 20 日，第 6085 号，第四版。

[27] 杨苏：《语文教学的工具性与人文性的认识与实践》，《语文月刊》2007 年 1—2 期合刊。

[28] 毛宇、苏姗姗：《审美型师生关系的建构》，《课程·教材·教法》2007 年第 1 期。

[29] 康丽颖、刘秀江、李莉：《反思与中小学教师专业成长》，《课程·教材·教法》2007 年第 2 期。

[30] 张文元：《谈语文教师的教学语言》，《中学语文教学参考》2006 年第 10 期。

[31] 王立根：《语文教学的心痛："文本解读"的缺席》，《中学语文教学参考》2006 年第 11 期。

[32] 曹明海：《文本解读：读者的建构活动》，《中学语文教学参考》

2006 年第 11 期。

[33] 遇桂敏:《浅谈语文教学中审美感受、审美情感的训练》,《黑龙江教育学院学报》2005 年第 9 期。

[34] 王洪兰:《语文教学与审美情感培养》,华中师范大学硕士学位论文 2003 年。

[35] 张晓梅:《实然与应然:中学诗歌教学与审美情感培养》,北京师范大学硕士学位论文 2003 年 6 月。

[36] 郑胜利:《大课间改革与初中生心理素质的培养》,《重庆教育学院学报》2003 年第 1 期。

附录一　初中生审美能力及语文教学中审美能力培养现状调查问卷

亲爱的同学：

你好。

这份调查问卷是为了了解初中生审美能力及语文教学中审美能力培养的现状，以便针对性地提出培养初中生审美能力的途径和方法。调查结果只作为学术研究的宝贵资料，不对学生做考评之用。请如实填写，不需署名。

谢谢你的真诚合作。

性别：男（　　）　　女（　　）

学校类型：城市（　　）乡村（　　）

年级：一年级（　　）　二年级（　　）　三年级（　　）

1. 你有过仿佛柳枝一夜间就萌发绿意的感觉，进而产生忽然意识到春天来临的欣喜吗？

A. 有过　　B. 从来没有过　C. 经常有

2. 刘胡兰面对屠刀引颈就戮，董存瑞手托炸药包炸毁敌人碉堡，这是“美”吗？

A. 是　　B. 不是　　C. 不清楚

3. 阅读前，你常常怀着什么样的心态去欣赏作品呢？

A. 好奇　　B. 期待　　C. 冲动　　D. 没什么感觉

4. 你喜欢一本书的理由往往是：

A. 开阔视野，增长知识　　B. 了解人生，懂得生活

C. 文笔优美，可为写作提供借鉴　　D. 娱乐消遣

5. “美读”就是有感情地朗读，你是否经常用这种方法学习语文？

A. 经常　B. 有时　C. 基本上不是

6. 在我们学习的各门学科中，除音乐、美术、语文以外，还能从其他各科中感受到美，比如数学中的逻辑美，体育中的运动美等，是这样吗？

A. 是　B. 不是　C. 不清楚

7. 你能够从日常生活琐事中发现美吗？

A. 能　B. 偶尔能　C. 不能

8. 你知道绘画《蒙娜丽莎》或雕塑《米洛的维纳斯》吗？你觉得她美吗？

A. 美　B. 不美　C. 说不清楚

9. 你经常大声地朗读文学作品吗？

A. 经常　B. 有时　C. 几乎没有

10. 你能够描述出在文学作品里体验到的诗情画意吗？

A. 能够自如地描述　B. 不能描述　C. 能，但不自如

11. “生活平淡，哪里来的美？”你同意这个观点吗？

A. 同意　B. 不同意　C. 不知道

12. 在欣赏美的事物和艺术作品时，你的心境是：

A. 满足　B. 欣慰　C. 陶醉　D. 平静

13. 在欣赏文学作品时，你有过引发出自己的情感体验的记忆吗？

A. 有　B. 没有　C. 不知道

14. 在欣赏文学作品时，你会把自己比拟成其中的形象，分享其喜怒哀乐吗？

A. 经常会，并且感到自然有趣

B. 偶尔有过

C. 不会，总是置身其外

15. 在生活中，你经常出现奇思妙想吗？

A. 经常　　　B. 偶尔　　　　C. 从来没有过

16. 在日常生活中，你对身边的事物，如一片云彩，满天繁星等进行过联想想象吗？

A. 有过　　　B. 没有　　　　C. 偶尔有

17. 小学课本中有一篇课文《艰苦岁月》，介绍的是潘鹤同志的雕塑《艰苦岁月》，这件作品塑造了两个红军战士。老红军深情地吹奏笛子，小红军凝神细听。笛子演奏的是什么？你的猜想是：

A. 对战友、亲人、家乡的怀念

B. 对过去生活的回忆

C. 对未来美好生活的向往和追求

D. 是一种感人至深的革命乐观主义精神

18. 生活中的丑可以变成艺术的美。比如契诃夫《变色龙》中的奥楚蔑洛夫这个形象，所以说文学艺术中的丑是美的特殊表现形态。你认为是这样吗？

A. 是　　　　B. 不是　　　　C. 不清楚

19. 你经常把自己的阅读感受：

A. 讲给别人听　B. 写下来　　C. 看完就没事

20. 贾岛有句诗“促织声尖尖似针”，蟋蟀尖声吟唱，听觉感知到的声音有了针似的形象，并且有了可见可触的尖利的质感。这是：

A. 移情　　　B. 夸张　　　　C. 虚构　　　　D. 造作

21. 你对课文的理解，通常习惯于：

A. 认同老师的观点

B. 信奉教科书和参考书上的说法

C. 有自己的见解

22. 从小学到初中，你已经学过好几篇鲁迅的文章了。随着时代的变迁，对作品中揭露的社会现实，你产生隔膜感了吗？

A. 是　　　　B. 不是　　　　C. 似是而非

23. 你能分辨作家、诗人表达的情感的性质、类别吗？

A. 完全能够　B. 有时不能　C. 基本上不能　　D. 不能

24. 对作品时代背景，作家情况的介绍，你觉得对进一步领会作品所蕴含的意义有关系吗?

A. 关系很大　B. 有一定关系　C. 没多大关系　D. 虽没有什么关系，但可能考试会涉及

25. 你对《春》的理解是：

A. 春草、春花、春雨、迎春图真美

B. 赞美春的活力和创造力

C. 激励珍惜大好时光，辛勤劳动，奋发向上

26. 优秀的文学作品常常留有“空白”，即“想象空间”，给人以非常丰富的想象余地，你对这些“空白”能够主动积极地进行情境创造吗?

A. 经常能　　B. 有时能　　　C. 从未有过

27. 在文学作品中，作家寄寓的情感往往是丰富而复杂的，你能真正体会吗?

A. 完全体会到了

B. 基本能体会到

C. 基本体会不到

28. 你在语文学习中能体会到作者所创造的意境美吗?

A. 经常体会到

B. 经常体会不到

C. 只有一种朦胧感觉

29. 读孟浩然的《春晓》时，你的感受是：

A. 感觉到春风细雨、鸟鸣雀噪和香甜好睡的生命活力

B. 在心中形成人、生物与环境和谐统一之美

C. 好像进入了“我为花醉，花为我开，鸟为我鸣，我为鸟歌”的纯自然境界

D. 激发为建设美好生态环境而努力的历史责任感和使命感

30. 上语文课时，你经常的心态是：

A. 轻松　　B. 紧张　　C. 没什么感觉

31. 你留意课堂上教师的仪表、服饰吗?

A. 特别留意　　B. 留意　　C. 不留意

32. 你能感觉到老师的板书在字迹、布局方面的美吗?

A. 经常能　　B. 偶尔能　　C. 基本没有这方面的感觉

33. 你常在写作时，感到无从下笔，无话可写吗?

A. 经常这样　　B. 有时　　C. 不会

34. 你注意语文老师上课时的语气语调吗?

A. 经常注意　B. 有时注意　　C. 不在意

35. 你的语文老师能够充满激情地很快带领学生融入课文的氛围中吗?

A. 能　　B. 有时能　　C. 基本不能

36. 你在学习词语时，最重视的是:

A. 通过字典，得出关于它最正确的解释

B. 写作时能够运用进去

C. 揣摩、品味它的妙处

37. 你的语文老师在课堂上，能给你提供驰骋想象的空间吗?

A. 经常　　B. 有时　　C. 很少　　D. 不能

38. 你经常做改写、扩写、续写的练习吗?

A. 经常　　B. 偶尔　　C. 很少　　D. 没有

39. 作文课上你因构思与众不同而得过高分吗?

A. 经常有　　B. 有过　　C. 没有过

40. 你觉得在语文课上，能学到欣赏美的方法吗?

A. 能　　B. 不能　　C. 有一点儿

41. 你的阅读兴趣源于:

A. 自主探索　B. 老师引导　　C. 同学介绍　　D. 媒体导向

42. 阅读时你有过下列体验吗?

A. 反复品位其中的细节

B. 依据文中描写，能联想、想象出所描写的人、事、场景、

生活状况

C. 思考文中某些语句的意蕴，注重它对自身生活的启示与激励

D. 阅读时，对作品的构思、表达等有些自己的分析、评价

43. 你觉得自己的审美体验更适合下列哪一个层次？

A. 对欣赏对象产生积极的审美注意

B. 迅速突破对对象外在形式的掌握，而以其心灵的味觉去体味内在形式的意蕴

C. 达到物我一体意境

44. 你理解的语文的学习目标是：

A. 掌握语文文字知识

B. 能说会写

C. 增强健康个性，健全人格的培养

45. 你听过贝多芬的交响乐《命运》吗？你的感受是：

A. 振奋 B. 颓废 C. 豪迈 D. 快乐

46. 你欣赏过雕塑《大卫》吗？有什么样的感受？

A. 逼真 B. 有力度

C. 流畅的线条 D. 仿佛触摸到肉体的质感

47. 你知道意象和意境吗？

A. 明确知道 B. 基本知道 C. 不太知道 D. 不知道

48. 假设今天早上你看到入冬后的第一场大雪，你可能最想说的一句话是：

A. 下雪天冷，今天要不要穿羽绒服

B. 骑车上学，路上需小心

C. 可以打雪仗了

D. 真想与雪花共舞

49. 你在旅游中，最关注什么？

A. 自己去过的地方越多，越有夸耀的资本

B. 走马观花转转就行，关键是在各个景点拍照留念

C. 真正做到寄情山水，怡情养性

50. 语文课本中有许多插图，你如何理解？

A. 可以帮助同学加深对课文的理解

B. 可有可无，没多大作用

C. 可以使课本显得更精美一些

D. 没想过这个问题

51. 试想这样一个场景，选择最可能适合你的

又是一个杨花飘飞的季节，晴空里，蓝天下，带着蔷薇的香甜，携着清风的灵动，它们闲闲地向你飘来……

正巧，你刚刚结束了一个紧张上午的功课，放学的时候……

A. 不会留意，匆匆回家，脑子里还在想着那道没有解好的题

B. 想到学习上的烦恼正像这飘飞的杨花一样，挥之不去

C. 驻步欣赏，伸手触摸，仿佛嗅到蔷薇的香甜，看到杨花明媚的笑脸

52. 对朱自清散文《绿》的理解：

A. 描写了梅雨潭闪闪的绿色之美，是那么醉人迷人，反映出作者对大自然的热爱之情

B. 借描写梅雨潭绿的奇异可爱，来歌颂祖国山川自然之美

C. 描写绿之美的可爱，表征着它对安定平静生活的渴望和追求

D. 绿色之美蕴含作者的高洁情趣

53. 你看过舞蹈《千手观音》吗？用一句话表达你的感受_____________。

54. 请在下面的空白处填上你认为最美的词语。

弯弯的月亮____________地挂在天上。

55. 朱自清在《春》中说“春风像母亲的手”，你觉得还像什么？

56. 想象“小草偷偷地从土里钻出来”的情景，你能说出“偷偷地”和“钻”用得好在哪里？

57. 白居易的诗《草》:“离离原上草，一岁一枯荣，野火烧不尽，春风吹又生。”如果你是这株坚韧的小草，你会对野火说什么?

58. 请想象“千山鸟飞绝，万径人踪灭”是怎样的情景?如果你身临其境会有怎样的感觉?

59. 你最喜欢的一句广告词是什么?谈谈理由。

60. 歌曲《吉祥三宝》中把太阳、月亮、星星比作“吉祥三宝”，你还能有什么比喻?

61. 同是秋天景色，为什么在一个作家笔下是绚丽多彩的，而在另一个作家笔下却是肃杀凄凉的呢?你如何理解?

62. 举一个例子谈谈你在语文学习中情感体验最深的一刻。

63. 在欣赏某一个文学作品或艺术作品时，你的心灵曾产生过强烈的悸动吗?请描述一下这种感觉并说明原因。

64. 你的校园中最吸引你的美是什么?请简单描述。

65. 举例说说你最难忘的一节语文课，为什么令你难忘?

附：初中生审美能力及语文教学中审美能力培养调查统计表

序号	A	B	C	D	共计	A	B	C	D	共计	A	B	C	D	共计	A总	A总%	B总	B总%	C总	C总%	D总	D总%	总计
1	38	8	14	0	60	26	9	8	0	43	39	16	4	0	59	103	63.58	33	20.37	26	16.05	0	0.00	162
2	47	10	3	0	60	31	2	8	0	41	44	7	8	0	59	122	76.25	19	11.88	19	11.88	0	0.00	160
3	17	39	3	1	60	15	14	1	11	41	26	25	3	5	59	58	36.25	78	48.75	7	4.38	17	10.63	160
4	18	24	14	7	63	15	16	2	9	42	18	23	7	16	64	51	30.18	63	37.28	23	13.61	32	18.93	169
5	22	35	3	0	60	4	19	18	0	41	6	38	15	0	59	32	20.00	92	57.50	36	22.50	0	0.00	160
6	55	3	2	0	60	32	1	8	0	41	41	5	13	0	59	128	80.00	9	5.63	23	14.38	0	0.00	160
7	45	15	0	0	60	15	23	3	0	41	34	23	3	0	60	94	58.39	61	37.89	6	3.73	0	0.00	161
8	43	3	14	0	60	24	2	14	0	40	37	12	11	0	60	104	65.00	17	10.63	39	24.38	0	0.00	160
9	14	31	15	0	60	1	24	17	0	42	8	35	16	0	59	23	14.29	90	55.90	48	29.81	0	0.00	161

续表

序号	A	B	C	D	共计	A	B	C	D	共计	A	B	C	D	共计	A总	A总%	B总	B总%	C总	C总%	D总	D总%	总计
10	32	3	25	0	60	4	10	27	0	41	9	8	42	0	59	45	28.13	21	13.13	94	58.75	0	0.00	160
11	4	49	7	0	60	3	33	5	0	41	3	52	3	0	58	10	6.29	134	84.28	15	9.43	0	0.00	159
12	8	5	44	4	61	3	10	18	12	43	6	7	33	12	58	17	10.49	22	13.58	95	58.64	28	17.28	162
13	54	4	2	0	60	26	10	6	0	42	49	6	5	0	60	129	79.63	20	12.35	13	8.02	0	0.00	162
14	40	18	2	0	60	16	20	4	0	40	29	25	8	0	62	85	52.47	63	38.89	14	8.64	0	0.00	162
15	41	16	3	0	60	21	17	3	0	41	24	34	2	0	60	86	53.42	67	41.61	8	4.97	0	0.00	161
16	38	4	18	0	60	18	10	13	0	41	33	10	16	0	59	89	55.63	24	15.00	47	29.38	0	0.00	160
17	9	3	27	23	62	4	4	26	10	44	11	7	35	9	62	24	14.29	14	8.33	88	52.38	42	25.00	168
18	36	9	15	0	60	20	6	15	0	41	29	16	14	0	59	85	53.13	31	19.38	44	27.50	0	0.00	160
19	43	11	7	0	61	24	5	13	0	42	27	13	22	0	62	94	56.97	29	17.58	42	25.45	0	0.00	165
20	34	21	4	6	65	18	16	7	2	43	25	20	10	7	62	77	45.29	57	33.53	21	12.35	15	8.82	170
21	18	5	40	0	63	9	15	17	0	41	15	5	39	0	59	42	25.77	25	15.34	96	58.90	0	0.00	163
22	18	18	25	0	61	9	16	17	0	42	18	24	28	0	70	45	26.01	58	33.53	70	40.46	0	0.00	173
23	25	28	7	0	60	1	33	5	2	41	1	48	7	3	59	27	16.88	109	68.13	19	11.88	5	3.13	160
24	30	26	2	2	60	13	21	1	6	41	22	25	7	7	61	65	40.12	72	44.44	10	6.17	15	9.26	162
25	8	13	42	0	63	3	12	27	0	42	11	15	35	0	61	22	13.25	40	24.10	104	62.65	0	0.00	166
26	24	32	4	0	60	10	26	5	0	41	19	33	7	4	63	53	32.32	91	55.49	16	9.76	4	2.44	164
27	21	37	2	0	60	0	35	6	0	41	4	49	9	0	62	25	15.34	121	74.23	17	10.43	0	0.00	163
28	38	6	16	0	60	8	6	27	0	41	19	3	35	1	58	65	40.88	15	9.43	78	49.06	1	0.63	159
29	21	7	25	11	64	13	16	13	2	44	16	14	24	11	65	50	28.90	37	21.39	62	35.84	24	13.87	173
30	49	2	9	0	60	15	2	23	0	40	37	3	20	1	61	101	62.73	7	4.35	52	32.30	1	0.62	161
31	11	36	13	0	60	3	22	17	0	42	12	30	16	2	60	26	16.05	88	54.32	46	28.40	2	1.23	162
32	37	17	6	0	60	5	22	13	1	41	21	27	13	0	61	63	38.89	66	40.74	32	19.75	1	0.62	162
33	8	36	16	0	60	11	26	3	0	40	12	37	10	0	59	31	19.50	99	62.26	29	18.24	0	0.00	159
34	38	18	4	0	60	11	23	6	0	40	26	27	6	1	60	75	46.88	68	42.50	16	10.00	1	0.63	160
35	44	12	4	0	60	7	28	7	0	42	30	21	7	0	58	81	50.63	61	38.13	18	11.25	0	0.00	160
36	5	20	36	0	61	10	19	12	0	41	7	26	27	0	60	22	13.58	65	40.12	75	46.30	0	0.00	162
37	33	22	4	1	60	5	29	6	2	42	18	32	5	4	59	56	34.78	83	51.55	15	9.32	7	4.35	161
38	25	27	10	3	65	1	16	21	3	41	0	29	26	5	60	26	15.66	72	43.37	57	34.34	11	6.63	166

续表

序号	A	B	C	D	共计	A	B	C	D	共计	A	B	C	D	共计	A总	A总%	B总	B总%	C总	C总%	D总	D总%	总计
39	10	41	9	0	60	1	23	17	0	41	1	31	27	0	59	12	7.50	95	59.38	53	33.13	0	0.00	160
40	48	3	9	0	60	13	3	25	0	41	31	4	23	0	58	92	57.86	10	6.29	57	35.85	0	0.00	159
41	40	12	7	9	68	26	2	10	4	42	32	10	12	10	64	98	56.32	24	13.79	29	16.67	23	13.22	174
42	16	27	11	9	63	12	14	23	1	50	12	26	18	14	70	40	21.86	67	36.61	52	28.42	24	13.11	183
43	14	32	14	0	60	12	25	4	0	41	19	31	10	0	60	45	27.95	88	54.66	28	17.39	0	0.00	161
44	20	17	23	0	60	14	8	27	0	49	15	15	31	1	62	49	28.65	40	23.39	81	47.37	1	0.58	171
45	41	1	17	2	61	22	4	16	1	43	22	5	29	5	61	85	51.52	10	6.06	62	37.58	8	4.85	165
46	16	10	14	25	65	11	18	9	11	49	15	17	21	11	64	42	23.60	45	25.28	44	24.72	47	26.40	178
47	24	24	12	0	60	3	24	10	3	40	3	23	28	5	59	30	18.87	71	44.65	50	31.45	8	5.03	159
48	4	9	9	41	63	2	4	11	24	41	7	3	21	26	57	13	8.07	16	9.94	41	25.47	91	56.52	161
49	4	6	50	0	60	1	8	32	0	41	3	9	47	0	59	8	5.00	23	14.38	129	80.63	0	0.00	160
50	47	1	6	5	59	27	3	9	5	44	34	0	15	10	59	108	66.67	4	2.47	30	18.52	20	12.35	162
51	3	11	47	0	61	4	10	26	1	41	9	8	43	1	61	16	9.82	29	17.79	116	71.17	2	1.23	163
52	30	4	21	11	66	21	3	13	4	41	25	15	16	8	64	76	44.44	22	12.87	50	29.24	23	13.45	171

附录二　初中生审美心理结构现状调查问卷

同学们，本问卷用于语文教学研究，请根据自己的判断如实填写，谢谢！

学校　　　　　　　　年级　　　　　　　　性别

第一部分：

1. 我们的名字各具特点，你是否喜欢你自己的名字？

A. 喜欢　　　　　　B. 不喜欢　　　　C. 不确定

2. 如果不喜欢，是因为：

A. 平淡乏味　　　　B. 谐音被同学取笑或俗气

C. 不好写　　　　　D. 其他

3. 如果喜欢，原因是：

A. 有父母的期盼与祝福

B. 含义深刻或有趣，独特有个性

C. 自己习惯了

D. 其他

4. 校园里的标语牌：小草正在休息，请勿打扰。你是否留意过？

A. 有　　　　　　　B. 没有　　　　　C. 不确定

5. 如果你留意过，主要是因为：

A. 位置显眼　　　　B. 色彩鲜亮

C. 语言有趣　　　　D. 字体美观

6. 市上的新商厦越来越多，通常你比较注意它们的：

A. 楼层是否高　B. 名称是否新颖独特
C. 装潢是否高档　D. 顾客进出是否多
7. 电视片中插入广告时，你会：
A. 厌恶它打扰了兴致　B. 无奈地看完
C. 欣赏其广告创意或手段　D. 无所谓，习惯了
8. 读书通常是为了：
A. 休息娱乐、放松心情　B. 提高修养、积累素材
C. 寻找可利用的信息　D. 没有明确的目的
9. 假日外出时你通常选择哪些地方游玩？
A. 热闹的街市或大型游乐场　B. 风景优美的古迹胜地
C. 僻静安宁处　D. 不确定
10. 你闲余欣赏美的活动主要是：
A. 听流行歌曲　B. 听经典音乐
C. 读文学作品　D. 看看书画
E. 欣赏电影　F. 看自然风景
G. 其他　H. 没有什么活动
11. 课外阅读中，哪类书籍或作品是你生活中接触较多的？
A. 童话科幻类　B. 漫画书　C. 学生作文
D. 经典名著　E. 传记、报道　F. 武侠言情小说
G. 当代畅销书　H. 其他
12. 哪类书籍或作品你百读不厌？
A. 童话科幻类　B. 漫画书　C. 学生作文
D. 经典著作　E. 传记、报道　F. 武侠言情小说
G. 当代畅销书　H. 其他
13. 你印象最深的图景来源于：
A. 亲见的自然景观　B. 影视媒体展示的画面
C. 美术作品　D. 文学作品中描述的
E. 自己头脑中的影像　F. 其他来源
G. 没有印象深刻的图景

14. 你通过哪些方式了解《水浒传》的？

A. 名著阅读　B. 电视剧　C. 连环画

D. 动漫　E. 听评书　F. 长辈讲述或别人介绍

G. 其他方式　H. 不了解

15. 使你有愉悦舒畅的美的感受的课是什么时候？

A. 小学低年级课堂　B. 小学高年级课堂

C. 初中阶段课堂　D. 课外辅导课堂

E. 电视讲座教学　F. 网络媒体教学课堂

G. 没有过这种感受　H. 其他

16. 你能说出当地的历史文化名人吗？

A. 能说出很多　B. 能说出一些

C. 能说出一两个　D. 不了解，说不出来

17. “嫦娥奔月”的神话故事和“神六飞天”的科学报道，你更喜欢哪个？

A. 喜欢嫦娥奔月　B. 喜欢神六飞天　C. 不确定

18. 城市和农村你比较偏爱

A. 城市　B. 农村　C. 不确定

如果偏爱城市，主要是因为：

A. 热闹繁华的都市气息　B. 干净整洁的环境

C. 生活条件便利　D. 其他

如果偏爱农村，主要是因为：

A. 清静简约的环境　B. 人们关系随和亲切

C. 没有废气、废水污染　D. 其他

19. 你经常读你喜欢的书吗？

A. 经常　B. 不经常　C 不确定

如果不经常读你喜欢的书，原因是什么？

A. 学业紧，没时间　B. 父母反对

C. 有其他兴趣　D. 其他

20. 对自己喜欢的作品，你

A. 喜欢独自享受阅读的乐趣

B. 喜欢与朋友一起探讨

C. 不确定

21. 读“大江东去，浪淘尽，千古风流人物……”，你头脑中会呈现：

A. 三国历史人物　　B. 滔滔江水滚滚东流

C. 似有乐曲响起　　D. 没有什么

22. 你了解家乡的风俗习惯吗？

A. 了解一些　　B. 大都知道　　C. 不了解

23. 某一个摄影作品题为“深情”，你会选择哪组镜头拍摄？

A. 母亲抚摸幼儿　　B. 农民俯视禾苗

D. 领导慰问军属　　D. 落叶飘向大地

24. 你喜欢周杰伦这位歌手吗？

A. 喜欢　　B. 不喜欢　　C. 不知道这个人

喜欢他主要是因为他：

A. 长得酷　　B. 唱歌的音色有味道

C. 写的歌词有含量　　D. 动作行为有个性　　E. 其他

25. 你选择哪组景物为“他在海边，心情沉重”做影视背景：

A. 惊涛拍岸，狂风暴雨　　B. 风和日丽，白沙细浪

C. 夕阳余晖，沉鳞竟跃　　D. 夜色深沉，大海幽暗

26. 做课外摘抄时你喜欢摘抄哪类内容？

A. 优美的景物描写、诗意语句

B. 生动的故事情节、人物形象

C. 精辟深刻的哲理名言

D. 奇异搞怪的笑话

27. 是否有过观看大型绘画展或参加音乐会的经历？

A. 有　　B. 没有

28. 下列画种中你比较喜欢哪一类的绘画作品？

A. 西方油画　　B. 中国水墨画

C. 日本漫画　　D. 美国卡通形象画

29. 写作文时通常喜欢选择哪种方式？

A. 直接陈述事情　　B. 借景抒情托物言志

C. 虚构幻想曲折表现　　D. 不确定，没有常式

30. 你在课外参加过的专门培训是：

A. 艺术类　　B. 体育类

C. 技能类　　D. 其他

第二部分：

1. 你的某个弟弟如果在帐中“戏蚊如鹤”、在草丛中土墙下“以虫蚁为兽”，你会觉得他

A. 无聊幼稚

B. 纯真可爱

C. 极富有想象力和创造力

2. 《白兔与月亮》中的白兔放弃了拥有月亮的权利，是因为：

A. 白兔看管不好月亮

B. 白兔不配拥有月亮

C. 白兔领悟了得与失的道理

3. 朱自清的《春》一文中写到“地里还有工作的农民，披着蓑戴着笠”，你的感受是：

A. 雨中实际景物写生

B. 想表明这是初春下雨时节

C. 烘托春雨蒙蒙的美好气氛

4. 读了《绿色蝈蝈》，你会觉得蝈蝈是：

A. 善演奏的歌手、贪吃肉和甜食的小家伙

B. 自然界的一种昆虫、作者实验的对象

C. 残忍而狂热的狩猎者

5. 如果你与父母的看法有分歧时，你会：

A. 想最好的办法努力争取他们的同意，甚至需要较长时间

B. 做自己的，因为他们怎么说也不会同意的

C. 顺从妥协，迁就父母的意见，没有办法

6. 对《皇帝的新装》的以下看法，你更支持：

A. 这是一个滑稽有趣的故事，博人一笑

B. 这是一场斗争，揭露皇帝为首的统治阶级的愚蠢虚伪

C. 这是一面镜子，可以让人反观生活中的自己

7. 你认为“爸爸的花儿落了”这一短语中含有怎样的感情：

A. 恐惧担心　B. 怨恨气恼　C 悲伤失落

8. 木兰从军归来“当窗理云鬓，对镜贴花黄”，与前文形成对比的是：

A. 朔气传金柝，寒光照铁衣

B. 旦辞爷娘去，暮宿黄河边

C. 唧唧复唧唧，木兰当户织

9. 读过《音乐巨人贝多芬》再听《命运交响曲》，你会从中听到：

A. 对命运的顽强抗争

B. 哀怨地诉说不幸

C. 狂热激昂的宣言

10. 《安塞腰鼓》可以使你想到：

A. 临汾的威风锣鼓

B. 壮观的壶口瀑布

C. 狂风怒吼战马嘶鸣

11. 《伟大的悲剧》中斯科特等人的“悲剧”意义在于：

A. 承受了各种生理极限的痛苦考验

B. 经过竞争却要为自己的对手的业绩作证

C. 在与不可战胜的厄运的搏斗中被毁灭

12. 你认为驯化后的马的悲哀更在于被赋予了：

A. 服从于人的忠诚

B. 华丽的装饰、驾车的技巧

C. 窥伺主人颜色的本领

13. 关于《芦花荡》中的人物老艄公是否英雄的争议，你认为：

A. 他逞强好胜，麻痹大意以致举措失当，不足以称为英雄

B. 他爱憎分明，老当益壮，充满抗日激情，是位老英雄

C. 以上两项中的特点皆有，正是人物个性与真实性所在

14. 余秋雨的《信客》一文的语言特点是：

A. 朴素平实，豪华落尽见真淳

B. 亲切自然，口语化

C. 质朴典雅，精辟畅达

15. 学习《说屏》一文，你最大的收获是：

A. 了解了屏风的作用、种类、特点

B. 掌握了介绍物体时运用恰当的说明方法、顺序

C. 产生了对屏风的诗情画意的美好印象，了解了一种民族文化，增添了自豪感

16. 读“一个宁静的冬夜，一朵小小的雪花，从天上轻轻地、轻轻地飘下，飘啊飘，飘落在路边一盏孤灯的面颊上……”，你的最初感受是：

A. 语言活泼风趣，优美形象

B. 感觉到轻柔美妙，格外舒畅

C. 希望我是那雪花或是那路灯

17. 对“大道之行也，天下为公”的理想社会，你认为相仿的描述是：

A. 乌托邦　　B. 和谐社会　　C 极乐世界

18. 《湖心亭看雪》所述西湖景象，你认为：

A. 一片单调苍茫，毕竟难与花红柳绿、莺歌燕舞时相媲美

B. 正如中国画的写意山水，寥寥几笔传达神韵

C. 作者专门以特殊的写作技巧表现自己与众不同的品位

19. 胡适的《我的母亲》读后给你留下的最深刻的印象是：

A. 母亲比较怯懦，事事容忍格外小心

B. 母亲待人处世亦刚亦柔，受人敬重

C. 母亲对子女的影响很大

20. 朗读郭沫若的《雷电颂》时，你的真实感受是：

A. 能完全走进角色，感受屈原的内心世界

B. 基本能感受到屈原强烈的情绪

C. 有些台词很冲动，我觉得可笑

21. 《喂——出来》一文吸引了你的注意力，学习后你对课文最终思考更多的是：

A. 那奇怪的洞穴令人念念不忘，甚至羡慕

B. 形形色色的人物行为确实很好笑，他们太愚昧了

C. 人与自然的不协调是否如文中所暗示，某一天会突然出现在我们生活中

22. 《泥人张》记写了天津的老艺人的故事。作者冯骥才2003年起，致力于民间文化遗产的抢救，在他的奔走下，天津估衣街得以保留；而很多地方开发旅游资源，推倒年代久远的古老建筑，新建殿宇楼阁。你的看法是：

A. 拯救文化，就是拯救民族，泽被后世

B. 发展经济才能振兴文化，必要的牺牲也是大势所趋

C. 杯水车薪，无济于事，徒劳而已

23. 孟子的“穷则独善其身”思想在以下人物谁的身上有所体现？

A. 五柳先生“不慕荣利”

B. 杜甫“安得广厦千万间，大庇天下寒士俱欢颜”

C. 范仲淹“先天下之忧而忧”

24. 《送东阳马生序》讲到对老师察言观色、毕恭毕敬，你认为：

A. 师道尊严是传统美德，尊师就是尊重知识，理当如此

B. 当今人人平等，师生也应平等，不应有等级与界限

C. 如亚里斯多德语：吾爱吾师，吾更爱真理

25. 如果你参加诗歌朗诵，你会选择以下哪首朗诵？

A. 毛泽东的《沁园春·雪》

B. 席慕容的《乡愁》

C. 郑愁予的《雨说》

因为它：

A. 怅惘缠绵　　B. 轻快活泼　　C. 气度恢弘

26. “既然黑夜出自王座，就让光明从坟墓里出来”，这是对一位伟人的历史与思想贡献的高度评价，这位伟人是：

A. 雨果　　B. 伏尔泰　　C. 马克思

27. 对小说《孤独之旅》中多次描写芦苇荡，最主要的作用你认为是：

A. 交代杜小康所放鸭群的活动地点，可详可略

B. 景物描写可增添田园气息，增添美感

C. 作为杜小康孤独意识的映衬和成长的见证

28. “读诗使人灵秀”，那么除老师要求背诵的诗篇外，你自己：

A. 读过较多的诗歌　　B. 读过很少的诗歌

C. 一般不读诗

29. 你对《范进中举》中范进喜极发疯的癫狂丑态的理解是：

A. 以辛辣无情的讽刺艺术塑造形象，反映社会生活

B. 范进癫狂是作者愤世嫉俗而对封建文人刻意的丑化，生活中是不可能出现的

C. 范进耗用半生精力，终能考取举人，扬眉吐气，这是对封建文人的深切同情的表现

30. “过尽千帆皆不是，斜晖脉脉水悠悠”一句中，表达了主人公：

A. 对江面千帆竞游、景色迷人的赞叹

B. 盼归而不得的失落怅惘

C. 倚楼眺望的闲适心情

31. 诸葛亮雄才大略，若取代刘禅，必能造福百姓。但他没有这样做，对此你赞同哪种看法？

A. 先主有意，众望所归，但诸葛亮为人太古板

B. 诸葛亮没有皇室血统，不敢承担篡位之责

C. 忠义仁德之心所使，人物性格所使

32. 《我爱这土地》中的“鸟”对土地怀有深情，最令你感动的是：

A. 它用嘶哑的喉咙歌唱

B. 它因这土地被蹂躏而痛苦

C. 它愿死后与土地融为一体

33. 《蒲柳人家》中“一丈青”斗纤夫的情节中，你选择哪组词语描述“一丈青”？

A. 霸道粗俗鲁莽

B. 泼辣勇猛耿直

C. 顽强刚毅果敢

34. 你对戏剧的理解是：

A. 唱戏——已落后于时代的文化形式

B. 夸张得有点可笑的故事表演

C. 反映生活的舞台综合艺术，随时代变迁

35. 俗话说“好死不如赖活”，而孟子主张“舍生取义”，你倾向哪一种观点？

A. 好死不如赖活　　B. 舍生取义　　C. 不确定

36. 你对《蒹葭》的美的品味更倾向于

A. 重章叠句　　B. 情怀婉转　　C. 意境朦胧

阅读散文《少年的松林》，回答问题。

我怀念那片松林。

我走进去，就看见了一丛丛蘑菇，露水停在上面，像谁忘记收

回去的明亮的眼神。我简直不忍心采摘这些蘑菇，太美丽，太纯洁了，莫非这是松树开在地上的另一种花朵？这么好的花朵肯定有别的更高的目的，我怎么能摘取呢？我走进松林的时候，并没有得到松林的许可，是我自己闯进来的。这纯净、湿润、混合着腐殖土、野花、树木气息的空气，我已经无偿地大口大口呼吸了；这铺着松针和苔藓的柔软的地面，我已经踩踏了；这正直的树干、碧绿的针叶所呈现的伟岸和活力，我正在领略；溪水从草丛穿过，留几句叮咛又隐入林子深处；树枝间的鸟语，我听不懂一句，每一句都像是说给我的。松林啊，这么多这么多礼物，我都领取了，我都享用了，我还要采摘你开在地上的花朵吗？我凝望着那些天真纯洁的蘑菇，手，伸出又缩回，伸出又缩回。在美面前，我的手变得羞涩胆怯。在纯洁面前，我的心守住了纯洁。

我终于背着空背篓走出了松林。回头看，林子那么静，那么深，那么神秘，又那么空灵，它幽静的深处，藏着多少露水、花朵和鸟声，藏着林子外面很难找到的蓝色的梦境。我感到我的背篓并不是空的，盛着我一生中最纯洁的记忆。

多年以后，世上多少林子消失了，多少鸟儿匿迹了，但是再锋利的斧头，也无法砍伐我内心里的那片松林，它固守着我生命中的一部分水土，在最荒凉的季节，我也能听见多年前的鸟鸣，看见湿润的地面上，那美丽的蘑菇，露水停在上面，像谁忘记收回去的明亮的眼神……

37. “我”为什么怀念那片“少年的松林”？

38. “露水停在上面，像谁忘记收回去的明亮的眼神”，请说说这个比喻的作用。

39. “这么好的花朵肯定有别的更高的目的”，你认为“更高的目的”是什么？

40. “手，伸出又缩回，伸出又缩回”，这表现了我怎样的心态？

41. “溪水从草丛穿过，留几句叮咛又隐入林子深处”，请发挥想象，写出溪水叮咛的内容。

42. 模仿此文写写你记忆中美丽的一景。100字左右。

寻　梦

作者：初三226班　　刘睿奇

樱花恬然入梦，柔如飞絮，仿佛飘零的风华，映衬着一种恍若回忆的底色。花香褪下，衣角留有淡淡的味道。

追忆梦醒的细言软语，坚定的向着远方的路。要飞的花羽，谁会留得住？

欲说还休，脉脉温情只藏在阳光下的身影中，我愿转身回望这个背影。恋恋的眼神抚平那翩飞的衣角。我将去奔向梦的远方，逐流漂向苍穹，拥有淡若流云的世界。

停驻只会磨灭意志，终究要面对，尽管相知只在昨日。从前固执地相信幼稚的眼睛里完美的未来，只在昨夜，我坚信要锻造只属于我的完美。但我必须付出汗水，溶解着我的自信。

即将远行，仿佛刹那，有些话才到嘴边，没有说出便成绝响。我想要向着大海发誓，像行囊中装入大海的威仪和文明的沧桑，或踏着海浪消失。亘古距离的历程，向大地澄清自己。莞尔间我又否定，笑自己身处囹圄。我要离开。

出发吧！披星戴月，执著坚定。

绿色回忆

作者：初三226班　　马骊骏

整理书桌时，在尘封的书页里发现了一枚枯叶，叶脉突起，向四周延伸着，恰似手掌上深深的纹路，一道道都是岁月的痕迹。

最爱是那抹明亮的绿。只有姥姥家的葡萄藤才能焕发出那种光彩。一根根的青藤，一个个的手掌，一片片的绿海。交相辉映，互相重叠，将耀眼的阳光完美的分散，撒下一地的光斑。

常爱坐在这片绿荫里，享受着书本的乐趣，边念边想，大大声声地朗读，掩饰不住对书本亲密的喜悦，掩饰不住幼童单纯的快乐。旁边的木椅上坐着姥爷，摘下眼镜，呷一口茶，呆呆地望着绿绿的葡萄叶，说声“好绿啊”。

夏天的山上常爱下雨，一下就是几天，阴沉的天空最让人悲伤，所以那缕久违的阳光在清晨照射进来，每每给我最大的惊喜。站在葡萄树下，晶莹的水珠一个劲地滴答，给你开个调皮的玩笑。

我使劲地嗅着夹杂着青草味道的新鲜空气，发现了一个憨厚可爱的生物，拖着它笨重的躯壳，慢慢地爬着，在葡萄叶上留下了一条侵袭的痕迹。

我爱随着姥姥到地里除草，头上戴一顶小草帽，在潮湿肥沃的土地里寻找异样的踪迹。瞧，这是一只笨拙的浅绿色蟋蟀，身体修长，会一高一低地向前蹦，就像电视上的跳高运动员那样。我轻轻的一叩，它就成了我一天的玩物，眼睛瞪得圆圆，一幅不甘心的样子。

长大几年后，很少有时间再回去了，去年冬天回去的时候，葡萄藤竟死了，弯曲的藤蔓显得灰涩，稀零的吊着几片黄叶。

“哎，17 年了。”姥姥叹道，我抬头望望她，采摘下一片枯叶放在我的书里，像是把单纯、快乐、童年都存在了那里。

中 国 颜 色

作者：初三 226 班　　蔺一凡

黄河，中国人的母亲河，我们庞大的 5000 年的悠久历史文明正是扎根于黄河岸边的。再加之我们是黄种人，于是一提起黄河或者说一提到黄色，便油然而生一种亲切感。我土生土长在黄土高坡上，这里最有特色的当数窑洞了。院落被打扫得干干净净，窗户上贴着精致的窗花。农民们头裹着白羊肚手巾，骑着驴儿优哉游哉地走着，铃铛声和粗犷的歌声回荡在这片黄土地上。由此我想到了延安，那段激情燃烧的日子。凭着直觉，他们热情的接待了这群来客。

他们凭着勤劳、纯朴、憨厚、实在在自己的这片黄土地上生活了下去。

每逢重大节日，大街上总是张灯结彩，挂起了大红灯笼。中国人好热闹，图个喜庆，于是你可以看到红色的对联、红色的鞭炮、红色的冰糖葫芦、红色的唐装，连故宫、天安门不都是红色的吗？中国的国旗也是烈火一般的颜色呢！人们都说着国旗的红色是无数烈士的泻血染红的，于是，刚想到了春节这下便又伤感起来。那是中华民族最危险的时候，中国人民用自己的鲜血与身躯铺成了一条向前的道路。任凭帝国主义的气焰多么嚣张，中国人靠着自己的志气、勇气、骨气以及必胜的信念与激情打胜了那一仗！当五星红旗昂扬地飘动时，那炫目的红色再一次引发了我的共鸣。

中国有个词语叫“白纸黑字”，受其影响，我固执的爱用黑笔写字。白与黑是两种极端的颜色，“白纸黑字”这样的搭配是力求清清楚楚、明明白白。中国的书法艺术博大精深，我不敢妄加什么评论。可是我敢说，只有黑白这样的搭配才更能显出字的脊梁骨，才更能道出书法的真谛！古代多少文人墨客，就是凭借黑与白留下了千古绝唱。相比之下，其他颜色都带着妖艳，只有白与黑保持了本性，保持了中国人那一身浩然正气！

这就是中国的颜色，这就是中国人。

奸商大华

作者：初三226班　　贾　琦

大华是何许人也？他就是我上小学时在学校里卖零食、学习用具等物品的人。他的铺子就在学校刚进门那片——说是铺子那是抬举他了，那地方，顶多只有五平方米，但那可是一个绝好的地儿，因为课间只能在那儿买东西，不能出去。

大华这名字听上去倒挺老实，其实他是一个一等一的奸商，但看他那模样便知道了；包子般的脸上镶了两颗绿豆般的小眼睛，这双眼睛总是滴溜溜地转个不停，仿佛总在盘算着什么，在我的印象中，他总是油嘴滑舌的，简直能把死的说成活的。

下课后，当有些同学打算去校外买东西时，大华就会堵在门口，大声嚷嚷，“快给我回去！你们这帮混小子，谁让你们去外边买了？就不怕我告你们老师、告你们班主任、告你们校领导吗？啊?!”这时，胆小的一些同学就乖乖的“拐”进他的铺子，而一些胆大的同学则看都不看他一眼，就大摇大摆的走出去，把他气得只能骂上两句作罢。

也许我光这么说您会有点不相信，那就让我给您举几个例子吧！比方说，你到大华那去买糖豆，在你买的时候他会虚情假意的多给你几粒小的说什么回报广大顾客，但当你心满意足准备走的时候，他会“哎呀”一声便马上抓住你并迅速掰开你的手拿出几颗最大的糖豆随着“咯嘣”一声便落入他的口中，一边吃还一边厚颜无耻地说：“怎么会多给了你几颗呢？真是太奇怪了！”而你呢，却只有气得干跳脚的份。

还有他骗低年级小朋友的时候，真是恬不知耻，比方说一个小孩从校外拿了一根雪糕高高兴兴进来时，被大华看见后就在他那屋子里指着这小孩大叫：“小孩，过来！谁让你去外面买雪糕了?!你知不知道外面有多少拖拉机、汽车过啊，你不想想它该有多脏啊！你吃了之后那些脏东西会从你的嘴里跑到肚子里，到时候你就得打针、输液，反正会很痛苦的，幸亏让我这样的好人看见了！”这时，这位小朋友就有点动摇了，他见状马上会趁热打铁道：“说真的，外面的雪糕还没我的冰棍好呢，唉，算了，我好人做到底，拿我的冰棍和你换好了。”那口气好像自己丢了钱似的，那单纯的小朋友略加思索了一下就同意了。于是，我们可以看见大华跷着二郎腿，一边吃着甜美的雪糕一边唱道：“咱们老百姓呀，今儿个真高兴……”

这就是大华，一个油嘴滑舌、唯利是图的小商贩。

秋 天

何其芳（诗人原作）

震落了清晨满披着的露珠，
伐木声叮叮地飘出幽谷。
放下饱食过稻香的镰刀，
用背篓来装竹篱间肥硕的瓜果。
秋天栖息在农家里。

向江面的冷雾撒下圆圆的网，
收起青鳊鱼似的乌桕叶的影子。
芦蓬上满载着白霜，
轻轻摇着归泊的小桨。
秋天游戏在渔船上。

草野在蟋蟀声中更寥阔了。
溪水因枯涸见石更清洌了。
牛背上的笛声何处去了，
那满流着夏夜的香与热的笛孔?
秋天梦寐在牧羊女的眼里。

秋 天

作者：初一 245 班 鹿雅贤

震落了清晨悬吊着的枫叶，
吹开了那清淡迷茫的白雾。
放下手中繁重的粗活，
用欢乐来换心中不解的困惑。
秋天沉醉在山村里。

向天空的星星道声晚上好，
收起青纱衣似的夜幕。
天空点缀着烁星，
缓缓散步在草地上。
秋天沉寂在小路旁。

风儿在枫林中变得更活泼了，
云儿因高悬蓝空更美丽了。
那荷花的芳香飘到哪里去了，
还有那满载莲儿的湖泊？
秋天留恋在回忆中。

附录三　初中生审美趣味调查问卷

班级　　　　　　年龄　　　　　　姓名　　　　　　性别

同学你好！很高兴参加我们的问卷活动，本问卷的目的是为了收集数据，问题答案没有对与错之分，问卷收回后将作为资料保存。请将你最真实的想法展示出来，为我们的研究提供依据，谢谢你的合作！

文学类

诗歌的趣味

1. 你喜欢的古代诗歌是：

A. 唐诗　　B. 宋词　　C. 元曲　　D. 诗经、乐府

2. 你喜欢哪种方式的诵读？

A. 声情并茂　　B. 默默吟诵

C. 自由自在跟随情感　　D. 读准字音就行

3. 你平时有读诗的习惯吗？

A. 每周一首　　B. 有空时偶尔读读

C. 从不读，除非老师布置

4. 你喜欢哪类内容的诗歌？

A. 思乡（山水、田园风光）B. 咏人慰己

C. 怀国，伤世

5. 你在读一首诗歌时能品赏到其中的味道吗？

A. 能　　B. 不能　　C. 一点

6. 你会从字面想到更多的东西吗？

A. 能　　B. 不能　　C. 不愿多想

7. 你喜欢仿写诗歌吗？

A. 喜欢，有作品　　B. 喜欢，但写不好

C. 不喜欢

散文

1. 学过的课文中你最喜欢哪位作家的散文？

A. 宗璞　　B. 毕淑敏　　C. 冰心　　D. 老舍

E. 鲁迅　　F. 朱自清　　G. 其他作家

2. 你最喜欢读哪一类内容的散文？

A. 抒情散文　　B. 哲理散文

C. 写景咏物散文　　D. 叙事散文

3. 你喜欢哪一种构思风格的散文？

A. 简洁　　B. 幽远　　C. 圆浑

D. 象征　　E. 不知道

4. 你喜欢哪一种结构风格的散文？

A. 欲扬先抑　　B. 递进式

C. 意外波澜　　D. 相互衬托

5. 你喜欢哪一类语言风格的散文？

A. 诗化的语言

B. 凝炼、洁净、有节奏旋律的语言

C. 深秀、细腻、隽永的语言

D. 耐人回味的哲理性语言

6. 你喜欢哪类味道的散文？

A. 乡土味　　B. 辛辣味　　C. 幽默味

D. 苦味、怪味　　E. 甜味　　D. 哲理味

小说

1. 你喜欢阅读哪一类篇幅的小说？

A. 长篇小说　　B. 中篇小说

C. 短篇小说　　D. 小小说（微型小说）

2. 你阅读小说时喜欢关注哪一方面的描写？

A. 环境描写　　B. 语言描写

C. 心理描写　　D. 细节描写

E. 神态描写　　F. 其他

3. 你课余喜欢写点类似小说的东西吗？

A. 喜欢　　B. 没兴趣　　C. 只想编着玩

4. 你认为中国 20 世纪哪位作家对你的影响较大？

A. 鲁迅　　B. 张爱玲　　C. 金庸　　D. 王朔

5. 你喜欢郭敬明、韩寒“80 年代后”作家的作品吗？

A. 喜欢　　B. 不喜欢　　C. 没看过

6. 你喜欢课堂上分角色朗读小说的精彩片断吗？

A. 喜欢　　B. 不喜欢　　C. 说不上

7. 你喜欢参与课本剧的改编和排练吗？

A. 喜欢　　B. 无所谓　　C. 不喜欢

综合类

1. 你对哪一类风格的文学作品比较喜欢？

A. 豪放、雄浑　　B. 婉约、凄凉

C. 朦胧、清远　　D. 幽默、讽刺

2. 你喜欢哪类绘画作品？

A. 油画　　B. 水彩画　　C. 版画

D. 中国画　　E. 其他

3. 哪类影视作品你最喜欢看？

A. 情感剧　　B. 历史剧　　C. 动漫　　D. 武打

4. 相对而言，你最喜欢：

A. 好莱坞电影　　B. 大陆电影

C. 港台电影　　D. 欧洲电影

E. 日、韩电影

5. 你最喜欢的中国古典名著是：

A. 红楼梦　　B. 西游记　　C. 水浒传　　D. 三国演义

6. 你最喜欢的文学作品是：
A. 中外经典名著（诗词、小说、散文、戏剧）
B. 武侠小说　　C. 言情小说
D. 侦探推理小说　　E. 科幻小说　　F. 其他
7. 你喜欢哪类音乐？
A. 交响乐　　B. 中国古典音乐　　C. 现代流行乐
D. 民歌　　E. 校园歌曲
8. 你喜欢哪种园林风格？
A. 北京园林（如颐和园）　　B. 苏州园林
C. 欧洲园林（如凡尔赛宫）　　D. 不知道
9. 你喜欢哪类建筑风格？
A. 中国古代建筑（皇家、民间建筑）
B. 国外古代建筑（哥特式建筑、罗马式建筑、巴洛克式建筑）
C. 现代建筑　　D. 不知道

校园文化

1. 你对学校标志性建筑的设计含义理解吗？
A. 理解　　B. 不理解　　C. 从不喜欢关注
2. 你喜欢学校走廊中张贴的宣传图片（或人物、或标语）吗？
A. 喜欢　　B. 不喜欢　　C. 无所谓
3. 校园中有一角是你喜欢的去处吗？
A. 没有　　B. 有　　C. 没感觉
4. 你喜欢学校老师和同学们穿着统一的服装吗？
A. 喜欢　　B. 不喜欢
C. 喜欢老师或学生一方穿统一服装
5. 你熟悉自己学校的校训吗？
A. 不知道　　B. 熟悉但没感觉
C. 能用此来激励自己
6. 学校种植的花草树木有你喜欢的种类吗？
A. 有　　B. 没有　　C. 无所谓

7. 学校的黑板报能让你从中获得知识和趣味吗？

A. 能　　B. 不能　　C. 有时能

8. 你对班级开展的活动参与的程度是：

A. 不太愿意　B. 积极参与　C. 不愿参与

9. 你早晨喜欢在校园里：

A. 晨读　　B. 跑步、锻炼　　C. 浏览报纸　D. 不干什么

10. 你喜欢的班会活动是：

A. 时事政治学习　　B. 主题班会

C. 室外活动　　D. 公益活动

11. 班级板报你喜欢哪一类内容？

A. 学科练习题　　B. 幽默搞笑

C. 历史文化　　D. 自然科学　　E. 文学

简答题

1. 你学过的课文中哪一篇给你留下的印象最深？有什么人物给你留下较深印象，为什么？

2. 你怎样评价当前的“超女”现象？对你未来的选择有影响吗？

3. 你喜欢看哪类杂志？你喜欢看哪类电视节目？为什么？

4. 你对当前流行的“哈韩”服饰怎样评价？你喜欢吗？

5. 你能向同学们推荐一部或一篇你喜欢的文学作品吗？说出你推荐的理由？

6. 课余或假期你会选择去哪些休闲的地方？最喜欢何处？为什么？

7. 你喜欢关注学校、班级的活动吗？你参与过哪些公益活动（包括学校、班级内外）？

8. 西安（陕西省会）被评为国际时尚城市，你认为西安的魅力在哪些地方？关注它的发展吗？

9. 你喜欢关注国家大事吗？你认为自己和中国的未来有关系吗？为什么？

附录四　初中生审美情感情况调查问卷

问卷目的：调查初中学生审美情感的生成情况，以便找出语文教学中存在的问题和不足，进一步改变教学方式方法，提高教学质量，养成学生良好的审美情感素养。

问卷分两部分。

第一部分：针对初中学生对语文教材的掌握情况，检测语文教学中学生审美情感的生成情况。以下所列问题按照教材所编课文顺序组成。

1. 新学期伊始，如果要你把自己介绍给同学们，你选择的方式：

（1）唱一首歌（2）讲一个笑话（3）跳一支舞（4）演讲（5）一鸣惊人（6）实事求是

2. 你这样选择的理由是，展现你的：

（1）特长（2）聪明（3）气质（4）风格（5）坦诚（6）幽默

3. 在人生的路上常常会遇到意想不到的困难，莫顿亨特的《走一步，再走一步》让你感到生命应该如此对待：

（1）安静（2）沉着（3）小心（4）专心（5）信心（6）从一小步开始

4. 居里夫人认为“人类也需要梦想家”，其中的“梦想家”是指：

（1）受事业的强烈吸引，没闲暇也没热情去谋求物质利益的人（2）执著、勤奋工作的人（3）自由国家中以自由学者身份专

心搞科学研究的人

5. 居里夫妇没有申请镭的专利，你的看法是：

（1）傻子（2）奉献（3）单纯（4）“小孩儿”

6. 看着正在结茧的蚕，你会感觉到蚕的：

（1）执著（2）勤奋（3）耐心（4）专心

7. 你把“小草偷偷地从土里钻出来，嫩嫩的，绿绿的”一句画成画时，着重点在：

（1）娇嫩（2）草的小（3）一片新绿（4）破土的芽

8. 你从鲁迅先生对弟弟童年放风筝的回忆中，感觉到：

（1）悔恨（2）悲哀（3）儿童的情趣（4）亲情即宽容

9. 《羚羊木雕》一文中“我觉得我是世界上最伤心的人”，为什么？

（1）对朋友反悔（2）父母的不理解（3）在朋友面前失了面子（4）后悔把木雕给朋友（5）不知木雕很贵重

10. “我蹲下来，背起了母亲，妻子也蹲下来，背起了儿子……但我和妻子都慢慢地，稳稳地，走得很仔细，好像我背上的同他背上的加起来，就是整个世界。”这是《散步》一文中的句子，你的认识是：

（1）亲情（2）爱心（3）尊老爱幼（4）子女的责任父母的义务

11. 你从青年时代的冰心的眼睛里读出了什么？

（1）清纯（2）智慧（3）执著（4）朴实（5）认真

12. 你认为安徒生让怎样的丑小鸭变成了美丽的白天鹅？

（1）忍耐的（2）绝望的（3）有恒久梦想的（4）不屈奋斗的

13. 假如生活欺骗了你，你将如何面对？

（1）以牙还牙（2）忍让（3）沉沦（4）相信未来总是美好的（5）积极乐观（6）坚持不懈（7）调整方向重新开始

14. 伤心崖上斑羚飞渡的场面，你忘不了的是：

（1）镰刀头羊的沉着（2）老斑羚的牺牲精神（3）年轻斑羚的义无反顾（4）那一道道灿烂无比的生命弧线

15. 学习《人民解放军百万大军横渡长江》，你的心情：

（1）热血澎湃（2）全国要解放了（3）国家要安定了

16. 今天，看着一望无际的芦花荡，碧波粼粼的湖水，你对白洋淀的记忆是：

（1）充满诗情画意（2）英雄的家（3）抗日前哨

17. 亲眼目睹或面对圆明园遗址的照片，你感到：

（1）悲痛（2）遗憾（3）耻辱（4）落后就要挨打

18. “亲爱的爸爸妈妈”这亲切、充满爱意的呼唤，在聂华苓的笔下却是：

（1）生命的绝笔（2）赤裸裸的爱（3）赤裸裸的心愿（4）对死亡的恐惧（5）无助的呼唤

19. 对“南京大屠杀”，你的态度是：

（1）忘记（2）永远记住（3）不记仇（4）不能忘记

20. 美国扔向日本广岛、长崎的原子弹，你认为是：

（1）应有的惩罚（2）百姓是无辜的（3）活该（4）贪婪侵略的结果（5）帝国主义终将灭亡

21. 在你看来，中国人民为抗战付出了什么？

（1）青春（2）财富（3）人格（4）发展（5）心灵的创伤（6）时间

22. 读朱自清先生的《背影》，你想到了：

（1）父亲给我买橘子、书（2）父亲给我的钱（3）父亲给我补习功课（4）父亲负重的背影

23. 你对“我们反对战争，但我们不怕战争”如何理解？

（1）追求和平发展（2）决不逃避战争（3）精神不垮

24. 苏州园林的美在于：

（1）布局（2）建筑（3）水（4）植物（5）宁静（6）和谐

25. 故宫三大殿在你看来是：

（1）宏大（2）皇威（3）对称（4）奇观

26. 陶渊明笔下的桃花源在你的心里是：

（1）自由所在（2）平等所在（3）清洁所在（4）光明所在

27. 听老师讲完祥子的故事，你认为祥子的一生是：

（1）艰辛（2）麻木（3）潦倒（4）不觉悟（5）时代的悲剧

28. 你看毛泽东手书的《沁园春·雪》，有什么感觉？

（1）龙飞凤舞（2）行云流水（3）大度大气（4）宏图远略

29. 面对竞争与合作，你选择：

（1）竞争（2）合作（3）合作中的竞争（4）竞争中的合作

30. 开展微笑面对生活的演讲活动，你将收获：

（1）自信（2）大度（3）宽容（4）雅量（5）感恩（6）一种心态（7）一种人生的境界

31. 你对马克思、巴尔扎克、伏尔泰等巨人的逝世，认为是：

（1）人类的损失（2）他们祖国的损失（3）无所谓（4）可惜

32. 读完傅雷家书，你认为什么样的父子、父女关系是最好的

（1）朋友式的（2）谆谆教导式的（3）关键时刻能给你帮助的（4）和谐的（5）充满爱意的

33. 读完苏霍姆林斯基给女儿讲述的爱情故事，你对爱情的理解是：

（1）彼此诚信（2）彼此欣赏（3）彼此关怀（4）理智的（5）责任的（6）严肃的

34. 在你看来，夏洛克是一个：

（1）高利贷者（2）伪君子（3）人面兽心（4）吝啬鬼（5）只认钱的人

35. 《月下独酌》一诗道出了李白的：

（1）苦闷（2）浪漫（3）孤独（4）借酒浇愁（5）彷徨（6）冷清（7）壮志难酬

36. 《邹忌讽齐王纳谏》历来被人传诵的原因是：

（1）邹忌的智慧（2）邹忌勤于政事（3）齐威王的贤明

（4）生活小事的说服力（5）君臣的和谐

37. 联系现实，你对“孟母三迁”的理解是：

（1）环境决定一个人的成长（2）内因最终起决定作用（孟子始终好学）（3）孟母的伟大

38. 如果要写学期总结，你将以什么为重点？

（1）学习生活的基本情况（2）取得的成绩（3）存在的缺点（4）解决问题的办法（5）今后努力的方向

39. 开展微笑面对生活的演讲活动，你将讲哪些方面的内容？

40. “我爱我家”，为什么？

41. 根据所学知识，请试着为采莲姑娘们编一首《采莲曲》。

42. 中国传统的节日春节、元宵节、清明节、端午节、重阳节、中秋节等节日，你最喜欢哪一个？为什么？

43. 如果要写一篇关于读书的作文，你将以什么为中心？

44. 穿越时空，你想和孔乙己、范进等人说什么？

45. 观察你生活的社区的绿地、水资源、垃圾管理等方面，试着帮管理员制定一个文明公约。

46. 向同学们介绍你最喜欢哪一张音乐光盘，哪一位歌手，哪一位作曲家，哪一首曲子或哪一首歌，为什么？

第二部分：针对学生身边的生活，检测学生审美情感的生成情况。

1. 日本首相不断参拜靖国神社（供奉着第二次世界大战的甲级战犯），你的看法是：

（1）愤怒（2）不理解（3）军国主义思想不灭

2. 你对“八荣八耻”的认识是：

（1）一种道德观念（2）重在实践（3）奋进中的中国清醒的文化自觉（4）是引领社会风尚的一面旗帜，体现了继承与创新的统一（5）一条是非界限（6）希望工程（7）一项需要带头履行的领导责任

3. 中国实现载人航天飞行，向世人宣布：

（1）中国在腾飞（2）中国的实力（3）高科技发展的伟大里程碑（4）改革开放和社会主义现代化建设的骄人成就（5）中国人民自强不息、自主创新的辉煌成果（6）中华儿女的骄傲和自豪（7）经济实力、科技实力、国防实力、民族凝聚力

4. 盗版光盘屡禁不止的原因是：

（1）便宜（2）投机商的存在（3）清晰度还可以（4）法制不健全（5）监督不够

5. 女足荣获亚洲杯冠军，你认为她们的动力是：

（1）名誉（2）金钱（3）事业（4）责任（5）民族的荣誉感

6.《百家讲坛》播出以来，你听后的感受是：

（1）获益匪浅（2）有些大家名不副实（3）新东西少（4）总是那几个人那一套

7. CCTV 青年歌手大奖赛，你的思考更多的是：

（1）生活内容欠缺（2）真实情感贫乏（3）文化内涵薄弱（4）追求形式的华美（5）没有生活积累就没有真情实感

8. 千手观音这个节目留给你的更多的是：

（1）艺术魅力（2）不向命运屈服的精神力量（3）爱的力量（4）金光四射（5）雍容华贵（6）仪态万千（7）安然幸福（8）祥和美好

9. 你喜欢哪一种音乐？

（1）古典的（2）流行的（3）革命歌曲（4）与时代同步的

10. 你对国画的印象是：

（1）太简单（2）太烦琐（3）表现艺术（4）重在精神（5）再现艺术

11. 你看过蒲剧团的演出吗？你认为蒲剧是：

（1）一种地方戏（2）场面热闹（3）山西四大梆子之一（4）腔高板急，慷慨激越起调高，音域宽

12. 你听过王秀兰、武俊英二人的戏吗？你的看法是：

（1）没感觉（2）听不懂（3）充满激情，撒、合、弹、扇、抖、颤、抡、翻、抄、回、飞、转、辅、映、手、颠等样样精通

13. 你对芮城永乐宫的壁画的认识是：

（1）绘制精美（2）题材丰富（3）画技高超（4）元代绘画的瑰宝（5）只看过图片，没见过

14. 你认为元宵节的灯展、狮舞、高跷、锣鼓等这些活动重在表现什么？

（1）民俗（2）团圆（3）和睦（4）祛病除灾（5）祈祷（6）庆祝

15. 你在观看《血溅秋风楼》这部影片时，感觉是：

（1）亲切（2）真实（3）武打动作惊险（4）情节简单（5）风景优美（6）没看过

16. 你看过的最早的影片是哪一类的？

（1）革命历史片（2）工业片（3）农业片（4）反特片（5）通俗剧（6）喜剧（7）动画

17. 你最难忘的是影视剧中的哪一方面？

（1）武打（2）言情（3）风景（4）人物的性格（5）让人反省（感动）的一面

18. 相对来讲，你更喜欢韩剧的：

（1）演员的青春靓丽（2）价值观、道德观的传统（3）贴近生活（4）服装（5）生活环境（6）音乐（7）故事情节（8）主人公对理想的执著追求

19. 龙门大道的开通给你带来了：

（1）惊喜（2）方便（3）散步场所（4）河津的发展

20. 你对每年两次的九龙庙会的认识是：

（1）商机（2）迷信复苏（3）一种民俗文化（4）敬神娱神（5）祈祷丰收平安（6）精神寄托

21. 你最喜欢的照片是什么？

（1）小时候的单纯（2）背景的优美（3）最喜欢的人拍的

(4) 彩色的 (5) 黑白的 (6) 全家福 (7) 有纪念意义

22. 你认为启功的字好在哪?

(1) 工整 (2) 有力 (3) 美观大方 (4) 有思想 (5) 精神饱满 (6) 没见过

23. 吃完冰激凌，身边没有垃圾箱，你怎么做?

(1) 随手扔掉 (2) 找垃圾箱 (3) 装入预备袋

24. 你喜欢听的音乐属于:

(1) 古典的 (2) 现代的 (3) 流行的

25. 假如你是河津市市长，针对河津的污染问题，你准备怎么做?

(1) 加强管理 (2) 提高业主的素质 (3) 大力宣传 (4) 全民监督 (5) 购买除污设备

26. 你们学校的植物园的设计最好:

(1) 再多一些高的植物，有森林的感觉 (2) 品种再多一些 (3) 形状变化一下 (4) 加一些水流 (5) 利于教学

27. 你最喜欢的活动:

(1) 上网 (2) 下棋 (3) 游泳 (4) 打球 (5) 看电视 (6) 跳舞 (7) 画画 (8) 弹琴

28. 你喜欢这项运动的原因是:

(1) 喜欢 (2) 健身 (3) 健脑 (4) 提高自己的素养 (5) 全面发展

29. 你喜欢上网的理由是:

(1) 刺激 (2) 智慧 (3) 健康 (4) 舒心

30. 暑假来临，你最想去什么地方旅游?

(1) 名胜古迹 (2) 经济发达 (3) 景色优美 (4) 纯大自然

31. 看一幅画，你更注重它的:

(1) 色彩 (2) 线条 (3) 思想 (4) 品位

32. 如果你来画铝厂，你选择什么为中心?

(1) 烟囱 (2) 办公楼 (3) 厂房 (4) 工人做工的场面

（5）热闹的市场（6）龙门大道

33. 你认为门口放石狮子是：

（1）威武（2）镇邪（3）有钱（4）美观

34. 作为一名设计师，你对住宅楼的设计出发点是：

（1）光线充足（2）实用（3）美观（4）结实（5）和谐

35. 你吃完猫耳朵，让你回味无穷的是：

（1）酸辣味（2）色彩搭配（3）营养价值（4）河津文化

36. 在学习的过程中，你通常是：

（1）持之以恒（2）三天打鱼，两天晒网（3）认真学喜欢的（4）在老师（父母）的监督下学习（5）全面发展

37. 课堂上，老师无意拒绝了你的问答要求，你会：

（1）怀恨在心（2）从此不问问题（3）设身处地（4）理解万岁

38. 初中阶段，对你影响最大的老师是谁？为什么？

39. 初中阶段，对你的人生影响最大的是哪一篇文章？为什么？

40. 你的理想是什么？你决定如何为实现理想而努力？

附录五　语文教师审美情感情况调查问卷

1. 作为一名语文教师，您快乐吗？为什么？

2. 您对审美情感概念的理解是怎样的？

3. 您在处理一篇文章的时候，首先想到应该交给学生的是什么？

4. 如果要用一句话概括初中语文教材的主旨，您想说什么？

5. 您认为语文教育的核心是什么？为什么？

6. 您对“教育是一门艺术”怎样理解？

选项 题号	A	B	C	D	E	F	G	总人数	A百分比	B百分比	C百分比	D百分比	E百分比	F百分比	G百分比
1	2	5	3	6	15	4		35	6%	14%	9%	17%	43%	11%	
2	1	11	2	5	2	14		35	3%	31%	6%	14%	6%	40%	
3	0	3	1	1	5	25		35	0%	9%	3%	3%	14%	71%	
4	13	22	0					35	37%	63%	0%				
5	1	32	1	1				35	3%	91%	3%	3%			
6	1	30	2	2				35	3%	86%	6%	6%			
7	3	1	6	25				35	9%	3%	17%	71%			
8	2	4	20	9				35	6%	11%	57%	26%			
9	12	12	3	4	4			35	34%	34%	9%	11%	11%		
10	1	12	17	5				35	3%	34%	49%	14%			
11	8	10	2	10	5			35	23%	29%	6%	29%	14%		
12	19	10	5	1				35	54%	29%	14%	3%			

续表

选项 题号	A	B	C	D	E	F	G	总人数	A百分比	B百分比	C百分比	D百分比	E百分比	F百分比	G百分比
13	10	10	2	8	1	1	3	35	29%	29%	6%	23%	3%	3%	9%
14	5	16	10	4				35	14%	46%	29%	11%			
15	32	2	1					35	91%	6%	3%				
16	15	5	15					35	43%	14%	43%				
17	5	5	15	10				35	14%	14%	43%	29%			
18	0	2	8	15	10			35	0%	6%	23%	43%	29%		
19	0	16	3	16				35	0%	46%	9%	46%			
20	8	10	10	2	5			35	23%	29%	29%	6%	14%		
21	8	3	7	5	2	10		35	23%	9%	20%	14%	6%	29%	
22	1	3	2	29				35	3%	9%	6%	83%			
23	30	2	3					35	86%	6%	9%				
24	15	10	5	1	3	1		35	43%	29%	14%	3%	9%	3%	
25	15	0	7	13				35	43%	0%	20%	37%			
26	10	13	2	10				35	29%	37%	6%	29%			
27	2	10	3	14	6			35	6%	29%	9%	40%	17%		
28	10	7	12	6				35	29%	20%	34%	17%			
29	0	0	9	26				35	0%	0%	26%	74%			
30	5	0	0	7	0	3	20	35	14%	0%	0%	20%	0%	9%	57%
31	21	10	1	3				35	60%	29%	3%	9%			
32	5	3	9	0	18			35	14%	9%	26%	0%	51%		
33	28	2	0	1	4	0		35	80%	6%	0%	3%	11%	0%	
34	32	0	0	3	0			35	91%	0%	0%	9%	0%		
35	2	0	2	27	0	0	4	35	6%	0%	6%	77%	0%	0%	11%
36	2	18	1	3	11			35	6%	51%	3%	9%	31%		
37	30	3	2					35	86%	9%	6%				
38	0	0	24	10	1			35	0%	0%	69%	29%	3%		

选项 题号	A	B	C	D	E	F	G	总人数	A百分比	B百分比	C百分比	D百分比	E百分比	F百分比	G百分比
1	5	5	3	3	14	5		35	14%	14%	9%	9%	40%	14%	
2	1	10	3	5	1	15		35	3%	29%	9%	14%	3%	43%	
3	1	5	2	2	1	24		35	3%	14%	6%	6%	3%	69%	
4	13	22	0					35	37%	63%	0%				
5	2	30	2	1				35	6%	86%	6%	3%			
6	8	18	5	4				35	23%	51%	14%	11%			
7	3	2	10	20				35	9%	6%	29%	57%			
8	4	2	18	11				35	11%	6%	51%	31%			
9	2	21	10	1	1			35	6%	60%	29%	3%	3%		
10	6	6	15	8				35	17%	17%	43%	23%			
11	10	15	10	0	0			35	29%	43%	29%	0%	0%		
12	10	2	15	8				35	29%	6%	43%	23%			
13	3	10	0	15	1	1	5	35	9%	29%	0%	43%	3%	3%	14%
14	6	12	10	7				35	17%	34%	29%	20%			
15	30	4	1					35	86%	11%	3%				
16	10	5	20					35	29%	14%	57%				
17	6	8	13	8				35	17%	23%	37%	23%			
18	2	4	5	10	14			35	6%	11%	14%	29%	40%		
19	4	10	3	18				35	11%	29%	9%	51%			
20	13	10	0	2	10			35	37%	29%	0%	6%	29%		
21	2	5	3	10	8	7		35	6%	14%	9%	29%	23%	20%	
22	0	1	4	30				35	0%	3%	11%	86%			
23	29	6	0					35	83%	17%	0%				
24	10	9	1	0	7	8		35	29%	26%	3%	0%	20%	23%	
25	30	0	0	5				35	86%	0%	0%	14%			
26	7	15	3	10				35	20%	43%	9%	29%			
27	1	10	1	5	18			35	3%	29%	3%	14%	51%		
28	1	4	18	12				35	3%	11%	51%	34%			
29	2	1	3	29				35	6%	3%	9%	83%			
30	6	0	0	0	2	10	17	35	17%	0%	0%	0%	6%	29%	49%
31	25	7	1	2				35	71%	20%	3%	6%			
32	10	2	20	2	1			35	29%	6%	57%	6%	3%		
33	21	1	6	7	0	0		35	60%	3%	17%	20%	0%	0%	
34	25	0	5	3	2			35	71%	0%	14%	9%	6%		
35	8	1	10	12	0	0	4	35	23%	3%	29%	34%	0%	0%	11%
36	8	11	6	4	6			35	23%	31%	17%	11%	17%		
37	21	4	10					35	60%	11%	29%				
38	3	2	21	3	6			35	9%	6%	60%	9%	17%		

选项 题号	A	B	C	D	E	F	G	总人数	A 百分比	B 百分比	C 百分比	D 百分比	E 百分比	F 百分比	G 百分比
1	7	3	2	5	3	15		35	20%	9%	6%	14%	9%	43%	
2	2	11	2	7	11	2		35	6%	31%	6%	20%	31%	6%	
3	1	5	1	2	3	23		35	3%	14%	3%	6%	9%	66%	
4	18	17	0					35	51%	49%	0%				
5	2	28	4	1				35	6%	80%	11%	3%			
6	10	15	8	2				35	29%	43%	23%	6%			
7	1	0	15	19				35	3%	0%	43%	54%			
8	2	3	14	16				35	6%	9%	40%	46%			
9	5	17	10	3	0			35	14%	49%	29%	9%	0%		
10	10	5	10	10				35	29%	14%	29%	29%			
11	5	16	13	1	0			35	14%	46%	37%	3%	0%		
12	11	1	8	15				35	31%	3%	23%	43%			
13	0	0	0	5	2	8	20	35	0%	0%	0%	14%	6%	23%	57%
14	2	20	3	10				35	6%	57%	9%	29%			
15	28	2	5					35	80%	6%	14%				
16	5	15	15					35	14%	43%	43%				
17	10	2	8	15				35	29%	6%	23%	43%			
18	5	0	3	7	20			35	14%	0%	9%	20%	57%		
19	0	5	0	30				35	0%	14%	0%	86%			
20	15	6	2	3	9			35	43%	17%	6%	9%	26%		
21	7	5	7	0	8	8		35	20%	14%	20%	0%	23%	23%	
22	0	1	0	34				35	0%	3%	0%	97%			
23	32	3	0					35	91%	9%	0%				
24	2	3	2	7	3	18		35	6%	9%	6%	20%	9%	51%	
25	27	0	0	8				35	77%	0%	0%	23%			
26	17	5	7	6				35	49%	14%	20%	17%			
27	4	3	8	0	20			35	11%	9%	23%	0%	57%		
28	2	2	10	21				35	6%	6%	29%	60%			
29	0	0	17	18				35	0%	0%	49%	51%			
30	6	0	2	1	1	2	23	35	17%	0%	6%	3%	3%	6%	66%
31	34	0	0	1				35	97%	0%	0%	3%			
32	17	1	8	7	2			35	49%	3%	23%	20%	6%		
33	7	14	6	5	2	1		35	20%	40%	17%	14%	6%	3%	
34	15	2	1	4	13			35	43%	6%	3%	11%	37%		
35	7	3	3	6	4	1	11	35	20%	9%	9%	17%	11%	3%	31%
36	7	4	5	6	13			35	20%	11%	14%	17%	37%		
37	16	10	9					35	46%	29%	26%				
38	5	1	16	8	5			35	14%	3%	46%	23%	14%		

选项 题号	A	B	C	D	E	F	G	总人数	A 百分比	B 百分比	C 百分比	D 百分比	E 百分比	F 百分比	G 百分比
1	34	0	1					35	97%	0%	3%	0%	0%	0%	
2	3	0	6	15	2	0	9	35	9%	0%	17%	43%	6%	0%	
3	12	12	1	2	3	1	4	35	34%	34%	3%	6%	9%	3%	
4	10	11	0	11	3			35	29%	31%	0%				
5	10	0	0	2	23			35	29%	0%	0%	6%			
6	32	1	1	1				35	91%	3%	3%	3%			
7	16	10	5	0	4			35	46%	29%	14%	0%			
8	4	22	3	0	2	2	2	35	11%	63%	9%	0%			
9	5	17	10	3				35	14%	49%	29%	9%	0%		
10	5	10	11	7	2			35	14%	29%	31%	20%			
11	24	2	2	0	7	0		35	69%	6%	6%	0%	20%		
12	28	2	1	4				35	80%	6%	3%	11%			
13	2	3	4	2	12	12		35	6%	9%	11%	6%	34%	34%	0%
14	1	21	0	1	2	10		35	3%	60%	0%	3%			
15	2	0	20	2	1	10		35	6%	0%	57%	6%			
16	10	0	0	18	2	2	3	35	29%	0%	0%	51%			
17	10	11	10	3	1			35	29%	31%	29%	9%			
18	2	20	0	2	0	1	10	35	6%	57%	0%	6%	0%		
19	10	2	3	20				35	29%	6%	9%	57%			
20	13	1	2	1	10	8		35	37%	3%	6%	3%	29%		
21	1	2	0	0	0	2	30	35	3%	6%	0%	0%	0%	6%	
22	2	3	11	9	0	10		35	6%	9%	31%	26%			
23	23	10	0	2				35	66%	29%	0%	6%			
24	10	1	4	2	18			35	29%	3%	11%	6%	51%	0%	
25	11	9	10	2	3			35	31%	26%	29%	6%			
26	23	0	1	10	1	0	0	35	66%	0%	3%	29%			
27	20	10	1	0	4			35	57%	29%	3%	0%	11%		
28	4	10	1	20				35	11%	29%	3%	57%			
29	10	15	5	5				35	29%	43%	14%	14%			
30	4	0	3	28				35	11%	0%	9%	80%	0%	0%	0%
31	10	1	15	1	1	7		35	29%	3%	43%	3%			
32	7	8	10	10				35	20%	23%	29%	29%	0%		
33	2	5	10	10	8			35	6%	14%	29%	29%	23%	0%	
34	30	1	3	1				35	86%	3%	9%	3%	0%		
35	15	2	10	4	4			35	43%	6%	29%	11%	11%	0%	0%
36	5	16	4	10				35	14%	46%	11%	29%	0%		

选项 题号	A	B	C	D	E	F	G	总人数	A 百分比	B 百分比	C 百分比	D 百分比	E 百分比	F 百分比	G 百分比
1	31	2	2					35	89%	6%	6%	0%	0%	0%	
2	0	5	2	1	4	1	22	35	0%	14%	6%	3%	11%	3%	
3	4	10	3	9	5	4		35	11%	29%	9%	26%	14%	11%	
4	17	3	1	4	10			35	49%	9%	3%				
5	11	10	3	7	4			35	31%	29%	9%	20%			
6	29	1	3	2				35	83%	3%	9%	6%			
7	10	14	10	0	1			35	29%	40%	29%	0%			
8	1	28	2	0	0	2	2	35	3%	80%	6%	0%			
9	1	30	2	2				35	3%	86%	6%	6%	0%		
10	4	1	25	3	2			35	11%	3%	71%	9%			
11	10	10	13	1	1	0		35	29%	29%	37%	3%	3%		
12	4	30	1	0				35	11%	86%	3%	0%			
13	3	0	2	0	0	30		35	9%	0%	6%	0%	0%	86%	0%
14	0	31	4	0	0	0		35	0%	89%	11%	0%			
15	2	2	15	0	6	10		35	6%	6%	43%	0%			
16	21	0	0	10	0	0	4	35	60%	0%	0%	29%			
17	5	8	20	1	1			35	14%	23%	57%	3%			
18	10	12	0	1	0	11	1	35	29%	34%	0%	3%	0%		
19	10	21	0	4				35	29%	60%	0%	11%			
20	3	2	17	2	1	10		35	9%	6%	49%	6%	3%		
21	1	2	0	0	0	25	7	35	3%	6%	0%	0%	0%	71%	
22	1	2	20	2	10	0		35	3%	6%	57%	6%			
23	15	16	2	2				35	43%	46%	6%	6%			
24	21	1	1	2	10			35	60%	3%	3%	6%	29%	0%	
25	9	16	2	3	5			35	26%	46%	6%	9%			
26	20	2	0	0	10	2	1	35	57%	6%	0%	0%			
27	30	1	4	0	0			35	86%	3%	11%	0%	0%		
28	3	1	1	30				35	9%	3%	3%	86%			
29	3	1	5	26				35	9%	3%	14%	74%			
30	10	3	12	10				35	29%	9%	34%	29%	0%	0%	0%
31	10	10	2	1	2	10		35	29%	29%	6%	3%			
32	21	10	2	2				35	60%	29%	6%	6%	0%		
33	4	2	3	2	24			35	11%	6%	9%	6%	69%	0%	
34	30	1	3	1				35	86%	3%	9%	3%	0%		
35	1	2	1	28	3			35	3%	6%	3%	80%	9%	0%	0%
36	5	20	2	8				35	14%	57%	6%	23%	0%		

题号\选项	A	B	C	D	E	F	G	总人数	A百分比	B百分比	C百分比	D百分比	E百分比	F百分比	G百分比
1	29	1	5					35	83%	3%	14%	0%	0%	0%	
2	2	10	3	2	2	3	13	35	6%	29%	9%	6%	6%	9%	
3	8	11	0	2	8	6	0	35	23%	31%	0%	6%	23%	17%	
4	20	1	1	6	7			35	57%	3%	3%				
5	14	16	1	1	3			35	40%	46%	3%	3%			
6	30	4	0	1				35	86%	11%	0%	3%			
7	20	1	2	1	11			35	57%	3%	6%	3%			
8	4	31	0	0	0	0	0	35	11%	89%	0%	0%			
9	3	23	2	7				35	9%	66%	6%	20%	0%		
10	18	2	1	10	4			35	51%	6%	3%	29%			
11	11	10	7	7	0	0		35	31%	29%	20%	20%	0%		
12	18	10	2	5				35	51%	29%	6%	14%			
13	8	2	3	1	10	11		35	23%	6%	9%	3%	29%	31%	0%
14	2	27	1	2	1	2		35	6%	77%	3%	6%			
15	3	2	18	4	0	8		35	9%	6%	51%	11%			
16	4	2	1	21	0	2	5	35	11%	6%	3%	60%			
17	2	1	2	10	20			35	6%	3%	6%	29%			
18	2	9	2	2	3	9	8	35	6%	26%	6%	6%	9%		
19	9	11	4	11				35	26%	31%	11%	31%			
20	2	1	25	1	2	4		35	6%	3%	71%	3%	6%		
21	0	1	0	0	0	10	24	35	0%	3%	0%	0%	0%	29%	
22	1	1	28	1	2	2		35	3%	3%	80%	3%			
23	15	10	7	3				35	43%	29%	20%	9%			
24	3	0	1	2	29			35	9%	0%	3%	6%	83%	0%	
25	1	1	10	1	1	12		26	4%	4%	38%	4%			
26	21	1	3	2	2	1	5	35	60%	3%	9%	6%			
27	21	3	1	5	5			35	60%	9%	3%	14%	14%		
28	10	10	5	10				35	29%	29%	14%	29%			
29	6	2	21	6				35	17%	6%	60%	17%			
30	7	3	15	10				35	20%	9%	43%	29%	0%	0%	0%
31	30	1	1	1	1	1		35	86%	3%	3%	3%			
32	26	7	1	1				35	74%	20%	3%	3%	0%		
33	12	10	1	10	2			35	34%	29%	3%	29%	6%	0%	
34	16	2	10	7				35	46%	6%	29%	20%	0%		
35	1	1	30	1	2			35	3%	3%	86%	3%	6%	0%	0%
36	2	2	28	3				35	6%	6%	80%	9%	0%		

后　记

从着手构思到书稿《初中语文审美教育理论与实践》的完成，经历了三年多的时间，当书稿画上句号时，我们感觉到了释去重负似的轻松，心中的喜悦自不必说，但随之而来的便是惴惴不安的期待与期待中的茫然。

这是一本并不成熟的书，但她的确花费了我们大量的心血和精力。2004 年冬天，张天曦教授和我们几个谈到了当前中学语文教育的困境以及美育的难以实施的现状，并鼓励曾经在一线奋斗过或正在一线上拼搏的我们几个努力将自己的教学感悟好好整理一番，力争为中学语文美育教育出一把力。在导师的指导下，我们翻阅、学习和整理了大量的美育资料。三年的时光使我们艰难地步入了学术研究的行列，也基本形成了本书的结构框架。

全书共分五编，编撰分工如下：

梁晓萍撰写第一编绪论部分，从概念辩驳，研究对象，中学语文美育的作用、现状以及实施、本书的编排构想等几个方面进行了阐释；李咏梅撰写审美能力部分；赵春云撰写审美心理结构部分；蒋慧玉撰写审美趣味部分；屈雪芹撰写审美情感部分。全书的安排和基本观点是我们通力合作的结果，为避免举例的重复，撰写教程中大家还互相参阅了各自的初稿，这是一次非常愉快且很有长进的合作。全部书稿由梁晓萍完成统稿修改工作。

张天曦教授是我们的良师益友，正是在他认真的指导与不断过问下，这部著作才得以最终完成，对于他，怎一个“谢”字了得；写作过程中我们还得到了众多师友同行的支持与帮助，现有的美育著作及论文对我们的启发也很大，在此一并深致谢意。还要特别感谢中国社会科学出版社的任明老师，他的热情、认真和不厌其烦使出版工作得以顺利完成。

感谢山西师范大学文艺学山西省重点学科基金和山西师范大学汉语言文学国家特色专业基金的支持。

主编　梁晓萍

2008 年 9 月于尧都